本年度予想模試付き

技術士
第二次試験 '24年版
建設部門 対策

ガチンコ技術士学園　浜口智洋 著

秀和システム

まえがき

　私が初めて技術士第二次試験の受験資格を得たのは平成16年の31歳の時でした。当時私は、地方の建設コンサルタント会社に勤務するサラリーマン技術者で、中堅社員として脂がのっており、多くの業務を抱え、非常に忙しい最中でした。そんな中、当時の社内の先輩たちからは、技術士試験は過去問と国土交通白書さえしっかり理解すれば、合格できる試験だとアドバイスを受けていました。しかしながら、それから10年が経っても合格出来なかった先輩が多くいました。

　技術士は多くの技術者たちの憧れともいえる国内最高資格です。近道があると信じることが合格を遠ざけています。一見遠回りに見える地道な勉強や努力を積み重ねることこそが、合格への一番の近道だと強く念じることがスタートです。1年間、仕事と試験勉強に明け暮れ、図書館に通いつめ徹底的に国土交通政策を勉強して完成させたノートがガチンコ技術士学園の原型となっています。相撲の世界にはガチンコという言葉があります。効率的な合格よりも、しっかりとした勉強の先に合格があるという考え方こそが『ガチンコ』だと考えています。

　平成16年、一人の受験生の立場で、このノートをインターネットで公開したところ、あまりにも好評だったため、会社を辞めて技術士受験指導で一本立ちしたのが平成17年のことです。平成18年には受講生は1,000人を超える規模となりました。その後、試験制度は平成19年度と平成25年度と令和元年度と3回の変更を経験しましたが、どのような試験制度になったとしても建設一般全体の課題と解決策、それに加えて選択科目の業務経験に裏付けられた深い専門知識と技術論文作成能力が求められることは変わりがありません。

　技術士第二次試験の建設部門は平成30年度の択一試験が突然難化（合格率6.3%）したり、令和元年度からは択一試験がなくなり記述試験だけになるなど、様々な変化にさらされてきました。とはいうものの、令和6年度は令和元年度以降の試験問題を踏まえた対策を行うことが出来ます。落ち着いてしっかりと勉強を行ってください。本書は令和6年度筆記試験合格への道しるべとなる内容となっています。ぜひ、本書を片手に、過去の試験問題を踏まえて、落ち着いて勉強を行ってください。

　技術士に相応しい実力を兼ね備えた素晴らしい技術士が一人でも多く誕生することを心から祈念しています。

2023年12月

ガチンコ技術士学園 (https://gachinko-school.com) 代表

浜口智洋（技術士：建設、総監）

CONTENTS

第3章　必須科目Ⅰ対策

第4章　選択科目Ⅱ対策

第5章　選択科目Ⅲ対策

巻末資料

第1章

技術士
受験概要

　令和元年度より、必須科目の択一試験が記述試験に変わるなどの大幅な変更がありました。どのような試験制度になったとしても、技術士の定義は技術士法で定められたものであり、最終的に求められている技術士の姿には違いがありません。そこで、令和6年度の試験対策を行うに当たり、ここでは試験制度の変更の目的やこれまでの試験制度について簡単に解説いたします。

　ちなみに技術士法において、技術士は『法律による登録を受け、技術士の名称を用いて、科学技術に関する高等の専門的応用能力を必要とする事項についての計画、研究、設計、分析、試験、評価又はこれらに関する指導の業務を行う者をいう。』と定義されています。

（1）試験制度の変更の目的

　令和6年度の試験対策を行うにあたって、ぜひ令和元年度の試験制度変更の目的を理解しておいてください。今回の試験制度の変更は、我が国の技術士資格を国際エンジニアリング連合（IEA）が定めている「エンジニア」に相当させるためのものです。IEAが定める「エンジニア」に相当する技術者は、資格取得段階において、複合的な技術的問題を技術的に解決できることが求められています。複合的な問題とは、『広範囲な又は相対立する問題を含み、その問題を把握する時点において明白な解決策がなく、様々な面において重大な結果をもたらすものである』と定義されています。

　よって「エンジニア」は問題の本質を明確にし、調査・分析することによって、創造的思考を通じて、その解決策を導出（提案）しなければならない。

　つまり、試験の目的は『複合的なエンジニアリング問題を技術的に解決することが求められる技術者が、問題の本質を明確にし、調査・分析することによって、その解決策を導出し遂行できる能力を確認すること』となります。技

術士第二次試験の程度としては、複合的なエンジニアリング問題や課題の把握から、調査・分析を経て、解決策の導出までの過程において、多様な視点から、論理的かつ合理的に考察できることを確認することを程度とする、とされています。

　今後、技術士論文を作成するに当たっては、『エンジニアは、問題の本質を明確にし、調査・分析することによって、創造的思考を通じて、その解決策を導出（提案）しなければならない。』という文言をしっかりと頭に入れておくことが大切です。また、出題される問題は、明白な解決策がない複合的な問題の解決策を導出（提案）する能力を問う問題が出題されます。

(2) 試験制度の変遷

　技術士第二次試験の試験制度は、ガチンコ技術士学園創設以降、平成19年度と平成25年度と令和元年度の3回変わっています。6年〜7年ごとに試験制度は見直されているようです。それでは具体的に見ていきたいと思います。

① 平成14年度〜平成18年度

　平成14〜18年度では、現在は4月に業務経歴の詳細業務として720字で提出している経験論文を筆記試験で記述することが求められていました。経験論文はこれまで経験した業務2例を原稿用紙6枚（3,600字）に記述します。当時の試験対策としては一字一句完璧に記憶して受験に臨む人が一般的でした。必須科目は原稿用紙3枚の記述式と択一式の両方でした。合計で原稿用紙15枚と択一式試験だったので、試験時間は7時間と今以上にハードな試験でした。

表1−1 平成14〜18年度の試験制度

試験科目	問題の種類	試験方法	試験時間
必須科目	「技術部門」全般にわたる一般的専門知識	記述式 600字詰用紙3枚以内	4時間
		五肢択一式 20問出題中15問回答	
選択科目	「選択科目」に関する一般的専門知識	記述式 600字詰用紙6枚以内	3時間
	「専門とする事項」に関する専門知識の深さ、技術的体験及び応用能力	記述式 600字詰用紙6枚以内	

② 平成19年度〜平成24年度

平成19年度からは、択一試験がなくなり、必須科目は記述式のみとなりました。また経験論文は筆記試験合格者のみが合格発表後に郵送する制度に変更となりました。

原稿用紙9枚＋択一式で4時間だった試験制度が、原稿用紙9枚で6時間に変更されたので、試験自体は比較的容易になったと言えます。ただし、試験の合格率には大きな変化はありませんでした。求められる論文の内容が難しくなったと言えます。

表1−2 平成19〜24年度の試験制度

試験科目	問題の種類	試験方法	試験時間
必須科目	「技術部門」全般にわたる論理的考察力と課題解決能力	記述式 600字詰用紙3枚以内	2時間30分
選択科目	「選択科目」に関する専門知識及び応用能力	記述式 600字詰用紙6枚以内	3時間30分

③ 平成25年度〜平成30年度

平成25年度からは再び択一試験が復活しました。必須科目の記述試験はなくなり、選択科目の記述試験の論文数が7枚に増えました。7枚の内訳は、1

枚論文が2題、2枚論文が1題、3枚論文が1題です。

表1－3　平成25～30年度の試験制度

試験科目	問題の種類	試験方法	試験時間
必須科目	「技術部門」全般にわたる専門知識	五肢択一式20問出題中15問回答	1時間30分
選択科目	「選択科目」に関する専門知識及び応用能力	記述式600字詰用紙4枚以内	2時間
	「選択科目」に関する課題解決能力	記述式600字詰用紙3枚以内	2時間

④ 令和元年度以降

　令和元年度からは再び択一試験がなくなり、必須科目の記述試験が復活しました。また、選択科目の記述試験の論文数が7枚から6枚に変更となりました。試験制度の変更点を表1－4に示します。

表1－4　令和元年度の試験制度の変更

試験科目		平成25～30年度		令和元年度以降	
必須科目Ⅰ		択一式15問	1時間30分	3枚論文×1題＝3枚	2時間
選択科目	Ⅱ－1	1枚論文×2題＝2枚	2時間	1枚論文×1題＝1枚	3時間30分
	Ⅱ－2	2枚論文×1題＝2枚		2枚論文×1題＝2枚	
	Ⅲ	3枚論文×1題＝3枚	2時間	3枚論文×1題＝3枚	

（3）令和元年度からの試験制度

　令和元年度の試験制度変更については、必須科目の択一式が記述式に変更になったといった問題形式の変更というよりも、論文の採点項目が『技術士に求められる資質能力（コンピテンシー）』に基づいて採点されることになったという点の方が大きいです。この点は後述しますので、技術士に求められる資質能

力（コンピテンシー）についてはしっかりと頭に入れてください。

表1-5　令和元年度からの新試験制度

試験科目	問題の種類	試験方法	試験時間
必須科目	「技術部門」全般にわたる専門知識、応用能力、問題解決能力及び課題遂行能力	記述式 600字詰用紙3枚以内	2時間
選択科目	「選択科目」に関する専門知識及び応用能力	記述式 600字詰用紙3枚以内	3時間30分
	「選択科目」に関する問題解決能力及び課題遂行能力	記述式 600字詰用紙3枚以内	

1-2 筆記試験の概要

※試験日程等については必ず各自で、公式ホームページ等で確認してください。

　技術士第二次試験は、当該技術部門の技術士となるのに必要な専門的学識及び高等の専門的応用能力を有するか否かを判定し得るよう実施する、とされています。出題方式が令和元年度から大きく変更されましたが、令和6年度は令和元年度の試験と同じスタイルの出題方式となります。令和元年度以降の出題スタイルに慣れるとともに、専門知識をしっかり身につけましょう。

表1-6　技術士第二次試験筆記試験の概要

問題の種類	試験方法	試験時間	配点	合否判定
必須科目 I	2題出題1題選択 原稿用紙3枚×1題＝3枚	2時間	40点	24点以上 （6割以上）
選択科目 II－1	4題出題1題選択 原稿用紙1枚×1題＝1枚	3時間 30分	30点	36点以上 （IIとIII併せて6割以上）
選択科目 II－2	2題出題1題選択 原稿用紙2枚×1題＝2枚			
選択科目III	2題出題1題選択 原稿用紙3枚×1題＝3枚		30点	

　必須科目 I と選択科目の両方がA判定で合格となります。選択科目には II と III の2科目がありますが、合計得点が6割以上ならば合格となります。つまり II がB判定でも、II と III を併せてA判定ならば合格です。また、問題番号の未記入や氏名の未記入については問答無用に失格となりますので、注意してください。

表1-7　筆記試験の合否判定例

問題の種類	判定	
Ⅰ 必須科目	B	
Ⅱ 選択科目	A	A
Ⅲ 選択科目	A	
不合格		

問題の種類	判定	
Ⅰ 必須科目	A	
Ⅱ 選択科目	B	A
Ⅲ 選択科目	A	
合格		

(1) 必須科目Ⅰ

　令和元年度からの新制度では、必須科目の択一試験が廃止され、必須科目は平成19〜24年度の制度に戻ります。ただし、択一試験の廃止されていた平成19〜24年度と比較すると、問題の種類が【論理的考察力と課題解決能力】ではなくて、【専門知識、応用能力、問題解決能力及び課題遂行能力】となっています。恐らく問題解決能力といったことの前に、問題点の背景や現状を理解しているかどうかが問われる問題が出題されると思われます。

　また、平成19〜24年度と比較すると、原稿用紙3枚以内は同じなのに、試験時間が2時間30分から2時間へと短縮されています。書くスピードにも注意してください。

表1-8　令和元年度以降の必須科目の概要

試験方法		記述式【600字詰原稿用紙】3枚以内
試験時間		2時間
問題の種類		「技術部門」全般にわたる専門知識、応用能力、問題解決能力及び課題遂行能力
概念	専門知識	専門の技術分野の業務に必要で幅広く適用される原理等に関わる汎用的な専門知識
	応用能力	これまでに習得した知識や経験に基づき、与えられた条件に合わせて、問題や課題を正しく認識し、必要な分析を行い、業務遂行手順や業務上留意すべき点、工夫を要する点等について説明できる能力

概念	問題解決能力及び課題遂行能力	社会的なニーズや技術の進歩に伴い、社会や技術における様々な状況から、複合的な問題や課題を把握し、社会的利益や技術的優位性などの多様な視点からの調査・分析を経て、問題解決のための課題とその遂行について論理的かつ合理的に説明できる能力
出題内容		現代社会が抱えている様々な問題について、「技術部門」全般に関わる基礎的なエンジニアリング問題としての観点から、多面的に課題を抽出して、その解決方法を提示し遂行していくための提案を問う。
評価項目		技術士に求められる資質能力（コンピテンシー）のうち、専門的学識、問題解決能力、評価、技術者倫理、コミュニケーションの各項目

(2) 選択科目Ⅱ

選択科目Ⅱは、1枚論文と2枚論文が1題ずつ出題されます。

出題内容については、「選択科目」に関する専門知識と応用能力とされており、1枚論文では主に専門知識、2枚論文では主に応用能力が問われる内容が出題されています。出題内容は平成25～30年度の間に出題された内容と大きな違いはないため、過去問をしっかり勉強することが必要です。

技術士に求められる『専門的学識及び高等の専門的応用能力』を確認するための科目であり、小手先のテクニックだけではA判定に到達することは不可能です。技術者として、これまで重ねてきた知識を改めて体系的に学びなおして、長期的な計画のもとしっかりと対策を立ててください。

表1-9　令和元年度以降の選択科目Ⅱ（専門知識に関するもの：1枚論文）

概念	「選択科目」における専門の技術分野の業務に必要で幅広く適用される原理等に関わる汎用的な専門知識
出題内容	「選択科目」における重要なキーワードや新技術等に対する専門的知識を問う。
評価項目	技術士に求められる資質能力（コンピテンシー）のうち、専門的学識、コミュニケーションの各項目

表1－10　令和元年度以降の選択科目Ⅱ
（応用能力に関するもの：2枚論文）

概念	これまでに習得した知識や経験に基づき、与えられた条件に合わせて、問題や課題を正しく認識し、必要な分析を行い、業務遂行手順や業務上留意すべき点、工夫を要する点等について説明できる能力
出題内容	「選択科目」に関係する業務に関し、与えられた条件に合わせて、専門知識や実務経験に基づいて業務遂行手順が説明でき、業務上で留意すべき点や工夫を要する点等についての認識があるかどうかを問う。
評価項目	技術士に求められる資質能力（コンピテンシー）のうち、専門的学識、マネジメント、コミュニケーション、リーダーシップの各項目

（3）選択科目Ⅲ

　選択科目Ⅲに関しては、平成30年度以前に比べると、論文枚数や問われることに大きな変化はありませんが、必須科目が記述式になることによって、より選択科目らしい問題となりました。

　また、【課題解決能力】という言葉が消え、【問題解決能力】と【課題遂行能力】という言葉に変わっています。つまり【問題】というのは解決しなければいけない問題点のことになります。【課題】というのはやり遂げなければいけない項目と考えられます。

　今後の【問題】と【課題】の言葉の定義については、しっかり踏まえておくことが大切になります。

表1－11　令和元年度以降の選択科目Ⅲ
（問題解決能力及び課題遂行能力に関するもの）

概念	社会的なニーズや技術の進歩に伴い、社会や技術における様々な状況から、複合的な問題や課題を把握し、社会的利益や技術的優位性などの多様な視点からの調査・分析を経て、問題解決のための課題とその遂行について論理的かつ合理的に説明できる能力 ※必須科目の概念の問題解決能力及び課題遂行能力と一字一句同じ
出題内容	社会的なニーズや技術の進歩に伴う様々な状況において生じているエンジニアリング問題を対象として、「選択科目」に関わる観点から課題の抽出を行い、多様な視点からの分析によって問題解決のための手法を提示して、その遂行方策について提示できるかを問う。

評価項目	技術士に求められる資質能力（コンピテンシー）のうち、専門的学識、問題解決、評価、コミュニケーションの各項目

(4) 建設部門の選択科目の内容

各科目の内容も若干変更がありました。建設部門以外では受験者数の少ない科目が廃止されたりしていますが、建設部門は大きな変更はありませんでした。

表1−12　令和元年度以降の選択科目の内容

選択科目	令和元年度以降	平成30年度以前
土質及び基礎	土質調査並びに地盤、土構造、基礎及び山留めの計画、設計、施工及び維持管理に関する事項	土質、地盤並びに土構造物及び基礎に関する事項
鋼構造及びコンクリート	鋼構造、コンクリート構造及び複合構造の計画、設計、施工及び維持管理並びに鋼、コンクリートその他の建設材料に関する事項	鋼構造、鉄筋コンクリート構造、コンクリート構造、建設材料その他の鋼構造及びコンクリートに関する事項
都市及び地方計画	国土計画、都市計画（土地利用、都市交通施設、公園緑地及び市街地整備を含む。）、地域計画その他の都市及び地方計画に関する事項	国土計画、都市計画（土地利用、都市交通施設、公園緑地及び市街地整備を含む。）、地域計画その他の都市及び地方計画に関する事項
河川、砂防及び海岸・海洋	治水・利水計画、治水・利水施設及び河川構造物の調査、設計、施工及び維持管理、河川情報、砂防その他の河川に関する事項 地すべり防止に関する事項 海岸保全計画、海岸施設・海岸及び海洋構造物の調査、設計、施工及び維持管理その他の海岸・海洋に関する事項 総合的な土砂管理に関する事項	治水・利水計画、治水・利水施設、河川構造物、河川情報、砂防その他の河川に関する事項 地すべり防止に関する事項 海岸保全計画、海岸施設、海岸及び海洋構造物その他の海岸・海洋に関する事項

港湾及び空港	港湾計画、港湾施設・港湾構造物の調査、設計、施工及び維持管理その他の港湾に関する事項 空港計画、空港施設・空港構造物の調査、設計、施工及び維持管理その他の空港に関する事項	港湾計画、港湾施設、港湾構造物その他の港湾に関する事項 空港計画、空港施設、空港構造物その他の空港に関する事項
電力土木	電源開発計画、電源開発施設、取放水及び水路構造物その他の電力土木に関する事項	電源開発計画、電源開発施設、取放水及び水路構造物その他の電力土木に関する事項
道路	道路計画、道路施設・道路構造物の調査、設計、施工及び維持管理・更新、道路情報その他の道路に関する事項	道路計画、道路設計、道路構造物、道路管理、道路情報その他の道路に関する事項
鉄道	新幹線鉄道、普通鉄道、特殊鉄道等における計画、施設、構造物その他の鉄道に関する事項	鉄道計画、鉄道施設、鉄道構造物、モノレール鉄道等その他の鉄道に関する事項
トンネル	トンネル、トンネル施設及び地中構造物の計画、調査、設計、施工及び維持管理・更新、トンネル工法その他のトンネルに関する事項	トンネル計画、トンネル施設、地中構造物、トンネル工法その他のトンネルに関する事項
施工計画、施工設備及び積算	施工計画、施工管理、維持管理・更新、施工設備・機械・建設ＩＣＴその他の施工に関する事項 積算及び建設マネジメントに関する事項	施工計画、施工管理、施工設備・機械その他の施工に関する事項 積算及び建設マネジメントに関する事項
建設環境	建設事業における自然環境及び生活環境の保全及び創出並びに環境影響評価に関する事項	建設事業における自然環境及び生活環境の保全及び創出並びに環境影響評価に関する事項

1-3 口頭試験の概要

　口頭試験は、筆記試験合格者を対象に、例年12月上旬から翌1月下旬にかけて、技術士に求められる資質能力（コンピテンシー）をチェックすることを目的に行われています。時間は20分間で、10分程度延長が可能とされています。

　試験の際に試験官が参考とする資料は、4月に提出した経歴票と7月の筆記試験で作成した選択科目Ⅲの答案です。筆記試験の作成論文からの質問は0〜2題程度で、一切ない場合もあります。経歴票についても3分程度の時間を与えられて概要を説明せよと求められる場合やいきなり質問から入るパターンなど試験官によってまちまちです。口頭試験は、2名の試験官と受験者の3名だけの空間となり、受験生の立場では、非常に緊張しますが、試験官は比較的穏やかな方が多く、以前あったような圧迫面接のようなものは、最近は少ないようです。

　また令和元年度からは、「あなたがこれまで経験した業務の中で、あなたが発揮したリーダーシップの内容を説明してください」といった、これまでにはない質問がありました。口頭試験合格率も90％を切っています。令和元年度以降の口頭試験の質問内容等についてはガチンコ技術士学園で相当数の口頭試験の復元事例を集めました。令和6年度の口頭試験対策については、令和元年度以降の口頭試験の復元事例を分析したうえで、最高レベルの口頭対策講座を行う予定ですので、筆記試験合格された人はぜひガチンコ技術士学園のHPをご参照ください。

　筆記試験を突破した年は、適切な対策を行って、必ず口頭試験を突破しましょう。

表1-13　技術士第二次試験　口頭試験の内容（総合技術監理部門を除く技術部門）

試問事項	配点	試験時間
Ⅰ. 技術士としての実務能力 ※ 筆記試験における答案（問題解決能力・課題遂行能力を問うもの）と業務経歴により試問 　① コミュニケーション、リーダーシップ 　② 評価、マネジメント	 30点 30点	20分 10分程度延長可
Ⅱ. 技術士としての適格性 　③技術者倫理 　④継続研さん	 20点 20点	

1-4 合格率

　技術士第二次試験（建設部門）の合格率は、選択科目によってバラツキはあるものの、概ね筆記試験は14%〜17%程度、口頭試験は90%程度、最終的には、13%程度となっています。

　それと、表1-14で注目して欲しいのが、受験率です。令和4年度においては申込者17,443名に対して、実際に受験したのは13,026名と74.7%となっています。当日、何らかの事情があって受験できなかったという人もいるとは思いますが、受験しなかった人の多くは、4月にはやる気満々だったのが、実際には勉強が続かず、敵前逃亡した人が圧倒的だと思います。

　筆記試験はそれだけハードルの高いものです。しっかりと準備をしたうえで、今年は無理だと思ったとしても必ず受験してください。受験そのものが勉強の一環になるはずです。

表1−14　技術士第二次試験（建設部門）　合格率の推移

年度	人数（人）					受験率（%）	合格率（%）		
	申込者	受験者	筆記合格	最終合格	口頭不合格		筆記	口頭	最終
R4	17,443	13,026	1,348	1,268	80	74.7	10.3	94.1	9.7
R3	17,625	13,311	1,472	1,384	88	75.5	11.1	94.0	10.4
R2	15,007	11,763	1,333	1,214	119	78.4	11.3	91.1	10.3
R1	17,533	13,546	1,428	1,278	150	77.3	10.5	89.5	9.4
H30	18,280	14,175	934	886	48	77.5	6.6	94.9	6.3
H29	18,192	14,248	1,971	1,817	154	78.3	13.8	92.2	12.8
H28	17,636	13,648	1,944	1,786	158	77.4	14.2	91.9	13.1
H27	17,108	13,635	1,781	1,623	158	79.7	13.1	91.1	11.9
H26	16,912	12,553	1,718	1,580	138	74.2	13.7	92.0	12.6
H25	17,652	12,218	2,025	1,834	191	69.2	16.6	90.6	15.0

表1－15　令和4年度の建設部門各選択科目の合格率

年度	人数（人）					受験率（%）	合格率（%）		
	申込者	受験者	筆記合格	最終合格	口頭不合格		筆記	口頭	最終
土質及び基礎	1,433	1,042	98	95	3	72.7	9.4	96.9	9.1
鋼構造及びコンクリート	3,441	2,538	202	191	11	73.8	8.0	94.6	7.5
都市及び地方計画	1,330	1,009	139	131	8	75.9	13.8	94.2	13.0
河川、砂防及び海岸・海洋	2,509	1,925	233	222	11	76.7	12.1	95.3	11.5
港湾及び空港	575	419	38	36	2	72.9	9.1	94.7	8.6
電力土木	140	110	8	8	0	78.6	7.3	100.0	7.3
道路	2,903	2,237	238	221	17	77.1	10.6	92.9	9.9
鉄道	752	557	62	57	5	74.1	11.1	91.9	10.2
トンネル	644	450	59	52	7	69.9	13.1	88.1	11.6
施工計画、施工設備及び積算	2,820	2,049	182	172	10	72.7	8.9	94.5	8.4
建設環境	896	690	89	83	6	77.0	12.9	93.3	12.0
合　計	17,443	13,026	1,348	1,268	80	74.7	10.3	94.1	9.7

1-5 受験スケジュール

令和6年度のスケジュールは、技術士会のHPで確認してください。

例年、受験申込書受付期間は4月初旬～中旬、筆記試験本番は7月中旬です。

表1-16 技術士第二次試験受験スケジュール

令和6年 1月	平成25～令和5年度の過去問などから、受験する選択科目を決定する。 やらなければいけない勉強量を決定し、7月の試験日から逆算して、勉強のスケジュールを立てる。
2月	選択科目Ⅱの専門知識を体系的にしっかりと勉強する。 1枚論文に徹底的に取り組む。
3月	経歴票を仕上げる。詳細業務については、技術士の方に何度もチェックしてもらい完璧なものに仕上げる。まわりにチェックを頼める技術士がいない場合は、ガチンコ技術士学園等の添削指導を受ける。
4月	技術士会から受験申込書を取り寄せ、受験申込書を提出する。 国土交通分野が抱える様々なテーマについて、課題と解決策について考察を深める。『国土のグランドデザイン2050』『国土強靭化基本計画H30.12.14』『第5次社会資本整備重点計画』『i-Construction～建設現場の生産性革命～』などは必須資料です。読み込んだ上で、背景や課題や解決策について知識を深めてください。
5月	この時期、論文対策は新たな専門知識を深めるということよりも、実際に論文を作成してみて、技術士の方にお願いして、繰り返し添削指導を受けるようにしてください。自分なりに素晴らしい論文が作成できたとしても、添削指導を受けない限りは、その論文がいいのか悪いのか、実際のところはやぶの中です。添削指導を受けることで論文作成能力が身に付きます。
6月	本書での模擬試験に挑戦してください。添削希望の方や模範論文例を参考にしたい方は、ガチンコ技術士学園のHPから申し込んでください。

7月	7月中旬　筆記試験本番 論文の復元（ガチンコ技術士学園で復元論文の添削を行っていますので利用してください）
8月〜 10月	口頭試験の準備 10月末：筆記試験合格発表 見事合格された方は直ちに、模擬口頭試験などの対策をきっちり行う。 残念ながら不合格だった方は、すぐに翌年の筆記試験の勉強を始めましょう。
12月 〜翌1月	口頭試験本番
令和7年 3月	3月初旬：合格発表

第2章

論文作成の基礎

2-1 文章作成の基礎

　ここでは、技術士論文の作成方法に入るにあたって、まずは悪い文章とその修正例を見比べながら文章の作成方法の基礎を解説します。普段から技術論文に慣れている人は、読み飛ばしてください。

(1) 文の基本原則

　文の基本原則は、構文のしっかりした文、構造の完全な文を書くことです。日本語では、しばしば主語や目的語が省略されますが、技術士論文を作成するにあたっては、なるべく主語を省略せずに、主語と述語が対応した完全な構造の文を作成するように心がけてください。明瞭な文章作成が苦手な人はとにかく、主語は何か、修飾語は何か、述語は何かを明確にし、主部と述部の明確な文章をつくるように練習してください。

●悪い例	●修正例
（1）技術力の維持継承	（1）技術力の維持継承
建設事業の技術力は、経験によって得られる部分が非常に大きい。このため、この技術力を、多数の若手技術者が共有することができるようなシステムを構築する。	建設事業の技術力は、経験によって得られる部分が非常に大きい。このため、技術力の維持継承に当たっては、ベテラン技術者が経験によって得られた技術力を、多数の若手技術者が共有することができるようなシステムを構築することが大切である。

(2) 明快な文章

　技術論文で用いる文は、小説や詩などで求められるうまい文章とは根本的に異なります。最も大切なことは、論理的に筋が通っていることです。そのためには、誰が読んでも同じ意味、つまり、曖昧性が排除された、論文作成者の伝えたいことのみが伝わる文章であることが必要です。そのためには、基本的には単文であることが望ましいです。

●悪い例	●修正例
現在の我が国は、急速な少子高齢化や100年に一度と言われる不況の影響により、建設投資費用が著しく減少しているが、BRICsと呼ばれる国々やアジア各国の経済成長は著しいものがあり、今後も我が国が成長していくには海外の経済成長を取り込む必要がある。	現在の我が国は、急速な少子高齢化や100年に一度と言われる不況の影響により、建設投資費用が著しく減少している。しかし、BRICsと呼ばれる国々やアジア各国の経済成長は著しいものがあり、今後も我が国が成長していくには海外の経済成長を取り込む必要がある。

　ただし、中には重文の方が言いたいことが伝わりやすいときもあります。例えば、

　　○：我が国の建設投資余力は減少しているが、私は今後も建設投資は継続するべきだと考える。

　　△：我が国の建設投資余力は減少している。しかし、私は今後も建設投資は継続するべきだと考える。

この二つを比べると、後者の方が確かに読みやすいのですが、前者の方が論文作成者の意図が伝わり易いという特徴があります。

　つまり、一つの文では、一つの行動、状態、考えを表現し、単文を基調にする心がけをもって、重文、複文の入った文を書くことです。

(3) 肯定文を基調とする

　否定文は、きっぱりとイエス・ノーの意図を表明するときに使いますが、それ以外で使うと意味をぼかしたり、意図の表明を消極的・間接的にしてしまいます。意図を明瞭に伝えることが目的の論文試験では、論文作成者の意図を曖昧にしてしまう否定文は極力使うべきではありません。

　以下に、実際に受講生から送られた論文の中の一節を参考に、否定文の弊害について、少し述べてみたいと思います。

●悪い例	●修正例
①技術者の確保	①技術者の確保
国内の市場が縮小しているからといって、すべての技術者を移転させるわけにはいかない。また、国内の建設技術者も、経験の少ない海外業務に、積極的に取り組もうという意識は低い。さらに、今後、国内の社会資本が更新期を迎えるにあたり、維持管理のための人員を確保する必要がある。	国内の建設投資が減少としているとはいえ、経験の少ない海外業務に、積極的に取り組もうという建設技術者は少ない。このため、国内では建設技術者が余っているのにも係わらず、海外業務での技術者が集まらないという問題がある。

　また、「技術者として、そのような主張はすべきではない。」という文章を読めば、「じゃあどんな主張をすべきなの？」という疑問がわくのが当然です。論文添削時に「〜は〜でない。」という文体をよく見かけますが、極力、避けてください。

　論文作成時に肯定文や否定文を意識したことのない方が多いかと思いますが、技術士論文では、なるべく肯定文を基調とするように心がけてください。否定文は、使う前に肯定文で書けないかどうか検討してみてください。

（4）落ち着きのある文章

　技術士論文では落ち着きのある文章が必要です。そのためには、カタカナの濫用や構造の不完全な文（主語・目的語の省略、体言止め、など）の使用は避け、適切な用語を使って書くことが大事です。特に「体言止め」は、受講生から送られて来る論文の中で、良く見かけますが、必ず文章の形にするようにしてください。

●悪い例	●修正例
日本の建設技術はいまや世界一。それでは、日本の技術者は海外で通用しているだろうか？決してそうではない。問題は技術力ではない。言葉だ。現地への対応力だ。そして、何より気持ちが大切だ。	日本の建設技術は世界一の水準にある。しかし、日本の技術者が海外で通用するかと言えば、必ずしもそうではない。海外で必要なものは技術力だけではなく、言葉をはじめとする現地への対応力が重要である。さらに何より、海外で活躍しようとする前向きな気持ちが大切である。

　悪い例の方は、技術論文でなければ、読み手の感情に直接訴えるよい文章です。しかし、技術論文の場においては、落ち着きがありません。また、文意も、どういう気持ちなのか？が、わかりにくく、曖昧さが残る文章となっています。一方で、修正例の文章は、感情よりも論理を優先した文章となっており、読み手を論理的に説得しようとする意思があります。

2-2 論文作成のルール

(1) 句読点

句読点については、以下の決まりを守ってください。

① 句読点は、(、)(。) もしくは (，)(．) の組み合わせで使う。

② 句点 (。) またはピリオド (．)、読点 (、) またはコンマ (，)、カギ「 」、カッコ ( ) は1字として1マスを使う。

③ 読点 (、) は列挙する際の区切り、中点 (・) は一つのグループに属する意味で用いる。

　例：「本文、図・表および写真」

④ 句読点は40字 (約1.7行) 程度以内にして読みやすくする。

⑤ 句読点は行頭に置かない。行の頭に句読点がくる場合には、前行の最後のマスの外に付けるか、最後のマスの文字とともに書き入れる。行頭の (や「 、行末の) や 」なども同様に調整する。

(2) 英数字

英数字についても以下の決まりがあります。

① 英数字については、半角扱いが可能。

② ＩＣＴといった略語については、それぞれ1マスを使う。

③ 桁数の多い数字はマス目にとらわれず書いてよい。

④ 1個の数字は分断しないようにする。行末で分断される場合は、行の末尾が1～2マス空欄でもよい。

⑤ 単位はSI単位を使う。

⑥ 単位についてもマス目にとらわれず書いてよい。

例：

2011年	3マス	24cm	2マス	future	3マス
kN/m^2	2マス	CO_2	2マス	ＣＰＵ	3マス

(3) カタカナ

カタカナは半角で書かれている人をよく見かけますが、1マス1文字が原則です。外国語はカタカナで表記してください。英語の単語を日本語の文章の一部としては使用しません。

また、技術用語は学術用語を使うこと。機械や材料等の名称は正しい名称（一般名）を使用し、メーカー名や商品名は使わないこと。

例	（商品名）	（一般名）
	（失敗例）ユンボ　（×）	油圧バックホウ　（○）
	（失敗例）Ｐ＆Ｈ　（×）	トラッククレーン（○）

(4) 図表

技術士第二次試験の問題では、図で示すこと、と言われる問題があります。そうでない場合でも、図・表を使うと格段に論文が分かり易くなる場合があります。図・表を使う場合は最低限以下のルールを守ってください。

① 図のタイトルは図の下、表のタイトルは表の上に書く。図や表には必ず、番号とタイトルをつける。（例：図-1　○×△）

② 図・写真や表の位置は、「図-1に示す。」「である（図-1参照）。」の説明の直後が望ましい。ページ幅一杯にならない場合は右側に寄せて配置するとよい。

(5) 箇条書き

箇条書きする場合は、いきなり、箇条書きにするのではなくて、必ず何の箇条書きなのかがわかるように記述してください。

●悪い例

2. 財源不足に伴う問題点

① 高度経済成長期に大量に整備された社会資本が一斉に更新期を迎える。財源不足により、適切な維持管理、更新ができない場合は、道路の陥没や橋梁の崩落等の問題が予想される。

② 財源不足により、災害対策や渋滞対策などの真に必要な社会資本整備に遅れが出る。

③ 公共工事の単価が下がることにより、品質低下の危険性が考えられる。

◎修正例１

2. 財源不足に伴う問題点

　財源不足に伴う問題点として、以下の３点が挙げられる。

① 高度経済成長期に大量に整備された社会資本が一斉に更新期を迎える。財源不足により、適切な維持管理、更新ができない場合は、道路の陥没や橋梁の崩落等の問題が予想される。

② 財源不足により、災害対策や渋滞対策などの真に必要な社会資本整備に遅れが出る。

③ 公共工事の単価が下がることにより、品質低下の危険性が考えられる。

◎修正例２

2. 財源不足に伴う問題点

（１）既存施設の安全問題

　　高度経済成長期に大量に整備された社会資本が一斉に更新期を迎える。財源不足により、適切な維持管理、更新ができない場合は、道路の陥没や橋梁の崩落等の問題が予想される。

（２）真に必要な社会資本整備の遅れ

　　財源不足により、災害対策や渋滞対策などの真に必要な社会資本整備に遅れが出る。

（３）品質低下

　公共工事の単価が下がることにより、品質低下の危険性が考えられる。

◎修正例３

2. 財源不足に伴う問題点

　高度経済成長期に大量に整備された社会資本が一斉に更新期を迎えるため、財源不足から、適切な維持管理、更新ができないことが懸念される。この結果、道路の陥没や橋梁の崩落等が発生することが予想される。また、財源不足により、災害対策や渋滞対策などの真に必要な社会資本整備に遅れが出る。さらに、公共工事の単価が下がることにより、品質低下の危険性が考えられる。

（6）その他

　以下、その他注意すべき事項を箇条書きにまとめるので、参考にしてください。

① 文字は１マスに原則１文字とする。

② 文章の書き出しと改行のはじめは１字（１マス）あけて２マス目から書く。

③ 原稿用紙の一番左側を完全に１マス空けている人がいるが、改行のはじ

め以外では空けない。

④ 語尾は「である」調に統一する。

⑤ 1文は通常3行程度（約72文字）以下、長くても4行程度とする。

⑥ 改行は5～6行程度、長くても8行程度（約200字）とし、ダラダラとした文章としない。また、たまに1行ごとに改行している人をみかけるが、改行は段落ごとに行う。

⑦ 小論文では、章ごとに1行空ける場合もあるが、文字数制限のある論文試験なので、ルールとして、論文の途中に空行を作らない。

⑧ (1)、(2)、(3)と小問題に分かれた問題では、各問いに1枚程度で答えよ、という制限がある場合がある。(1)の回答が論文の1枚目の最後から2行目で終わった場合、最後の2行を残して、論文2枚目から(2)の回答を書き出すのではなく、(1)の回答直後から書き出す。

⑨ 分かりやすいタイトル（見出し）を付ける。しっかりしたタイトルは、全体の文章の内容が把握しやすくなる。タイトルを強調する場合は下線（＿）を引く。試験会場では定規を使って、下線を引くと見やすいタイトルになる。

⑩ 接続詞は、技術者の論文では無視される傾向にあるが、一般的な順接的表現である1) また・そして、2) つまり・すなわち、3) そのため・その結果、4) いいかえれば・例えば、5) 参考までに、逆接的表現である6) しかし・ところが、7) ところで、8) あるいは・または、等を意識する。誤字やあて字、略字、また通用しない私製文字（職→聀など）を書かない。

⑪ かなづかいは現在使用されている新かなづかいを用いる。また漢字は当用漢字を用い、それ以外はかなを用いる。漢字、ひらがなで書くべきものを区別する。学会誌等を見て、どのような漢字が使われているかを調べておくとよい。

　どうしても、論文を書くことが苦手だという人がいると思います。しかしながら、技術士を目指す以上はそんなことは言っていられません。技術者にとって技術レポートを書くことは必須ですし、ましてや技術士の書くレポートはさすがと言われるものであって欲しいと思います。ここでは、そもそも論文作成が苦手な人を対象として、技術士論文作成の前段階としての論文の書き方を述べていきます。

（1）問題文をしっかり読む

　技術士論文作成にあたって、最も大切なことは、出題者の意図は何であるか、その要求に応えるということです。どんな素晴らしい論文でも、出題のポイントからずれた論文では、解答としては０点になってしまいます。極端な例を言うと『建設分野における地球温暖化対策を述べよ』という問題に対して、家庭内での節水や節電を徹底すべきと記述したらどうでしょうか？　完全にポイントが外れています。問題文をしっかりと読んで、見当違いの記述をしないように心がけてください。ただ、しっかり問題文を読んだつもりでも、結果的に見当違いの記述をしているときがあります。例えば、

『21世紀の我が国の社会資本整備のあり方について、あなたの意見を述べよ。』
という問いに対して
『今後は効率的に社会資本整備を進めていくべき』
と答える人が非常に多くいます。

　以下、この答えのどこが悪いのかを解説していきたいと思います。こうした人の論文を要約すると次のようになります。

> 序論：財政余力が少なくなっており、少子高齢化・維持更新費の増大などの新しい課題も生じている。
> ↓
> 本論：今後は効率的に社会資本整備を進めていくべき。（多くの人の例ではここで国土交通白書に書いてあるようなキーワードが述べられる。）
> 結論：新しい課題に対応できる技術者になる所存である。

　良い論文か悪い論文かは、こうして序論→本論→結論と並べてみると一目瞭然です。良い論文は川が上流から下流へ流れるように一つの論旨で統一されていますが、悪い論文は序論で述べられていることと全く関係ない本論が展開され、さらに結論は序論に戻ったり、これまでの論旨と全く関係ない決意表明だったりと、一本の川となっていません。

　さて、上記の論文なのですが、明らかに一本の流れとなっていません。財政余力がないことが課題であるなら、そもそも公共事業は減らすべきです。効率的に社会資本整備を進めることが言いたいなら、序論で、今後も社会資本整備が必要であることを言わなければいけません。

> 序論：我が国は早急に対応しなければいけない社会資本整備がいろいろある（維持管理、耐震化etc）。しかしながら財政余力が乏しくなっている。
> ↓
> 本論：今後は効率的に社会資本整備を進めていくべき。
> ↓
> 結論：効率的に進めていくことで、遅れている社会資本整備を着々と進めていくことが可能となる。

　これで一応は一本の川となりました。しかし、こうして一本の川にしたところで、「21世紀の社会資本整備のあり方は、効率的な社会資本整備を推進すべき」という主張には無理があります。致命的な失敗は、出題者の意図を読みきれていない点です。
　ここでの出題者の意図は効率的に進めた社会資本整備のその先の目指すべき姿を聞いています。さらにいえば、効率的社会資本整備は、財政事情が悪く

なくても最大限に推進すべきことであり、20世紀だろうが、21世紀だろうが
これは変わりません。効率化はあくまでも「手段」であって「目的」ではありま
せん。ここで述べるべきことは効率化という手段を行使して得られる目的の方
です。例えば、目的を中心にした書きかただとこうなります。

序論：我が国には財政余力が乏しい中でもさらに○○といった課題がある。
 　　　　　↓
本論：○○という課題を解決するためには、今後は××の社会資本整備を効率的
 　　　に推進していく必要がある。
 　　　　　↓
結論：××の整備が進むことで、21世紀の国民は今よりも幸せな状態となる。

「財政余力が乏しいなか、コスト縮減の方策を述べよ」という出題なら、効率
化という手段を本論に持ってくるべきですが、「今後の社会資本整備のあり方
について、あなたの意見を述べよ」という出題なら、効率化はあくまでも手段
であって、論じるべきことは目指すべき目的の方です。これには問題文をよく
読むという作業が欠かせません。問題文をよく読んで、何が問われているのか
を考えてください。

(2) 論文構成を考える

　技術士の二次試験では、いきなり書き出すことは避けるべきです。試験は
ワープロではなく、手書きですので、書き直しは実質無理です。試験中によく
必死で消しゴムを使っている人がいますが、解答用紙は汚くなるし、時間もな
くなります。あせって字も汚くなります。論文を書く前に、必ず論文構成を練
る時間を取りましょう。目安としては、1枚論文は5分程度、2枚論文で10分
程度、3枚論文で20分程度をかけて、この論文で言いたいことを整理し、章題
を作り、各章の要旨と分量をある程度まとめてから、論文を書き出してくださ
い。

① 一番言いたいことの整理。（論文要旨）
② 言いたいことを本論に据えて、序論→本論→結論を整理する。
③ 目次（章題）をつくる。←構成を練る。

④ 各章の分量と要点を整理。←分量は、原稿用紙が24字×25行なので、章題を含めて何行費やすか、という行単位で設定すると論文が作成しやすい。

例えば、次ページのH25施工計画Ⅱ-2-1の問題を考えてみます。
2枚論文なので、合計50行ということになります。
1. コンクリート構造物施工時の養生 （25行）←（1）＋（2）
 （1）湿潤養生 （13行）
 （2）温度制御養生 （12行）
2. 高炉セメントコンクリートの特性 （12行）
3. 高炉セメントコンクリート施工時の留意点 （13行）

この作業を怠って、いきなり論文を書き出した場合、あとで方針転換ができません。方針転換をしようとすると、そこに待っているのは、悲惨な消しゴム地獄です。実際の試験では、時間が全くといっていいほど足りませんし、原稿用紙も汚くなりますし、消しゴム地獄に陥るぐらいなら、諦めて書き続ける方がまだマシです。

つまり、論文を書き出す前に、構成を練って、分量を振り分ける事前の作業は、極めて大切です。論文作成するにあたって、このことは癖にしてください。

（3）章題をつける

ガチンコ技術士学園では、論文作成にあたって、まず目次を作れと指導しています。しかし、そもそも、問題文に対して、どのような目次（章題）をつければよいのか？という段階で迷ったことはないでしょうか？　ここでは、まず章題の付け方について、説明したいと思います。

●2枚論文の例：平成25年度の建設部門（施工計画）Ⅱ-2-1

（施工計画Ⅱ-2-1）要求性能を満足するコンクリート構造物を造るためには、施工の各段階において適切な方法により品質管理を実施し、所定の品質が確保されていることが重要である。コンクリート施工時の養生はこの一環として考えられ、施工環境条件を考慮し、品質を確保できるように確実に実施しなければならない。これを進めるに当たり、下記の問いに答えよ。

（1）コンクリート構造物の施工を行う際の養生については、目的別に3項目に分類しているが、そのうち2項目について内容をそれぞれ説明せよ。

（2）高炉セメントB種を使用したコンクリート構造物を施工することになった。高炉セメントコンクリートの特性について述べるとともに、その特性を踏まえ、養生を含め、施工に関する留意点を説明せよ。

とにかく、素直に問題文に沿って章を作成するのが基本です。

ここで、最も大事なことは、問題で問われている項目を1つも抜かさず、すべて章題に挙げることです。上記問題では、青マーカー部の、①2項目の内容、②高炉セメントコンクリートの特性、そして③施工に関する留意点の3項目は絶対に抜かしてはいけません。

1. コンクリート構造物施工時の養生 コンクリート施工時の養生は、目的別に湿潤養生、温度制御養生、有害な作用に対する保護の3項目があるが、以下では、このうち湿潤養生と温度制御養生の2項目について、それぞれ説明する。 （1）湿潤養生 ・・・・ （2）温度制御養生 ・・・・ 2. 高炉セメントコンクリートの特性 ・・・ 3. 高炉セメントコンクリート施工時の留意点 ・・・・	1枚論文や2枚論文では「はじめに」「おわりに」は不要です。不要な記述ということで、むしろ減点されかねません。「はじめに」から入るのではなくて、いきなり解答を書くようにしましょう。 章題は、基本的には問題文のとおりにすればよいのですが、長い題は非常に読みにくいので、なるべく1行以内に収まるように気をつけてください。 それと、3項目のうち2つ説明しろといった問題の場合、左記のように書くと、論文の流れも良くなるし、3項目とも知っていること、つまり専門知識のアピールにつながるので、おススメできる書き方です。

ここで、章の番号の付け方で、混乱を起こしている人もいるかと思います。

（1）（2）を、問題文の（1）、（2）に対応させて、無理に、

（1）コンクリート構造物施工時の養生

　　①湿潤養生

　　②温度制御養生

（2）－1. 高炉セメントコンクリートの特性

（2）－2. 高炉セメントコンクリート施工時の留意点

という章題をつけている人を見かけますが、正直洗練されていない印象を受けます。

　また、章 ⇒ 節 ⇒ 項と3項目がある場合は、①の次がⅰ）とか、ア）とか、ややこしくなるので、最初から、1. ⇒（1）⇒ ①　と、統一してしまった方が論文作成時には楽だと思います。

　通常の技術論文に従うと、土木学会誌や地盤工学会誌などを見てもらうとわかりますが、一般的に以下のようになっています。ただ、600～1800字程度の小論文の場合では、無理して、1.1、1.1.1と重ねていかなくても節の段階で（1）を使った方が見やすい場合が多いです。

1.	章題				
1.1	節題				
1.1.1	項題				
（1）	さらに小さな項目				
①	箇条書き				

●3枚論文の例：平成25年度の建設部門（道路）Ⅲ-1

（道路Ⅲ-1）道路構造物の老朽化に伴い様々な不具合が発生しており、今後さらに、その状況の深刻化が懸念される。これに関し、道路に係わる技術者としての立場から、以下の問いに答えよ。
（1）老朽化に伴う道路構造物の機能や健全性の低下が社会に与える損失や影響について述べよ。
（2）道路構造物を適切に維持管理する上での課題及びその解決策について、複数の観点から述べよ。
（3）（2）で述べた解決策の実施に当たり、実効性をより高める上での留意事項を述べよ。

　ここでも、素直に問題文に沿って章を作成するのが基本です。そして、解答に漏れがないようにくれぐれも注意するようにしてください。

1. 道路構造物の老朽化が社会へ与える損失や影響 （1）事故発生による人命・財産の損失 ・・・・ （2）交通機能低下によるコストの増大 ・・・・ 2. 道路構造物を維持管理する上での課題と解決策 （1）アセットマネジメントの導入 ・・・・ （2）維持管理技術部門の質・量の向上 ・・・・ 3. 維持管理の実効性をより高める上での留意事項 （1）アセットマネジメント導入における留意事項 ・・・・ （2）維持管理部門の技術力向上における留意事項 ・・・・	3枚論文では課題を述べるにあたって、前提条件や背景を述べておく必要がある場合は「はじめに」「おわりに」は論文の論理性・説得力向上につながるのでOKです。この問題の場合は、問題数が3問と多いこともあり、いきなり解答から入った方がよいです。 それと「はじめに」と「おわりに」は一対です。「はじめに」があれば、必ず「おわりに」という章を設けるようにしてください。 たまに、章題が文章となっている人を見かけますが、章題は文章にはなりえません。 ×1. 道路構造物の老朽化による社会への損失や影響を述べる。 また、課題と解決策・留意点などは、必ず対応するような題になるように気をつけてください。

（4）本番における採点基準

　平成20年度〜令和5年度と16年間、復元論文の採点を行って、明確になったことがあります。

　それは、機械が採点するのではなくて、人が採点するということです。どういうことかというと、2つの論文を並べてみるとほとんど同じ論文なのに、片方がA判定で、片方がB判定ということや、明らかに優れている方がB判定で、おかしな論文がA判定だったりしていることがあるということです。これは採点官の好みやクセや気分などが関わっているからだと思います。

　不公平だと思われるかもしれませんが、運も実力もうちだと考えてください。ただし、訳のわからない論文がA判定ということはあっても、明らかに合格論文と思われる論文がB判定ということはありませんでした。

　つまり、受験生の皆様は、明らかな合格論文が書けるようになることを目指してください。ここでいう明らかな合格論文とは、決して完璧な論文を指しているわけではありません。仮に完璧な論文というものが存在するとするならば、完璧な論文に比べて、6割程度のレベル以上あれば合格論文です。つまり、明らかに完璧な論文の6割以上はあるな、と判断できる論文が明らかな合格論文の定義になります。

　明らかな合格論文に届かなくても運がよければ合格できるかもしれません。しかし、目指すべきは、論文執筆者の専門知識や応用能力や問題解決能力・課題遂行能力が明瞭に伝わってくる明らかな合格論文です。

第3章

必須科目Ⅰ対策

3-1 必須科目Ⅰの出題概要

　必須科目は、2時間という時間の間に原稿用紙3枚以内で、建設部門全体の専門知識（国土強靱化、維持管理、コンパクト＋ネットワーク、生産性向上、ユニバーサルデザイン、技術継承etc）と問題解決能力と課題遂行能力を表現することが求められます。

　必須科目は単独でA判定（6割以上）が必要です。

表3－1　令和元年度からの新試験制度

試験科目	問題の種類	試験方法	試験時間
必須科目	「技術部門」全般にわたる専門知識、応用能力、問題解決能力及び課題遂行能力	記述式 600字詰用紙3枚以内	2時間

表3－2　令和元年度の必須科目の概要

概念	専門知識	専門の技術分野の業務に必要で幅広く適用される原理等に関わる汎用的な専門知識
	応用能力	これまでに習得した知識や経験に基づき、与えられた条件に合わせて、問題や課題を正しく認識し、必要な分析を行い、業務遂行手順や業務上留意すべき点、工夫を要する点等について説明できる能力
	問題解決能力及び課題遂行能力	社会的ニーズや技術の進歩に伴い、社会や技術における様々な状況から、複合的な問題や課題を把握し、社会的利益や技術的優位性などの多様な視点からの調査・分析を経て、問題解決のための課題とその遂行について論理的かつ合理的に説明できる能力
出題内容		現代社会が抱えている様々な問題について、「技術部門」全般に関わる基礎的なエンジニアリング問題としての観点から、多面的に課題を抽出して、その解決方法を提示し遂行していくための提案を問う。

評価項目	技術士に求められる資質能力（コンピテンシー）のうち、専門的学識、問題解決、評価、技術者倫理、コミュニケーションの各項目

第3章
必須科目Ⅰ対策

3-2 過去問の整理

　過去問に取り組むことはあらゆる試験対策の基本です。ここでは過去問を整理しますのでどういった内容が出題されたのかをしっかり理解してください。また、過去問に取り組むにあたっての参考資料を示しますので、必ず資料に目を通して論文作成に取り組みましょう。また、どの問題に対しても次の3点の資料は絶対に必要です。

資料1：国土のグランドデザイン2050（2014年7月）
　　　　⇒2050年の国土の将来像
資料2：第2次国土形成計画（2015年8月）
　　　　⇒10年間（2015〜2025年）の全国計画
資料3：第5次社会資本整備重点計画（2021年5月）
　　　　⇒5年間（2021〜2025）の社会資本整備の重点計画

①令和元年度Ⅰ−1

（1）生産性の向上に関する多面的な観点からの課題
（2）最も重要な課題と複数の解決策
（3）解決策に共通して新たに生じうるリスクとその対策
（4）技術者としての倫理の観点と社会の持続可能性の観点からの必要な要件

参考資料：i-Construction 〜建設現場の生産性革命〜（2016年4月）

②令和元年度Ⅰ−2

（1）ハード整備の想定を超える大規模自然災害への対応が求められている。多面的な観点から、国土強靭化を推進するための課題
（2）最も重要な課題と複数の解決策
（3）解決策に共通して新たに生じうるリスクとその対策
（4）技術者としての倫理の観点と社会の持続可能性の観点からの必要な要件

参考資料：国土強靭化基本計画（2018年12月）、国土強靭化アクションプラン2018
　　　　　（2018年6月）

③令和2年度Ⅰ－1

（1）地域の中小建設業が今後もその使命を果たすことが求められている。多面的な観点から、担い手を確保していく上での課題

（2）最も重要な課題と複数の解決策

（3）波及効果と専門技術を踏まえた解決策

（4）技術者としての倫理の観点と社会の持続可能性の観点からの必要な要件

参考資料：建設産業の現状と課題（2017年6月）

④令和2年度Ⅰ－2

（1）多面的な観点から、社会インフラを戦略的にメンテナンスするための課題

（2）最も重要な課題と複数の解決策

（3）解決策に共通して新たに生じうるリスクとその対策

（4）技術者としての倫理の観点と社会の持続可能性の観点からの必要な要件

参考資料：インフラ長寿命化計画（行動計画）（2021年6月）

⑤令和3年度Ⅰ－1

（1）多面的な観点から、循環型社会を構築するための3つの課題

（2）最も重要な課題と複数の解決策

（3）波及効果と専門技術を踏まえた解決策

（4）技術者としての倫理の観点と社会の持続可能性の観点からの必要な要件

参考資料：「国土交通省環境行動計画（2021年7月）」「国土交通グリーンチャレンジ」（2021年7月）

⑥令和3年度Ⅰ－2

（1）多面的な観点から、風水害による被害防止又は軽減するための3つの課題

（2）最も重要な課題と複数の解決策

（3）解決策に共通して新たに生じうるリスクとその対策

（4）技術者としての倫理の観点と社会の持続可能性の観点からの必要な要件

参考資料：国土強靭化基本計画（2018年12月）、国土強靭化アクションプラン2018（2018年6月）

⑦令和4年度Ⅰ－1

（1）DX推進に当たり、多面的な観点から3つの課題

（2）最も重要な課題と複数の解決策

（3）波及効果と専門技術を踏まえた解決策

（4）技術者としての倫理の観点と社会の持続可能性の観点からの必要な要件

参考資料：インフラ分野のDXアクションプラン（2022年3月）

⑧令和4年度Ⅰ－2

（1）CO_2排出量削減及びCO_2吸収量増加のための取組に当たり、多面的な観点から3つの課題

（2）最も重要な課題と複数の解決策

（3）解決策に共通して新たに生じうるリスクとその対策

（4）技術者としての倫理の観点と社会の持続可能性の観点からの必要な要件

参考資料：「国土交通省環境行動計画（2021年7月）」「国土交通グリーンチャレンジ」
（2021年7月）

⑨令和5年度Ⅰ－1

（1）将来発生しうる巨大地震を想定して建築物、社会資本の整備事業及び都市の防災対策を進めるに当たり、技術者としての立場で多面的な観点から3つ課題を抽出し、それぞれの観点を明記したうえで、課題の内容を示せ。

（2）前問（1）で抽出した課題のうち、最も重要と考える課題を1つ挙げ、その課題に対する複数の解決策を示せ。

（3）前問（2）で示したすべての解決策を実行しても新たに生じるリスクとそれへの対策について、専門技術を踏まえた考えを示せ。

（4）前問（1）～（3）を業務として遂行するに当たり、技術者としての倫理、社会の持続性の観点から必要となる要点・留意点を述べよ。

⑩令和5年度Ⅰ－2

（1）これからの社会資本を支える施設のメンテナンスを、上記のようなこれまで10年の取組を踏まえて「第2フェーズ」として位置づけ取組・推進す

るに当たり、技術者としての立場で多面的な観点から３つ課題を抽出し、それぞれの観点を明記したうえで、課題の内容を示せ。

（2）前問（1）で抽出した課題のうち、最も重要と考える課題を１つ挙げ、その課題に対する複数の解決策を示せ。

（3）前問（2）で示したすべての解決策を実行しても新たに生じうるリスクとそれへの対応策について、専門技術を踏まえた考えを示せ。

（4）前問（1）～（3）を業務として遂行するに当たり、技術者としての倫理、社会の持続性の観点から必要となる要点・留意点を述べよ。

　　必須科目は、技術士に求められる資質能力（コンピテンシー）のうち、専門的学識、問題解決、評価、技術者倫理、コミュニケーションの各項目で評価されます。

　　過去問は、出題テーマは異なっていても、出題形式はほぼ同じです。以下では問題で問われた内容ごとにコンピテンシーを整理してみます。論文作成するときに、以下のコンピテンシーによって評価されていることを念頭にいれるようにしましょう。

（1）建設分野における生産性の向上に関して、技術者としての立場で多面的な
　　　観点から課題を抽出し分析せよ。

専門的学識	技術士が専門とする技術分野（技術部門）の業務に必要な、技術部門全般にわたる専門知識及び選択科目に関する専門知識を理解し応用すること。 技術士の業務に必要な、我が国固有の法令等の制度及び社会・自然条件等に関する専門知識を理解し応用すること。

【専門的学識として最低限勉強しておく資料】

・国土のグランドデザイン2050（平成26年7月）

・第5次社会資本整備重点計画（令和3年5月）

・第2期インフラ長寿命化計画（令和3年6月）　　R3～R7行動計画

・国土強靭化基本計画（平成30年12月）

・国土強靭化アクションプラン2018（平成30年6月）

・国土交通グリーンチャレンジ（令和3年7月）

・国土交通省環境行動計画（令和3年12月）

・Construction～建設現場の生産性革命～（平成28年4月）

・インフラ分野のDXアクションプラン（令和4年3月）

　適宜、国土交通省HPからダウンロードしてください。

（2）抽出した課題のうち最も重要と考える課題を１つ挙げ、その課題に対する
　　複数の解決策を示せ。

問題解決	業務遂行上直面する複合的な問題に対して、これらの内容を明確にし、調査し、これらの背景に潜在する問題発生要因や制約要因を抽出し分析すること。 複合的な問題に関して、相反する要求事項（必要性、機能性、技術的実現性、安全性、経済性等）、それらによって及ぼされる影響の重要度を考慮した上で、複数の選択肢を提起し、これらを踏まえた解決策を合理的に提案し、又は改善すること。

（3）すべての解決策を実行しても新たに生じうるリスクとそれへの対応策について、専門技術を踏まえた考えを示せ。

（3）すべての解決策を実行した上で生じる波及効果と、新たな懸案事項への対応策を示せ。

※小問（3）は2パターンあるため併記。

評価	業務遂行上の各段階における結果、最終的に得られる成果やその波及効果を評価し、次段階や別の業務の改善に資すること。

（4）上記事項を業務として遂行するに当たり、技術者としての倫理、社会の持続性の観点から必要となる要件・留意点を述べよ。

技術者倫理	業務遂行にあたり、公衆の安全、健康及び福利を最優先に考慮した上で、社会、文化及び環境に対する影響を予見し、地球環境の保全等、次世代に渡る社会の持続性の確保に努め、技術士としての使命、社会的地位及び職責を自覚し、倫理的に行動すること。 業務履行上、関係法令等の制度が求めている事項を遵守すること。 業務履行上行う決定に際して、自らの業務及び責任の範囲を明確にし、これらの責任を負うこと。
コミュニケーション	業務履行上、口頭や文書等の方法を通じて、雇用者、上司や同僚、クライアントやユーザー等多様な関係者との間で、明確かつ効果的な意思疎通を行うこと。 海外における業務に携わる際は、一定の語学力による業務上必要な意思疎通に加え、現地の社会的文化的多様性を理解し関係者との間で可能な限り協調すること。

3-4 必須科目で求められる4つの能力

必須科目Ⅰは『建設部門全般にわたる専門知識、応用能力、問題解決能力及び課題遂行能力』を問うとされています。

（1）専門知識

専門知識は必須科目の概要では【専門の技術分野の業務に必要で幅広く適用される原理等に関わる汎用的な専門知識】と解説されています。

維持管理を例にとると、適切な維持管理が求められる背景、社会資本の老朽化の現状、現状の問題点や適切な解決策を怠った場合の将来顕在化してくる問題点、などを理解しているかどうかが問われています。問題解決策についても、アセットマネジメントやPPP/PFIの活用、ストック効果、戦略的メンテナンスといった専門知識を知っていなければ技術士として相応しいとは判定されません。

なので、問題解決能力や課題遂行能力の前に、まずは建設分野における専門知識をしっかり勉強しておくことが必要です。これは国土交通省が出している『国土のグランドデザイン2050』などの資料をしっかり読み込むことが必要です。

（2）応用能力

応用能力は必須科目の概要では【これまでに習得した知識や経験に基づき、与えられた条件に合わせて、問題や課題を正しく認識し、必要な分析を行い、業務遂行手順や業務上留意すべき点、工夫を要する点等について説明できる能力】とされています。つまり、応用能力は、専門知識を駆使して、問題解決策を提案し、論理的に説明できる能力と言えます。応用することは、論理的に説明することです。例えば維持管理の解決策としてPFIが挙げられますが、なぜPFIが維持管理の解決策となるのか、論理的に説明できなければいけません。

そもそも、技術士試験の問題は『広範囲な又は相対立する問題を含み、その問題を把握する時点において明白な解決策がなく、様々な面において重大な結

果をもたらすものである』といった問題が出題されます。明白な解決策は存在していません。そんな中で、専門知識を駆使して、解決策を提案し、論理的に説明することが、応用能力と言えます。

（3）問題解決能力

　問題解決能力とは、『複合的な問題に関して、相反する要求事項（必要性、機能性、技術的実現性、安全性、経済性等）、それらによって及ぼされる影響の重要度を考慮した上で、複数の選択肢を提起し、これらを踏まえた解決策を合理的に提案し、又は改善する』能力です。

　唯一の解決策を提示することではなくて、複数の選択肢を提起したうえで、最良の解決策を論理的に説明することが求められます。それと、問題を解決するためには、何をしなければいけないのか？設定されたテーマ＝課題という形に落とし込むことが大切です。つまり、問題解決能力とは、課題設定能力とも言えます。

（4）課題遂行能力

　課題遂行能力は、そもそもなぜその課題（解決策）が現時点で実行されていないのか？を考えてみてください。それほど良い解決策があるのなら、とっくに実行されているはずです。現時点で【課題（解決策）】として残っているということは、何らかのハードルやリスクがあるはずです。

　例えば、社会資本の老朽化という問題点に対して、アセットマネジメントという解決策を提案した場合を考えてみてください。アセットマネジメントが簡単に出来るものなら、日本全国の社会資本維持の現場に取り入れられているはずです。現実はそうはなっていません。

　なぜ、アセットマネジメントが遂行出来ていないのか？を考えたうえで、課題やリスクを抽出することが大切です。例えば、技術力不足やデータ不足が挙げられます。次にそういった課題やリスクを踏まえて、どうやったら実現出来るのかを考えてみてください。

　また、非常に大切なポイントは、専門知識に裏付けられた説得力です。問題解決能力や課題遂行能力という以上は空理空論ではどうしようもありません。

読み手がなるほどと思うような説得力が重要です。自分なりの問題解決策やその遂行策を、読み手が納得できるように論理的に記述してください。

　逆に言えば、NGなことは何かというと、結論（自分の考え）だけを述べて、その結論に至った理由を示していないことです。例えば、地球温暖化防止のために必要な社会資本整備のあり方はどうあるべきか？という問題に対して「私は、建設廃棄物のリサイクル率をあげるための諸政策を行うべきだと考えます。」と書かれてあれば、読み手は地球温暖化とリサイクル率はどう関係があるんだろうか？と思います。納得のいく理由が書かれていなければ、採点官はこの人を「課題遂行能力がある」と判断することはありません。

3-5 具体的な論文作成

3－5－1. 総論

（1）表現能力

　論文作成には、**書くべき内容**と**内容を表現するための表現能力**の２つの能力が必要です。技術系の人は、論文作成が苦手という人が多いと思います。論文作成が苦手な人は、必ず第２章をしっかり読み込んでください。600字×3枚程度の小論文の作成技術ならば、第２章・第３章や模範論文例等により劇的に向上させることが可能です。

　もちろん、これだけでは畳の上の水練になりがちです。必ず、実際に論文を作成して、技術士に添削してもらってください。こうした添削により、表現能力の向上は可能です。

（2）論文構成

　論文作成に当たっては、論文構成を考える必要があります。

　まず、目次を作成し、各項目のおおまかな文章量を考えます。論文は１枚が24字×25行です。つまり３枚論文の場合は、25行×3枚と考え、各項目が何行なのかを考えてください。論文構成を考えるに当たっては、題で１行使うことも考慮してください。また、技術士論文では、当然、題より内容が大切です。文字数稼ぎにしか見えない２行にまたがる題などは厳禁としてください。題は１行です。

（1）テーマに関して、技術者としての立場で多面的な観点から課題を抽出し分析せよ。

（2）（1）で抽出した課題のうち最も重要と考える課題を１つ挙げ、その課題に対する複数の解決策を示せ。

（3）（2）で提示した解決策に共通して新たに生じうるリスクとそれへの対

策について述べよ。

（４）（１）～（３）を業務として遂行するに当たり必要となる要件を、技術者
としての倫理、社会の持続可能性の観点から述べよ。

さっそく、論文構成を考えてみましょう。

「はじめに」や「おわりに」は書くスペースはありませんし、不要な記述のため採点上は逆効果です。

（１）テーマに関する課題（題＋24行）

   ①課題Ａ（題＋7行）

   ②課題Ｂ（題＋7行）

   ③課題Ｃ（題＋7行） ← 合わせて25行となる。

（２）最も重要と考える課題と解決策（題＋24行）

   重要と考えた理由など（3行）

   ①解決策Ａ（題＋6行）

   ②解決策Ｂ（題＋6行）

   ③解決策Ｃ（題＋6行）← 合わせて25行となる。

（３）リスクとリスク対策（題＋12行）

   ①リスク（題＋5行）

   ②リスク低減策（題＋5行）← 合わせて13行 ─┐

（４）業務遂行に必要となる要件（題＋11行）   合わせて25行となる。

   ①技術者倫理の観点（題＋5行）

   ②持続可能性の観点（題＋4行）← 合わせて12行 ─┘

問題文で問われていることには必ずすべて答えてください。論文作成前に目次を作成するのは、問われていることの抜けがないかどうかのチェックにもなります。また、問題文が（１）（２）（３）（４）とある場合は、それぞれに得点が振り分けられていますので、（４）必要となる要件が極端に文章量が少なくなるようなことは避けて、論文を書き始める前の段階で、ある程度の文章量の振り分けを行ってください。

また、記述スペースが足りなくなった場合は、

①技術者倫理の観点：・・・

とすることはOKです。

（3）論文作成時間

　必須科目の論文作成時間は２時間です。

　最初の15分を、論文構成を考え、目次を作成する時間にあててください。

　続いて論文作成時間１枚30分を目安にして、（1）は何時何分までに完成させるといった時間計画を考えてください。

　例えば、試験が午前10：00スタートの場合、

　10：00　論文構成

　10：15　（1）開始

　10：45　（1）終了。（2）開始

　11：15　（2）終了。（3）（4）開始

　という予定を立てて、（1）を書き終わった時点で時計をチェックして、予定より遅れているか、余裕があるのかを意識するようにしてください。普段の練習でも１枚30分を意識して練習してください。

3－5－2. 観点を明記せよ

　令和３年度の試験では、『観点を明記したうえで』という文面が追加されています。ところが、復元論文の添削を行っていると、観点を明記されていない方が圧倒的多数でした。問題文には素直に従うことが大切です。ここでは、必ず観点を明記してください。改めて、過去問の問題文を整理してみます。

表3-3　必須科目（1）の問題文

問題番号	必須科目（1）の問題文
R1-1 R1-2	・・・に関して、技術者としての立場で多面的な観点から課題を抽出し分析せよ。

R2-1 R2-2	・・・に当たり、技術者としての立場で多面的な観点から課題を抽出し、その内容を観点とともに示せ。
R3、R4	・・・するために、技術者としての立場で多面的な観点から3つ課題を抽出し、それぞれの観点を明記した上で、課題の内容を示せ。

　こうして並べてみると、観点の記述を義務付けたいという出題者の意向が明白です。

　それでは、観点とは何か?

　ここでは、観点について、しっかり理解し、論文作成に当たっては、観点を必ず明記するようにしてください。

　一般的には、「物事を見たり考えたりする立場。見地」とされています。通常は、発注者の観点といった具体的なものではなくて、環境保護の観点といった抽象的な言葉を使います。具体的なものについては、発注者の視点、というように『視点』を使います。

　建設部門で多く使うのは、以下のような観点です。問題によって書きやすい観点を選択してください。

- 環境保護の観点 (自然保護の観点)
- エネルギー政策の観点
- 国土強靭化の観点
- 早期復興の観点
- 防災減災の観点 (ハード対策強化の観点)
- 住民の安全性向上の観点
- 利用者の利便性向上の観点
- 暮らしやすい地域づくりの観点
- 街づくりの観点
- コスト削減の観点
- 品質向上の観点
- 生産性向上の観点

- 担い手確保の観点
- 働き方改革の観点
- 人材育成の観点
- 技術継承の観点
- 受注者育成の観点
- 建設産業再生の観点
- 国際競争力基盤強化の観点
- 国際展開の観点　　　　　　　　etc

　ただし、論文の書き方としては、『課題を抽出し、それぞれの観点を明記した上で、課題の内容を示せ』なので、観点を小題にもってくるのではなくて、課題を小題に持ってくるべきです。

例題１：ハード整備の想定を超える大規模な自然災害に対して安全・安心な国土・地域・経済社会を構築するために、技術者としての立場で多面的な観点から３つ課題を抽出し、それぞれの観点を明記したうえで、課題の内容を示せ。

（例題１の記述例）
①ソフト対策の強化
　住民の安全性向上の観点からはソフト対策の強化を課題として取り上げる。近年、巨大自然災害の切迫が指摘されており、明日発生するかもしれない巨大自然災害に対して、担い手不足や予算の問題等からハード整備が間に合わない現実がある。このため、台風や線状降水帯接近の早期情報発信や警戒避難体制を強化するとともに、活用されていないハザードマップの活用方法の工夫などのソフト対策に力を入れる必要がある。

3-5-3. 課題の抽出

　課題を理解するには、課題と問題の違いについて、理解しておくことが必要です。

問題：現状があるべき姿になっていない阻害要因。目標の姿と現状のギャップ。

課題：問題（あるべき姿を妨げる要因）を解決するためにやること

　例えば、

問題：地震発生時に火災が広がりやすく、消防車や救急車が入り込めない密集市街地の存在

課題：密集市街地の解消

となります。

表3-4　例題1の課題一覧

問題（あるべき姿を妨げる要因）	課題（取り組むべきテーマ）
① 社会インフラの老朽化	① 社会インフラの災害時の機能維持
② 高速道路のミッシングリンク	② ハザードマップ等のソフト対策
③ 既存不適格の住宅	③ 震災に強い街づくり
④ 液状化地盤上の住宅	④ ストック機能の最大化
⑤ 密集市街地	⑤ 密集市街地の解消
⑥ 災害時に孤立する集落	⑥ 早期復旧体制の構築
⑦ 逃げ場のない大都市の巨大地下街	⑦ 広域ネットワークの形成
⑧ 要援護者	⑧ 内水対策の推進
⑨ 東京一極集中	⑨ 首都機能の移転

　では、「課題を挙げよ」という出題に対して、どのように論文を書けばよいのでしょうか？

　令和元年度の必須問題は、「・・・に関して、技術者としての立場で多面的な観点から課題を抽出し分析せよ。」という問題が出題されています。

　こういう出題のされ方の場合、書くべき内容は、

問題の分析（目標とする姿とのギャップの分析）

↓

課題の抽出（ギャップを埋めるために取り組むべきテーマ）

という流れになります。

また、技術者の立場とは何か？というと、これは技術者が解決できる課題として考えてください。つまり、法律の制定や予算増などは技術者の立場を超えています。現状の法律や与えられた予算の枠内で対応策を考えるのが技術者の立場であると考えてください。

予算がないことが課題ではなくて、予算がないことは問題点です。テーマが維持管理であるならば、課題は、点検作業の効率化や更新時期の平準化、ライフサイクルコストの低減などが抽出されます。

例題１：ハード整備の想定を超える大規模な自然災害に対して安全・安心な国土・地域・経済社会を構築するために、技術者としての立場で多面的な観点から３つ課題を抽出し、それぞれの観点を明記したうえで、課題の内容を示せ。	
論文例	解説
①警戒避難体制の強化 　近年、巨大自然災害の切迫が指摘されており、明日発生するかもしれない巨大自然災害に対して、担い手不足や予算の問題等からハード整備が間に合わない現実がある。 　このため、台風や線状降水帯接近の早期情報発信や警戒避難体制を強化するとともに、活用されていないハザードマップの活用方法の工夫などのソフト対策に力を入れる必要がある。 **②災害時の重要インフラの機能維持** 　大規模地震では、橋梁やトンネル、盛土、切土、鉄道施設、港湾などへの直接	小題は青字部分の【課題】を取り上げる。 　黒字部分が問題の分析となります。 　目標とする姿と現実のギャップを分析します。 　青字部分が課題の抽出です。 　ギャップを埋めるために取り組むべきテーマを記述します。ただし、（２）で解決策を述べる課題については、ここでは取り組むべきテーマを記載することに留め、解決策までは書かない方がよい。解決策が書きづらくなります。

的被害だけでなく、防災拠点や医療施設等の被災、上下水道の長期間供給停止等により、被災者の日常生活や、早期の復旧・再建に重大な支障をきたす事例が発生している。特に老朽化し機能低下したインフラは災害時に大きなリスクとなりうる。

　このため、重要インフラの耐震強化やインフラが機能低下を起こす前の予防保全の取組が課題である。

（以下、省略）

　文章量としては、問題の分析を６～８割程度として、課題を２～４割程度と考えてください。

　課題を述べよという出題に対しては、問題の分析を行うことがメインです。

3－5－4. 最も重要と考える課題

　ガチンコ技術士学園では、毎年７月の本番の試験終了後から約２週間にわたって復元論文の添削を行っています。その集計の中で非常に特徴的だったのが、「最も重要と考える課題」の選択が採点に大きくかかわっているということです。

　令和元年度の復元論文添削については建設部門全体で48人の受講生から応募頂きました。このうち23人が生産性向上を選択していました。生産性向上を選択した受講生のうち１人は問題番号未記入により失格となっていました。失格を除く22人の受講生が取り上げた最も重要と考える課題を分析すると、主に、①ICTの活用、②担い手不足、③維持管理の３つに分けられます。Ａ判定だった人の全員が最も重要と考える課題として①ICTの活用を取り上げていました。担い手不足については、担い手不足の解決策としてICTの活用という流れの人はＡ判定もありますが、担い手不足の課題解決策として、外国人労働者の採用、熟練技術者の採用、労働条件の向上、アセットマネジメントを取り上げている人たちは全員がＢ判定やＣ判定となっていました。また、維持管理のように個別の課題を取り上げている人もＡ判定はいませんでした。

　出題テーマに対して、解決にあたった場合、最も影響の大きな課題、最も効果の大きな課題は何か？しっかり考えて選択してください。

表3－5　最も重要と考える課題ごとの判定結果

	A	B	C	合計
① ICTの活用	11	2	0	13
② 担い手不足	0	2	3	5
③ 維持管理	0	2	2	4
合　計	11	6	5	22

3－5－5. 解決策の書き方

　解決策は、【取り組むべきテーマ】をどのように実現すればよいのかを考えてください。

　　問題＝理想と現実のギャップ

　　課題＝理想と現実のギャップを埋めるための取組

　　解決策＝どうやって実現するのか？

　大切なことは、なぜその課題が未だに課題として残ったままなのか？を意識することです。簡単に解決出来るようなものならとっくの昔に、理想と現実のギャップは埋められています。なんらかのギャップを埋めることを阻むものが存在しているはずです。解決策はこのことを意識して記述してください。

　例えば、以下の練習問題は、令和元年の必須Ⅰ－2の問題で【最も重要な課題＝ソフト対策の推進】とした場合の問題です。

　解決策としては、以下のようなものが挙げられます。解決策を考える際には、なぜその解決策が採用されて課題が解決されていないのか？この視点を意識しておいてください。

① ハザードマップの高度化

② マイタイムラインの推進

③ XRAINの活用

④ 切迫感のある災害情報

⑤ 定期的な災害教育、避難訓練の実施

⑥ 情報弱者への対応

（練習問題：原稿用紙１枚以内）
　2017年九州北部豪雨（死者行方不明者42名）、2018年西日本豪雨（死者行方不明者271名）、2019年千葉県豪雨（死者行方不明者13名）と、情報伝達体制の整備、ハザードマップの整備が進んだ現状でも多くの死者を出しているのが現状である。ソフト対策をより効果的とするための解決策を複数あげて説明せよ。

　また、小問（2）の論文の書き方としては、例えば令和３年度Ⅰ－２の風水害を例にとると、以下のような書き方が望ましい。

＜記述例＞

（2）最も重要な課題とその解決策
　近年、担い手不足、予算不足からハード整備への注力が難しい状況となっており、ここではソフト対策の強化を最も重要な課題と考え、以下に解決策を示す。
　①ハザードマップの高度化：・・・・

3－5－6. 解決策に共通するリスクの考え方

　復元論文を添削していると、３つ程度の解決策を示したあとに、３つの解決策に共通して新たに生じるリスクを問われることで回答に窮した方が多くいたようでした。

　解決策それぞれのリスクを書かれていた方がいましたが、当然出題されたことと異なることを書いているので大幅減点です。ここでは次ページの図を参考にしてください。

　共通して新たに生じるリスクというのは、最も重要な課題を解決しようとして新たに生じうる課題と考えることが出来ます。

　解決策を見るのではなくて、最も重要な課題を見ることで、共通して新たに生じうるリスクが見えてくることもあります。ぜひ頭に入れておいてください。

図3−1　リスクへの対処法

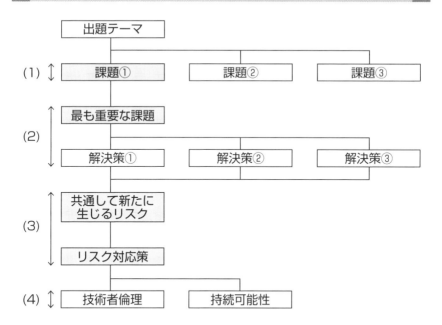

3−5−7. リスクとリスク低減策

　リスクとリスク対応策は、課題と解決策になりがちですが、全然違うものなので注意してください。リスクは「負の生じる可能性」のことです。ワクチン接種の副作用をイメージしてください。

　ワクチン接種を進めるにはコストがかかる、医者の担い手が足りない、などは解決策を進めるに当たっての課題であり、専門技術を踏まえた懸念事項と言えます。一方で、ワクチン接種により死亡や健康被害が発生するのがリスクです。また、ワクチン接種してもコロナにかかる可能性が残るというのは新たに生まれるリスクとは言えません。つまり、取り上げた複数の解決策を行うことで生じる副作用とでも解釈してください。

例）　課題：コロナの感染防止　　解決策：ワクチン接種
　　　リスク：副反応（副作用）
　　　リスク対応策：子供は外す（確率を減らす）、補償を手厚くする（影響を小

さくする）

波及効果：経済回復、観光立国が進む

懸念事項：ワクチン接種のための医者や看護師不足

　複数の解決策に共通して発生する副作用が分かりにくい場合は、最も重要な課題が解決された場合の副作用あるいは最も重要な課題を解決しようとすると生じる副作用と考えてください。

　『解決策に共通して新たに生じうるリスクとそれへの対策を述べよ』という問題は、『解決策実行にあたり、逆にどのような危険が発生する可能性がありますか？その危険を低減するにはどうしたらよいですか？』という問題に置き換えて考えてみてください。

　小問（３）の問題を簡単に言うと、（２）で提示した解決策によって、新たにどのような危険が生じる可能性がありますか？という問いです。つまり（３）①では、・・・という可能性が考えられる。という書き方になります。

　リスクについては、以下の項目から考えると分かりやすいです。コストの増加や新たな人材育成の必要性が高まるといったことはリスクとして取り上げやすいテーマです。

１）経済的管理：コスト増加（LCCのコスト増加）、工期に間に合わない、品質低下、新たな設備投資の必要性
２）人的資源管理：人材育成（短期、長期）機会の喪失、社員のモチベーション低下、人材流出、新規雇用出来ない、賃金の低下
３）情報管理：情報漏洩、通常時の情報管理、緊急時の情報管理、情報セキュリティの低下
４）安全管理：リスクアセスメント、労働安全衛生管理、社員の安全管理、第三者の安全管理、危機管理
５）社会環境管理：環境保全、CO_2排出量増加、生物多様性への悪影響、LCA、化学物質の漏洩、廃棄物増加

例えば、インフラの更新期の平準化を課題として取り上げます。

課題：インフラの更新期の平準化

解決策：アセットマネジメントの導入

リスク：インフラの維持管理の多くを担当する地方公共団体において、アセットマネジメントを推進できる人材がいない。このため職員教育により多くのコストがかかる可能性がある。アセットマネジメントは老朽化曲線をもとに予防保全を行う。技術力が不足していれば、更新時期の見積もりを誤り、危険状態が放置される可能性もある。

リスク対応策：CM方式を導入する

一方、リスク対応策とは、リスク低減策のことです。リスクは式①で表現されます。

リスク＝発生確率×被害規模　・・・　式①

リスク対応策は、発生確率を下げる、被害規模を下げる、あるいは両方、という視点で考えてみてください。

図3-2　リスク低減策

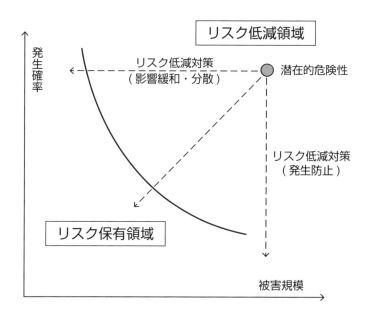

3－5－8．波及効果と懸念事項

　小問（3）では、リスクと対策を問う問題とは別に、波及効果と懸念事項を問う問題が出題されています。

　波及効果は、【一見関係ない現象】が別の物事に影響を及ぼす現象の事です。働き方改革によって、地元の建設企業への就職が進み、災害時の復旧を担う担い手確保につながる。といったプラスの影響を考えてみてください。

　懸念事項は実現するための課題のことです。つまり、ICT導入を実現しようにも、ロボット工学や情報工学に精通した建設技術者が不足している点や、アセットマネジメントを導入しようにも、多くの地方公共団体において、アセットマネジメントを実現できる技術もなければ技術者もいないことなどが挙げられます。解決策を提案して終わりではなくて、提案した解決策を実現するための課題と解決策を述べてください。

　懸念事項はある意味リスク（発生する可能性のある問題）とも考えられます。厳密に分けようと考えるとかえって混乱するので、同じぐらいの感覚で考えてください。

3－5－9．技術者倫理の観点

　技術者倫理の観点から【・・・】が必要である。と考えてください。例えば、過去問令和2年度Ⅰ－2：戦略的メンテナンスでは、データ改ざんによる点検結果の偽装などは、もっての外です。

　技術士に求められるコンピテンシーは以下の通りです。

- 業務遂行にあたり、公衆の安全、健康及び福利を最優先に考慮した上で、社会、文化及び環境に対する影響を予見し、地球環境の保全等、次世代にわたる社会の持続性の確保に努め、技術士としての使命、社会的地位及び職責を自覚し、倫理的に行動すること。
- 業務履行上、関係法令等の制度が求めている事項を遵守すること。
- 業務履行上行う決定に際して、自らの業務及び責任の範囲を明確にし、これらの責任を負うこと。

　これをこのまま記述することは誤りです。令和元年度の問題では、『（1）～

（3）を業務として遂行するに当たり』と書かれています。つまり、上記内容を
（1）〜（3）で述べた内容に当てはめて記述することが求められています。

　例えば令和元年度Ⅰ－1の問題では、生産性向上という業務を遂行するに当
たり、技術者としての倫理上必要なことは、誰でもわかりますが、データ偽装
などの不正行為を行わないということです。
　労働力×労働時間×生産能力＝生産量
と考えると、労働力や労働時間が少なくなる中で生産量を増強させる方法とし
て、手抜き工事が考えられます。手抜き工事まではいかなくても、品質を下げ
るという手段があります。つまり生産性向上を目指すあまり、品質低下を起こ
さないということが必要な要件です。また、災害対応や雪かきなど災害予防と
いった非常に生産性の低い業務も誰かが担当しなければいけません。こういう
のも必要な要件です。また、技術士倫理綱領を参考にすると書きやすいです。

（前文）
　技術士は、科学技術の利用が社会や環境に重大な影響を与えることを十分に
認識し、業務の履行を通して安全で持続可能な社会の実現など、公益の確保に
貢献する。
　技術士は、広く信頼を得てその使命を全うするため、本倫理綱領を遵守し、
品位の向上と技術の研鑽に努め、多角的・国際的な視点に立ちつつ、公正・誠
実を旨として自律的に行動する。

（安全・健康・福利の優先）
　1. 技術士は、公衆の安全、健康及び福利を最優先する。
　　（1）技術士は、業務において、公衆の安全、健康及び福利を守ることを最
　　　　優先に対処する。
　　（2）技術士は、業務の履行が公衆の安全、健康や福利を損なう可能性があ
　　　　る場合には、適切にリスクを評価し、履行の妥当性を客観的に検証す
　　　　る。
　　（3）技術士は、業務の履行により公衆の安全、健康や福利が損なわれると
　　　　判断した場合には、関係者に代替案を提案し、適切な解決を図る。

（持続可能な社会の実現）

2. 技術士は、地球環境の保全等、将来世代にわたって持続可能な社会の実現に貢献する。

　（1）技術士は、持続可能な社会の実現に向けて解決すべき環境・経済・社会の諸課題に積極的に取り組む。

　（2）技術士は、業務の履行が環境・経済・社会に与える負の影響を可能な限り低減する。

（信用の保持）

3. 技術士は、品位の向上、信用の保持に努め、専門職にふさわしく行動する。

　（1）技術士は、技術士全体の信用や名誉を傷つけることのないよう、自覚して行動する。

　（2）技術士は、業務において、欺瞞的、恣意的な行為をしない。

　（3）技術士は、利害関係者との間で契約に基づく報酬以外の利益を授受しない。

（有能性の重視）

4. 技術士は、自分や協業者の力量が及ぶ範囲で確信の持てる業務に携わる。

　（1）技術士は、その名称を表示するときは、登録を受けた技術部門を明示する。

　（2）技術士は、いかなる業務でも、事前に必要な調査、学習、研究を行う。

　（3）技術士は、業務の履行に必要な場合、適切な力量を有する他の技術士や専門家の助力・協業を求める。

（真実性の確保）

5. 技術士は、報告、説明又は発表を、客観的で事実に基づいた情報を用いて行う。

　（1）技術士は、雇用者又は依頼者に対して、業務の実施内容・結果を的確に説明する。

　（2）技術士は、論文、報告書、発表等で成果を報告する際に、捏造・改ざ

ん・盗用や誇張した表現等をしない。

 (3) 技術士は、技術的な問題の議論に際し、専門的な見識の範囲で適切に意見を表明する。

（公正かつ誠実な履行）

 6. 技術士は、公正な分析と判断に基づき、託された業務を誠実に履行する。

  (1) 技術士は、履行している業務の目的、実施計画、進捗、想定される結果等について、適宜説明するとともに応分の責任をもつ。

  (2) 技術士は、業務の履行に当たり、法令はもとより、契約事項、組織内規則を遵守する。

  (3) 技術士は、業務の履行において予想される利益相反の事態については、回避に努めるとともに、関係者にその情報を開示、説明する。

（秘密情報の保護）

 7. 技術士は、業務上知り得た秘密情報を適切に管理し、定められた範囲でのみ使用する。

  (1) 技術士は、業務上知り得た秘密情報を、漏洩や改ざん等が生じないよう、適切に管理する。

  (2) 技術士は、これらの秘密情報を法令及び契約に定められた範囲でのみ使用し、正当な理由なく開示又は転用しない。

（法令等の遵守）

 8. 技術士は、業務に関わる国・地域の法令等を遵守し、文化を尊重する。

  (1) 技術士は、業務に関わる国・地域の法令や各種基準・規格、及び国際条約や議定書、国際規格等を遵守する。

  (2) 技術士は、業務に関わる国・地域の社会慣行、生活様式、宗教等の文化を尊重する。

（相互の尊重）

 9. 技術士は、業務上の関係者と相互に信頼し、相手の立場を尊重して協力する。

（1）技術士は、共に働く者の安全、健康及び人権を守り、多様性を尊重する。

（2）技術士は、公正かつ自由な競争の維持に努める。

（3）技術士は、他の技術士又は技術者の名誉を傷つけ、業務上の権利を侵害したり、業務を妨げたりしない。

（継続研鑽と人材育成）

10. 技術士は、専門分野の力量及び技術と社会が接する領域の知識を常に高めるとともに、人材育成に努める。

（1）技術士は、常に新しい情報に接し、専門分野に係る知識、及び資質能力を向上させる。

（2）技術士は、専門分野以外の領域に対する理解を深め、専門分野の拡張、視野の拡大を図る。

（3）技術士は、社会に貢献する技術者の育成に努める。

3－5－10. 社会の持続可能性の観点

　続いて社会の持続可能性の観点ですが、そもそも社会の持続可能性とは、「現代の世代が、将来の世代の利益や要求を充足する能力を損なわない範囲内で環境を利用し、要求を満たしていくことを可能とした社会」のことです。将来世代、未来の建設業界、未来の国土を意識した記述であることが必須です。

　例えば令和元年度Ⅰ－2の問題では、現代世代の国土強靱化のために、希少生物が住むような水辺に大規模海岸堤防を作るべきか？と言われると当然アウトです。つまり、国土強靱化推進の必要要件として生物多様性の維持が挙げられます。現代世代の問題解決も必要ですが、それを推進するに当たって、将来世代の利益を損なわないという視点を意識して記述してください。

3-6 令和6年度合格に向けての勉強方法

　必須科目では、維持管理、担い手不足、生産性向上、公共工事の品質確保、国土計画、地域活性化の推進、ユニバーサルデザイン、交通ネットワークの整備、国土強靭化の推進、自然環境の保全再生、脱炭素社会、循環型社会、技術継承といったことについて、以下の6項目について知識を深めていくことが基本的な勉強方法になります。表3−6の空欄部分を埋めていくことが基本的な勉強方法です。

- ① 現状の把握
- ② 背景の考察
- ③ 問題点の整理
- ④ 課題の設定
- ⑤ 解決策の提案
- ⑥ 解決策の問題点

　これらは、国土交通省が出している各種資料や法律などについて勉強するしかありません。近道はありません。一つ一つ知識を積み重ねることが大切です。

　特に重要な資料は『国土のグランドデザイン2050』『第2次国土形成計画』『第5次社会資本整備重点計画』『インフラ長寿命化行動計画』『国土強靭化基本計画』『国土強靭化アクションプラン2018』『i-Construction〜建設現場の生産性革命〜』です。

　以下に、勉強しておくべきテーマを並べますので、各テーマごとに①〜⑥を作成してください。

表3－6　必須科目Ⅰの勉強方法

	①現状	②背景	③問題点	④課題	⑤解決策	⑥リスク
コンパクト＋ネットワーク						
人口減少化の社会資本整備						
維持管理（R2-2,R5-2）						
国土強靭化（R1-2,R5-1）						
水害対策（R3-2）						
脱炭素化（R4-2）						
循環型社会（R3-1）						
生物多様性						
DXの推進（R4-1）						
生産性向上（R1-1）						
品質確保						
地域活性化						
集約型都市構造						
ユニバーサルデザイン						
交通ネットワーク						
担い手不足（R2-1）						
技術継承						
海外展開						

第4章

選択科目Ⅱ対策

4-1 令和6年度の出題形式の概要

　令和元年度の制度からは、必須科目の択一試験が廃止されるなどの大きな変更がありましたが、選択科目Ⅱの出題内容はこれまでの『専門知識と応用能力』から変更はありません。つまり、平成25〜30年度の過去問がそのまま参考となります。最低限平成25年度以降の過去問にはしっかり取り組んでください。

　一方で、平成25〜30年度と令和元年度からの新制度との違いは、これまでは選択科目Ⅱの論文枚数は4枚だったのが令和元年度からは3枚となりました。また、選択科目Ⅱだけで2時間となっていたものが、選択科目Ⅱと選択科目Ⅲの合計6枚の論文で3時間半となったことが挙げられます。

表4−1　選択科目Ⅱの出題スタイル

	平成25〜30年度	令和元年度以降
出題スタイル	1枚論文×2題 （主に専門知識を問う） 2枚論文×1題 （主に応用能力を問う） 合計：原稿用紙4枚	1枚論文×1題 （主に専門知識を問う） 2枚論文×1題 （主に応用能力を問う） 合計：原稿用紙3枚
時間	選択科目Ⅱ（4枚）だけで2時間	選択科目Ⅱ（3枚）と選択科目Ⅲ（3枚）と合わせて3時間30分

表4−2　問われる能力の概念と出題内容

	概念	内容
専門知識	「選択科目」で対象とする技術分野全般にわたる専門的な知識	「選択科目」における重要キーワードや新技術等に対する専門的知識を問う。
応用能力	これまでに習得した専門的知識や経験等に基づいて、与えられた条件に合わせて正しく問題点を認識し、必要な分析を行ない、適切な業務プロセスや留意すべき内容を説明できる能力	「選択科目」に関係する業務に関し、与えられた条件に合わせて、専門的知識や実務経験に基づいて業務遂行手順が説明でき、業務上で留意すべき点や工夫を要する点等についての認識があるかを問う内容とする。

4-2 論文作成方法の概要

　論文作成には、**書くべき内容**と**内容を表現するための表現能力**の2つが必要です。

　選択科目に関する書くべき内容、すなわち選択科目に関する専門知識や応用能力については、各自で取り組んでもらう以外にありません。専門知識や応用能力というのは、技術者の持っている技術力そのものです。これを添削で底上げするのは無理です。

　添削で磨くのは、後者の表現能力の方です。本書では、専門知識と応用能力の勉強方法と、その表現方法について身につけてください。
専門知識や応用能力を身につけるには、過去問（平成24年度以前も含む）を用いて、教科書や基準書等を調べながら論文作成を繰り返し行うことがおすすめです。

　選択科目の論文では、専門知識と応用能力が身に付いていれば、ほとんどノンストップでスラスラ書けてしまいます。ただし、直接書き始めるのではなく、必ず目次を作成し、おおまかな記述量と内容を決定してから記述してください。ある程度、書き出してから方針転換しようとすると悲惨な消しゴム地獄が待っています（「第2章 論文作成の基礎」参照）。

　以下では、選択科目Ⅱで求められている専門知識や応用能力について解説しますので、今後の勉強や論文作成に当たって意識するようにしてください。

4−2−1. 選択科目Ⅱで求められる専門知識

　技術士試験を受験される方は、それなりに専門知識を持っている方たちのはずです。合格される方と不合格の方との差には、専門知識ということで言えば、あまり大きな差はないのかもしれません。実際に、技術士資格を持っていなくても、現場での難しい技術的課題を解決していく頼もしい技術者はいくらでもいます。

　では、何が違うのかと言えば、専門知識が体系化されているかどうか、という点です。

　例えば、1枚論文では、しばしば『山留め工事の掘削時に留意すべき地盤変状を3つ挙げ、それぞれの地盤変状の内容と起こりやすい条件を説明せよ。(H25土質Ⅱ-1-4)』というタイプの問題が出題されます。長く土質の分野に従事している技術者ならば、土留め工事での地盤変状の起こりやすい地盤条件や、実際に地盤変状が発生した時の対処方法なども感覚でなんとなく理解していると思います。

　しかし、技術士に求められている知識は、これでは不十分で、この地盤ならば土留めの崩壊の可能性が高いということを感覚でわかっていても、なぜこの地盤ならば土留めの崩壊が発生する懸念があるのか、その理由やメカニズムを説明できることが必要です。つまり、技術士に求められる知識は以下の4点だと言えます。

　　1 山留め工事の掘削時に起こり得る地盤変状の種類（最低3種類以上）
　　2 それぞれの地盤変状の発生メカニズム
　　3 発生メカニズムに対応した対策工（対策工が効果を発揮するメカニズム）
　　4 対策工の留意点（影響、効果、リスク）

　これは、各選択科目のあらゆる問題に言えることです。調査試験方法、対策工、各種現象etcに対して、3種類程度の異なったものを挙げること。それぞれのメカニズムを理解すること。メカニズムに基づいた対策工を挙げること。対策工に関する留意点を挙げること。こういったことに気をつけて、地道な勉強に取り組んでください。

4－2－2. 選択科目Ⅱで求められる応用能力

　前述のように技術士論文では、体系的な専門知識が絶対に必要です。しかし、これだけでは合格には不十分です。採点官は応用能力を採点するわけですから、受験者は応用能力を示す必要があります。

　応用能力の概念は『これまでに習得した専門的知識や経験等に基づいて、与

第4章 選択科目Ⅱ対策

えられた条件に合わせて正しく問題点を認識し、必要な分析を行ない、適切な業務プロセスや留意すべき内容を説明できる能力』とされています。また応用能力の内容は 『選択科目に関係する業務に関し、与えられた条件に合わせて、専門的知識や実務経験に基づいて業務遂行手順が説明でき、業務上で留意すべき点や工夫を要する点等についての認識があるかを問う内容とする。』 とされています。

　ガチンコ技術士学園の専門添削講師陣と話をしていると「最近の受講生から送られてくる論文は教科書の丸写しで、自分の意見がないものが多い」という感想を聞きます。教科書や基準書の丸写しとなってしまい、内容が語句説明的な論文となっている例が多く見かけられます。

　例えば、前述の『山留め工事の掘削時に留意すべき地盤変状を３つ挙げ、それぞれの地盤変状の内容と起こりやすい条件を説明せよ。（H25土質Ⅱ-1-4)』の問題でも、土質工学の教科書を見れば、ヒービング、ボイリング、盤ぶくれなどの説明が載っています。それをそのまま書き写すことで、そこそこの点数はとれますが、目指すべき技術士論文にはなりえません。

　教科書や基準書の丸写しは、別に技術士でなくても土質工学を学んでいる現役の大学生でもできます。技術士と技術士でない技術者を分けるポイントは応用能力があるかどうかです。つまり、論文の中で、【応用能力】をどうやって試験官にアピールするのかが専門論文のＡ判定の鍵となるところです。

　１枚論文は、一見すると応用能力をアピールすることが難しい問題ですが、教科書や基準書に書かれている専門知識に加えて、これまで業務に携わることで身につけた知識、積み重ねた知識、つまり【留意点】を書くようにしてください。

　２枚論文では、まさに『選択科目に関係する業務に関し、与えられた条件に合わせて、専門的知識や実務経験に基づいて業務遂行手順が説明でき、業務上で留意すべき点や工夫を要する点等についての認識があるかを問う内容』が出題されています。第４章をしっかりと参考にしてください。

4-2-3. 本番での時間配分

ここでは、本番でのタイムスケジュールを考えてみたいと思います。

令和元年度以降は選択科目Ⅱ（合計3枚）と選択科目Ⅲ（3枚）と合わせて、3時間30分です。論文構成を考える時間を考慮すると、1枚30分のペースが基本です。

選択科目Ⅱが1枚論文＋2枚論文の場合、時間内に3つの論文を仕上げる必要があります。こうした問題では取り組みやすいものから取り掛かるのが基本です。まずは1枚論文から取り掛かりましょう。一方で2枚論文と3枚論文はどっちの方が取り組み易いかは人によって違います。

なので、最初の5分で選択科目Ⅱと選択科目Ⅲの全問題に目を通し、選択する問題と、作成する順序を決定しましょう。ただし、1枚論文は最初に取り掛かってください。

論文作成に関しては、後述しますが、ある程度の時間をかけて、論文構成と目次を作成することが肝要です。2枚論文では5分程度、3枚論文では10分程度の時間をかけて、目次を完成させてから、論文を書き始めてください。7月の本番までに、目次をつくるクセをつけましょう。

時間については例えば、13：00スタートの場合、1枚論文は13：35完成、2枚論文は14：40完成という目安を最初に作っておきます。

仮に時間が余った場合は、じっくり見直すことはせずに、どんどん行きましょう。逆に1枚論文を記述している途中で13：35を迎えた場合などは、ある程度の見切りをつけて、次に行くことも大切です。

完璧な1枚論文＋全くできていない2枚論文よりも、全体的にそこそこ書けている状態を目指してください。1枚30分のペースを乱さずに作成してください。

図4-1　選択科目Ⅱと選択科目Ⅲのタイムスケジュール

0分

| 5分 | 1枚論文、2枚論文、3枚論文の全問題を読み、どの問題を選択するのかを決定する。2枚論文と3枚論文のどっちから先に論文を作成するかを決定する。書きやすい方から書く。 |

5分

| 30分 | 1枚論文を仕上げる。必ず論文構成と目次を考えてから、論文作成に入ること。 |

35分

| 5分 | 2枚論文の論文構成と目次を完成させる。 |

40分

| 60分 | 2枚論文を完成させる。30分×2枚。 |

1時間40分

| 10分 | 3枚論文の論文構成と目次を完成させる。 |

1時間50分

| 100分 | 3枚論文を完成させる。30分×3枚。 |

3時間30分

　とにかく、論文作成練習をする際も、常に時間を計測して、1枚30分の感覚を身につけるようにしてください。

4-3　１枚論文の書き方

4－3－1. 技術士に求められるコンピテンシー

　１枚論文の評価項目は、技術士に求められる資質能力（コンピテンシー）のうち、専門的学識、コミュニケーションの各項目とされています。１枚論文は幅広い専門知識が求められる一方で、留意点が問われます。留意点の部分では、「業務履行上、口頭や文書等の方法を通じて、雇用者、上司や同僚、クライアントやユーザー等多様な関係者との間で、明確かつ効果的な意思疎通を行うこと」を意識して記述するようにしてください。最終的な成品や品質確保のためには、関係者とのコミュニケーションにおいてどういったことに留意する必要があるのか？これを意識してください。

表4－3　１枚論文の評価項目

専門的学識	・技術士が専門とする技術分野（技術部門）の業務に必要な、技術部門全般にわたる専門知識及び選択科目に関する専門知識を理解し応用すること。 ・技術士の業務に必要な、我が国固有の法令等の制度及び社会・自然条件等に関する専門知識を理解し応用すること。
コミュニケーション	・業務履行上、口頭や文書等の方法を通じて、雇用者、上司や同僚、クライアントやユーザー等多様な関係者との間で、明確かつ効果的な意思疎通を行うこと。 ・海外における業務に携わる際は、一定の語学力による業務上必要な意思疎通に加え、現地の社会的文化的多様性を理解し関係者との間で可能な限り協調すること。

4－3－2. 目次と論文構成

　論文にしても小説にしても、構成を練ることが大切だと言われます。論文構成を練るとはすなわち目次を作ることです。

　目次は「第2章 論文作成の基礎」で述べたとおり、論文を書き出す前に、必

ず作成する癖をつけてください。目次作成時は、よく問題を読んで、くれぐれも出題された項目から抜けがないように気をつけてください。例えば、「その概要と技術的課題を述べよ」という問題ならば、必ず、①概要と②技術的課題の両方を記述することが必要です。また、目次作成時にはおおまかな概要と文章量（全体で25行、題で1行使うことに留意）を考えてみてください。

　以下、いくつかの例を参考にしてみたいと思います。ただし、しつこく言いますが、記述問題はたった1つの正解があるわけではありません。目次例もだいたいの行数もあくまでも参考例です。自分の得意なところをより膨らませて記述する（文章量を増やす）なり、試験問題を見てから、適切に対応してください。例えば、表4-4のH25コンクリⅡ-1-6の問題で、座屈破壊はいろいろ書けそうだが、耐震設計上の留意点がなかなか思いつかない場合などは、主筋の座屈破壊を（題＋8行）として、耐震設計上の留意点を（題＋7行）にするなど、対応してみてください。

表4－4　目次と論文構成

問題	目次と文章量の参考例
（H25コンクリⅡ-1-6） 鉄筋コンクリート柱が正負交番繰返し水平力を受けた場合の代表的な破壊形態を2つ挙げ、それぞれの特徴を説明せよ。また、その特徴を踏まえて、耐震設計上の留意点を述べよ。	1．代表的な破壊形態とその特徴（題＋14行） （1）付着割裂破壊（題＋6行） （2）主筋の座屈破壊（題＋6行） 2．耐震設計上の留意点（題＋9行）
（H25都市計画Ⅱ-1-1） 良好な景観の形成に資する制度のうち、①法律に基づく「計画」、②法律に基づく「規制・誘導措置」、③事業・活動に対する支援措置に該当するものを1つずつ（計3つ）挙げ、それぞれの特徴を説明せよ。	（まえがき：3行）←景観緑三法について少し触れてから具体的な制度について述べる。 ①景観計画の策定（法律に基づく計画）（題＋6行） ②景観地区制度（法律に基づく規制誘導措置）（題＋6行） ③景観協定制度（事業・活動に対する支援措置）（題＋6～7行）

（H25河川Ⅱ-1-2） 近年、着目されている新技術である「台形CSGダム」について、重力式コンクリートダムと比較して、その技術的な特徴を述べよ。	（まえがき：3行）←台形CSGダムが開発された背景について少し触れておくとスムーズな論文になる。 （1）材料（題＋6行） （2）施工機械及び施工方法（題＋6行） （3）環境負荷（題＋6〜7行）
（H25道路Ⅱ-1-4） 軟弱地盤対策工における振動締固め工法のうち、主な工法を2つ挙げ、各々の概要及び特徴を述べよ。また、そのうち1つの工法について、施工上の留意点を述べよ。	1．振動締固め工法各工法の概要と特徴（題＋14行） （1）振動式ＳＣＰ工法（題＋6行） （2）バイブロフローテーション工法（題＋6行） 2．振動式ＳＣＰ工法施工上の留意点（題＋9行）
（H25鉄道Ⅱ-1-1） 広域的な幹線鉄道ネットワークにおける、新幹線と在来線との乗継ぎの課題を述べよ。また、既に実施された、或いは計画されている乗継ぎ解消や改善の方策を3つ挙げ、それぞれについて効果、最近の情勢及び課題を述べよ。	1．新幹線と在来線の乗継ぎの課題（題＋5行） 2．実施又は計画中の乗継ぎ改善策と効果及び課題（題＋18行） （1）フリーゲージトレインの開発（題＋5行） （2）同一ホームでの乗り換え（題＋5行） （3）新在直通列車による乗継ぎ解消（題＋5行）

第4章　選択科目Ⅱ対策

　1枚論文や2枚論文では、「期待される効果を3つ挙げよ」といった数を指定するようなタイプの問題が出題されることが多いのですが、H25施工計画Ⅱ-1-4のように指定がない場合があります。こういう場合は、論文作成側で数を指定すると、作成も楽ですし、採点官にとっても非常に読みやすくなります。H25施工計画Ⅱ-1-4の論文例を示しますので、書き方の参考にしてください。

（H25施工計画Ⅱ-1-4）
公共事業にPFI（Private Finance Initiative）を導入することによって期待される効果について述べよ。

（まえがき：4行）←PFIとは何か？について少し述べておくとスムーズな論文になります。

（1）公共サービスの質が高まる（題＋7行）

（2）行政の関わり方の改善（題＋4行）

（3）民間の事業機会の創出（題＋7行）

図4－2　『××を○つ挙げよ。』といった感じの数の指定がない場合の論文例

```
　PFIとは、公共施設等の建設、維持管理、運営等を
民間の資金、経営能力及び技術的能力を活用して行う
手法で、PFIの導入により、期待される効果としては
次の3点が挙げられる。
〈1〉公共サービスの質が高まる
　PFI事業では、民間事業者の経営上のノウハウや技
術的能力を活用できるため、コストの削減、質の高い
公共サービスの提供が期待される。また、事業全体の
リスク管理が効率的に行われることから、事故、需要
の変動、物価や金利の変動等の経済状況の変化、計画
の変更、天災等さまざまな予測できない事態に対応で
きることが期待される。
〈2〉行政の関わり方の改善
　従来、国や地方公共団体等が行ってきた事業を民間
事業者が行うようになるため、官民の適切な役割分担
に基づく新たな官民パートナーシップが形成されてい
くことが期待される。
〈3〉民間の事業機会の創出
　従来、国や地方公共団体等が行ってきた事業を民間
事業者にゆだねることから、民間に対して新たな事業
機会が生み出される。さらに、PFI事業のための資金
調達方法として、プロジェクト・ファイナンス等の新
たな手法を取り入れることで、金融環境が整備される
こtも予想されるなど、新規産業を創出し、経済構造
改革を推進する効果が期待される。　　　　－以上－
```

4－3－3. 論文の書き出し

　一般的な問題、例えば『建設工事における工程管理の重要性について概説するとともに、工程管理手法の具体例を2つ挙げ、それぞれについて述べよ。(H25施工計画Ⅱ-1-1)』のように、1章と2章からなる論文の場合は特に悩まずに書きだすことが可能だと思います。

　ただ、表4-4中の、(H25都市計画Ⅱ-1-1)や(H25河川Ⅱ-1-2)のように、問われていることが、ほぼ1つだけの問題では、「はじめに」に該当するような前書きがあると、非常にスムーズな論文となります。

　ここでは、(H25土質Ⅱ-1-1)と(H25都市計画Ⅱ-1-1)を取り上げて、書き出しの参考例を紹介したいと思います。土質Ⅱ-1-1では、FLの式、都市計画Ⅱ-1-1ならば、景観緑三法について、書き出しのところで、少しだけ触れるとよいです。ただし、「はじめに」という題をつけてしまうと、「おわりに」が必要となり、600字の論文では到底おさまりません。いきなり書き出してみてください。

（H25土質Ⅱ-1-1）
液状化の判定に用いられるＦＬ（＝Ｒ／Ｌ）におけるＲ並びにＬについて、
その意味と求め方を説明せよ。

ＦＬ	は	液	状	化	抵	抗	率	の	こ	と	で	、	式	①	に	よ	り	求	め	る	。
ＦＬ＝	Ｒ／Ｌ	・	・	・	①																
こ	こ	で	、	Ｒ	：	動	的	せ	ん	断	強	度	比								
			Ｌ	：	地	震	時	せ	ん	断	応	力	比								
以	下	で	は	、	Ｒ	と	Ｌ	の	意	味	と	求	め	方	を	述	べ	る	。		
（	1	）	動	的	せ	ん	断	強	度	比	Ｒ	の	意	味	と	求	め	方			
	動	的	せ	ん	断	強	度	比	Ｒ	は	、	地	盤	の	持	つ	液	状	化	強	度	（	地
盤	の	抵	抗	力	）	を	意	味	し	て	お	り	、	式	②	に	よ	り	求	め	る	。
	Ｒ＝	$c_w R_1$	・	・	・	②																

（H25 都市計画Ⅱ-1-1）
良好な景観の形成に資する制度のうち、①法律に基づく「計画」、②法律に基づく「規制・誘導措置」、③事業・活動に対する支援措置に該当するものを1つずつ（計3つ）挙げ、それぞれの特徴を説明せよ。

	平	成	16	年	、	良	好	な	景	観	形	成	を	実	現	す	る	た	め	の	法	的	根
拠	を	与	え	る	も	の	と	し	て	「	景	観	緑	三	法	」	が	制	定	さ	れ	た	。
以	下	景	観	緑	三	法	に	基	づ	く	制	度	の	特	徴	を	説	明	す	る	。		
①	景	観	計	画	の	策	定	（	法	律	に	基	づ	く	計	画	）						
	景	観	計	画	は	、	景	観	行	政	団	体	が	、	景	観	計	画	区	域	、	良	好
な	景	観	の	形	成	に	関	す	る	基	本	的	な	方	針	、	行	為	の	制	限	に	関

4－3－4．専門知識のアピール方法

　散々繰り返してきましたが、＋αの知識をなるべくアピールするように心がけてください。小論文のあった頃の技術士第一次試験の問題と比較的似通った問題も出題されていますが、要求レベルは当然違います。例えば、平成13年度の一次試験と平成25年度の二次試験問題は非常に似通っています。

道路設備に関する費用便益分析において、計測すべき代表的な便益項目を3種類挙げ、それぞれの計測方法について簡潔に述べよ。

（平成13年度技術士第一次試験記述問題）

道路事業の費用便益分析で基本となる3便益を挙げ、それぞれの定義と算定方法を述べよ。

（平成25年度技術士第二次試験道路）

　一次試験は単なる知識の有無を問う問題ですが、二次試験は専門知識と応用能力が問われているので、要求される解答の質は当然二次の方が高いです。上記の問題ならば、便益の算定にあたっての留意点などを解答に盛り込むことが必要です。以下、平成25年度の復元論文の中で、参考となる部分を取り出しま

すので、参考にしてください。左が受講生の論文、右が私のコメントです。

（H25土質Ⅱ-1-3）標準貫入試験のN値から推定される地盤定数を3つ挙げ、それぞれの推定方法と留意点について説明せよ。

1．標準貫入試験のN値から推定される地盤定数 （1）粘着力 　粘着力CをN値から推定するには、qu＝12.5Nという関係から、C＝qu／2＝6.25N（kN/m²）を導き求める。 　留意点は、軟弱粘性土では、N値が低いと過小な値となるため、一軸・三軸圧縮試験から求めることが望ましい。	留意点について説明せよという出題なのですが、仮に推定方法について説明せよという出題であっても、こうした留意点を一言いれておくと専門知識のアピールになります。

（H25コンクリⅡ-1-7）アルカリシリカ反応に伴うコンクリート構造物の劣化のメカニズムを説明せよ。また、アルカリシリカ反応の抑制対策を1つ挙げ、その概要と技術的課題を述べよ。

1．劣化のメカニズム 　セメント中のアルカリ成分と骨材中のシリカ成分が反応してアルカリシリケートが生成される。そのアルカリシリケートが水分供給を受けて膨張して、コンクリートにひびが入る。無筋構造物では、亀甲状に入り、有筋構造物では、主鉄筋方向に入る。劣化の進行は、初めのほう（潜伏期）では、ゆっくりであるが、急速に進展することがある。塩害との複合劣化の場合が多く、海岸部の橋梁は注意する必要がある。	非常によく書けています。アルカリシリカ反応に伴う劣化のメカニズムが説明された上で、さらにどういう症状が出るのか、そしてどういう場所がより注意が必要なのか、技術士に必要とされる知識がうまくアピールされています。

１．建設工事における工程管理の重要性

　工事を完成させるためには工程管理・出来形管理・品質管理・安全管理・原価管理の必要がある。特に工程管理は、「早く、安く、良く」施工するための必須条件である。

　工事を工期内に納めることは顧客に対する義務である。また工程管理が遅れることにより突貫工事を招くと機械類や労務費の過大なコストアップを招き安全作業にも支障を来す。ゆとりある工程計画が経済的な進度となる。

非常によく書けています。
工程管理の重要性が概説された上で、工程が遅れた場合の影響や危険性が述べられており、＋αの知識のアピールに成功しています。

4-4 2枚論文の書き方

令和元年度～令和5年度の2枚論文は、出題数が2題だけです。出題テーマが普段から業務として取り組んでいるものなら、比較的スムーズに記述が出来ます。ところが、2題出題された問題の両方ともが、担当したことのない業務の場合は、検討すべき事項や業務を進める手順や関係者や留意点について、技術士合格レベルの論文を記述するのはなかなか手ごわいです。

あなたが○○の担当者として業務を進めるに当たり、以下の問いに答えよ。
（1）調査、検討すべき事項とその内容について説明せよ。
（2）留意すべき点、工夫を要する点を含めて業務を進める手順について述べよ。
（3）業務を効率的、効果的に進めるための関係者との調整方策について述べよ。

そういった場合でも、1枚論文や3枚論文の貯金を合わせて合格をつかむためには、ある程度書き方をマスターしたうえで、最低限5割得点が出来るように記述してみてください。実際の過去問をよく見ると、専門に関わらず、論文作成に取り組むことが出来るような問題となるように一応工夫はされています。こういった専門に関わらず取り組めるような問題についてはある程度、模範論文例などを参考に論文の流れを理解してください。

4－4－1. 技術士に求められるコンピテンシー

2枚論文の評価項目は、技術士に求められる資質能力（コンピテンシー）のうち、専門的学識、マネジメント、コミュニケーション、リーダーシップの各項目とされています。令和元年度～令和5年度の2枚論文は、主に以下のような出題形式で統一されています。（1）で主に専門的学識、（2）で主にマネジメントとコミュニケーション、（3）で主にコミュニケーションとリーダーシップが評価されます。

表4-5　2枚論文の評価項目

専門的学識	・技術士が専門とする技術分野（技術部門）の業務に必要な、技術部門全般にわたる専門知識及び選択科目に関する専門知識を理解し応用すること。 ・技術士の業務に必要な、我が国固有の法令等の制度及び社会・自然条件等に関する専門知識を理解し応用すること。
マネジメント	・業務の計画・実行・検証・是正（変更）等の過程において、品質、コスト、納期及び生産性とリスク対応に関する要求事項、又は成果物（製品、システム、施設、プロジェクト、サービス等）に係る要求事項の特性（必要性、機能性、技術的実現性、安全性、経済性等）を満たすことを目的として、人員・設備・金銭・情報等の資源を配分すること。
コミュニケーション	・業務履行上、口頭や文書等の方法を通じて、雇用者、上司や同僚、クライアントやユーザー等多様な関係者との間で、明確かつ効果的な意思疎通を行うこと。 ・海外における業務に携わる際は、一定の語学力による業務上必要な意思疎通に加え、現地の社会的文化的多様性を理解し関係者との間で可能な限り協調すること。
リーダーシップ	・業務遂行にあたり、明確なデザインと現場感覚を持ち、多様な関係者の利害等を調整し取りまとめることに努めること。 ・海外における業務に携わる際は、多様な価値観や能力を有する現地関係者とともに、プロジェクト等の事業や業務の遂行に努めること。

4-4-2. 出題形式と狙い

　2枚論文の狙いは明らかで、業務を進めていく知識と、その知識を「具体的な個々の事例や他の分野の事柄にあてはめて用いること。また、相手やその場の状況に合わせて変化させて用いること。」という意味での応用能力を問うことです。

　出題形式は、令和元年度より全選択科目共通となり、以下のような出題形式となっています。もちろん、令和6年度も同じスタイルであることは確定はしていません。ただ、平成25～30年度の問題から考えてみても、この形式の出題スタイルで勉強しておけば、令和5年度に多少違った形式で出題されたとし

ても対応することが可能だと考えます。令和元年度以降の過去問及び巻末資料
の令和6年度模擬試験にしっかり取り組んでください。

> あなたが○○の担当者として業務を進めるに当たり、以下の問いに答えよ。
> （1）調査、検討すべき事項とその内容について説明せよ。
> （2）留意すべき点、工夫を要する点を含めて業務を進める手順について述
> 　　 べよ。
> （3）業務を効率的、効果的に進めるための関係者との調整方策について述
> 　　 べよ。

4－4－3. 調査、検討すべき事項

　調査は検討するためのデータを得るために行うものです。なので、推奨され
る書き方としては、次のようなものになります。

＜記述例＞

（1）調査・検討するべき事項とその内容

① 検討すべき事項A

　・・・なので、・・・を検討する必要がある。このため、・・・を調査する。

　　　or

　・・・を調査する。調査結果を踏まえて、・・・を検討する。

（R2 河川 II -2-1：概要）：あなたが台風襲来時の水害・土砂災害に対する市町村における警戒避難体制の整備にかかる業務を担当した場合、下記の内容について記述せよ。
（1）調査、検討すべき事項とその内容について、説明せよ。

| （1）調査・検討すべき事項とその内容
①水害リスクの把握
　洪水浸水想定区域や過去の浸水実績箇所、ハザードマップの整備状況を調査し、水害リスクを把握する。
②庁内の防災組織体制の見直し
　地域防災計画の内容を調査し、洪水対応の避難所の設置や避難路の安全性、庁内の情報伝達体制について検討する。
③避難勧告等の発令基準の調査・検討
　河川周辺に設置されている観測所の状況や、避難勧告等の発令基準を調査し、適切な発令基準を検討する。 | 題は問題文に対応するようにしてください。
青色マーカー部は【検討事項】を小題とする。内容で、検討するために必要なデータを集めるための調査（青字部分）を記述し、最後に検討事項を述べて、内容をまとめる。 |

4－4－4．業務を進める手順

　業務を進める手順は、（1）の検討と内容が被ってしまうことがあります。このため、論文を書き始める前に必ず、目次を作成することが非常に重要です。（2）の手順で記述する調査や検討と（1）の文章が被らないように注意してください。

　書き方としては、以下の2つが一般的です。手順は5つも6つにも分けるのではなくて、3つほどにまとめて、より正確な手順を書くことよりも、留意点や工夫点の方をしっかり記述するようにしてください。留意点こそが応用能力の採点ポイントです。

書き方その1	書き方その2
（2）業務を進める手順と留意点 業務は、①Aの調査、②B工法の検討、③B工法の実施、の手順で実施する。その際の留意点、工夫を要する点は以下の通りである。 ①Aの調査	（2）業務を進める手順と留意点 ①Aの調査 　まず、・・・ ②B工法の検討 　次に、・・・ ③B工法の実施 　最後に、・・・

４－４－５．関係者との調整方策

　ここで求められるのは、第一に本業務でのステークホルダーを正確に挙げることです。

　ステークホルダーとは、日本語では利害関係者と言って、企業・行政・NPO等の利害と行動に直接・間接的な利害関係を有する者を指します。具体的には、消費者（顧客）、従業員、株主、債権者、仕入先、得意先、地域社会、行政機関などです。

　この中から、本業務に最も影響のある関係先を２つほど選択して、業務がうまくいくような調整方法を述べてください。

　いくつか例をあげるので参考にしてください。

参考１：防災関係機関

　河川に係る施設管理者や防災気象情報を配信している各種防災関係機関と連携し、業務内容や管理区間の確認・整理を行うための機会を企画・調整する。また、災害時の緊急連絡先や伝達手段等についても再確認することで、円滑な警戒避難体制の強化に努める。

参考２：地元住民

　地域住民の防災意識や地域防災力の実情を把握するため、地域住民向けのワークショップや防災訓練の実施について企画・調整する。その中で挙げられた意見や防災上の課題は、庁内の警戒避難体制の整備・強化に反映させるよう努める。

参考３：発注者

　上部工および隣接工区の工事進捗を把握して、工程遅れについて調整・協議を行うと共に、本工区がクリティカルパスとなっている工区からの重機等の調達を提案する。

参考４：担当チーム

　業務を進めるに当たり、関係者同士の円滑なコミュニケーションが重要であ

る。業務スケジュール管理表を作成し、業務の進行具合を相互に共通認識することが有効である。ワンデーレスポンスの徹底や、グループアドレスの作成についても、業務を効果的・効率的に進めるうえで有効な方策である。

参考5：市町村担当者

　災害時における公園の果たす役割について、市町村の防災担当と共有する必要がある。一時避難場所や物資供給場等の利用、災害時の位置づけに応じた防災施設の設置、幹線道路と公園を連携して使いこなす方法を検討し、地域全体の防災機能を高める工夫をする。

参考6：鉄道会社社内

　業務を効率的、効果的に進めるため、鉄道関係者との調整が必要となる。営業部門には応急時間、復旧時間を前広に伝え、運輸部門には運転再開のために運転手の手配を依頼し、軌道、電気部門には運転再開目途を共有しながら進める。

参考7：設計担当者

　温度解析や温度計測に対する考察等、現場では判断の難しい項目もあるので、常に設計担当者と連携を取りながら管理をする。

参考8：生コンプラント担当者

　都市近郊での大量打設となることから、出荷時間の調整や材料温度の管理について、常にプラント担当者と連絡を取り、生コンの品質管理を行う。

参考9：コンクリート打設担当者

　打設中は多くの作業員が打設に当たるため、作業指示を周知するためにも、各班の責任者同士が無線を持ち、綿密にコミュニケーションを取る。

参考10：発注者

　予めクリティカルパスとなる箇所について説明を行っておくことで、その後の進捗や工程遅れについて調整・協議がしやすくなる。また、検査の日程につ

いてもなるべく早い段階で打合せを完了しておく。

参考１１：協力会社

近年人手不足が深刻化しており、掘削工や撤去工を行う作業員、交通整理員等の確保をなるべく早い段階から始める。

参考１２：専門的アドバイザー

多自然川づくりに関して豊富な知識を有するアドバイザーの意見を取り入れる「多自然川づくりアドバイザー制度」の活用により、環境に配慮した効率的・効果的な業務の実施を図る。

4-5 令和6年度合格に向けての勉強方法

　1枚論文や2枚論文を作成するには、とにもかくにも体系的な専門知識がないとどうしようもありません。小手先の論文作成テクニックで、合格できるような試験ではないということをしっかり意識してください。

　また、1枚論文の問題を見ると応用能力よりも専門知識を問われる内容となっています。このため、解答に当たっては、表4－2の応用能力の概念で示された「習得した専門的知識や経験」をアピールできることが大切となります。本書では、論文の書き方を説明しましたが、技術士に相応しい体系的な専門知識については、各自できちんと勉強してください。

（1）体系的に勉強する

　体系的に勉強するとは、例えば軟弱地盤上に盛土を行う場合の対策工法としては、圧密促進工法、深層混合処理工法、軽量盛土、段階施工などがあるとして、それぞれの概要や長所、短所を勉強することです。ただ、深層混合処理工法を勉強するのではなくて、軟弱地盤対策工法の一種という位置づけの中で、勉強するようにしてください。

　『軟弱地盤対策工における振動締固め工法のうち、主な工法を2つ挙げ、各々の概要及び特徴を述べよ。また、そのうち1つの工法について、施工上の留意点を述べよ。(H25道路Ⅱ-1-4)』というタイプの問題は頻出です。対応できるようにしてください。

（2）式の意味を理解する

　例えば圧密沈下量の計算式は、よく知られていますが、以下のとおりです。

$$S = H \cdot m_v \cdot \Delta P$$

ここで、S：圧密沈下量（m）、H：粘土層の層厚（m）

　　　　m_v：体積圧縮係数（m²/kN）、ΔP：増加荷重（kN/m²）

　なぜ、この式から圧密沈下量が求められるのか、その意味を理解することが大切です。

（3）メカニズムを理解する

　様々な現象がありますが、その現象のメカニズムを問う問題が出題されています。例えば、平成25年度コンクリートでは『アルカリシリカ反応に伴うコンクリート構造物の劣化のメカニズムを説明せよ。また、アルカリシリカ反応の抑制対策を1つ挙げ、その概要と技術的課題を述べよ。（Ⅱ-1-7）』という問題が出題されています。

　メカニズムを理解するための勉強が必要ですので、土質及び基礎の方ならば、土質工学の教科書、コンクリートの方ならば、コンクリート工学の教科書といったところに立ち返っての勉強が必要不可欠です。基礎知識の勉強は本業にもプラスになるはずです。また、応用能力は基礎知識という土台があってはじめて発揮されるものです。技術士試験の勉強を通じて、技術者としての能力をあげることができれば、それは素晴らしいことです。

　ちなみに、私は入社してすぐに技術士を目指し始めたので、仕事から帰ると、
『例題演習土質工学・鈴木音彦著』
『土と基礎の設計計算演習・地盤工学会』
を少しずつ勉強していきました。それと同時に、『土質工学用語辞典・地盤工学会』をノートに写経のように書き写していました。この書き写しは、勉強法としては甚だ非効率ですが、知識の習得ということのほかに、技術文章の習得という点でも大きなメリットはありました。ガチンコ技術士学園の理念にもあるとおり、私はこういった地力をつける勉強には近道はないと信じていましたし一見遠回りに見えるような地道な勉強こそが、合格への一番の近道です。

（4）幅広く勉強する

　これは、本当に大変なのですが、1枚論文の出題数は4題です。この中から、1題を選択しなければいけません。2枚論文は2題出題の中から1題選択です。

　平成24年度以前は、例えば施工計画なら、コンクリート、労働安全衛生関係、原価管理、入札関係、建設リサイクル、大規模掘削、道路工事、橋梁上部工、橋梁下部工、港湾工事、軟弱地盤改良工事、鉄道関係工事、シールド工事、NATM工法、ダム工事などの中から2題選択でした。このため、自分の得意分野を2つ決めてそれを集中的に勉強するという方法が可能でした。ところが、

平成25年度からは、出題数がたったの4題なので、例えば、橋梁下部工と橋梁上部工だけが得意というだけでは、平成25年度のように、工程管理、コンクリート、掘削土留め、PFIの中から2つを選択せよと言われても、困った事態になることが容易に想像できます。

　つまり、幅広く勉強しておくことが求められています。

　すべての範囲を、メカニズムを理解できるまで完璧に勉強することは難しいとは思いますが、せめて教科書レベルの知識を幅広く勉強しておくことが必要不可欠です。少なくとも、平成25〜30年度、令和元年度〜令和5年度過去問と令和6年度模擬試験に関しては、全項目について論文が書けるようにしておいてください。

　ここまでの試験問題を見ていると、1枚論文は比較的書きやすく、対応もしやすくなっています。一方で2枚論文は非常に大変です。技術士の記述式の合否判定は、『1枚論文×1題＋2枚論文×1題（合計30点満点）』と『3枚論文×1題（30点満点）』合わせて36点以上（60点満点）で合格です。つまり、なるべく対応のしやすい1枚論文で得点を貯金することが大切です。

　　1　得意分野の種類を1つでも増やす努力をする。
　　2　不得意分野であっても、そこそこ書けるように練習しておく。
　　3　1枚論文では、6割以上の得点をとり、貯金することを目標とする。

　1枚論文については、平成25〜令和5年度過去問の4題×11年＝44題について、教科書や参考書、基準書等を見ながら、1つ1つ勉強する。試験当日まで、計画を立てて、勉強をする。専門知識を増やすことが勉強方法となります。
　2枚論文の過去問については、令和元年〜令和5年度過去問の2題×5年＝10題について取り組んでみてください。自分の技術力が問われているため、日々の業務を淡々とこなすのではなくて、どういったことに留意することが必要なのかを意識して業務を進めるようにしてみてください。

第5章

選択科目Ⅲ対策

5-1 技術士に求められる コンピテンシー

選択科目Ⅲの評価項目は、技術士に求められる資質能力（コンピテンシー）のうち、専門的学識、問題解決、評価、コミュニケーションの各項目です。ほぼ必須科目Ⅰと同じですが、唯一の違いは技術者倫理がないことです。実際の出題スタイルも必須科目の出題スタイルから（4）の倫理を問う問題がなくなっただけで、その他はすべてが同じでした。

つまり、3章の必須科目Ⅰ対策で述べた、課題とは？解決策とは？リスクとは？リスク対応策とは？をしっかり理解することが必要です。

（1）○○科目の技術者としての立場で多面的な観点から課題を抽出し分析せよ。
（2）（1）で抽出した課題のうち最も重要と考える課題を1つ挙げ、その課題に対する複数の解決策を示せ。
（3）（2）で提示した解決策に共通して新たに生じうるリスクとそれへの対策について述べよ。

表5－1　選択科目Ⅲ論文の評価項目

専門的学識	・技術士が専門とする技術分野（技術部門）の業務に必要な、技術部門全般にわたる専門知識及び選択科目に関する専門知識を理解し応用すること。 ・技術士の業務に必要な、我が国固有の法令等の制度及び社会・自然条件等に関する専門知識を理解し応用すること。

問題 解決	・業務遂行上直面する複合的な問題に対して、これらの内容を明確にし、調査し、これらの背景に潜在する問題発生要因や制約要因を抽出し分析すること。 ・複合的な問題に関して、相反する要求事項（必要性、機能性、技術的実現性、安全性、経済性等）、それらによって及ぼされる影響の重要度を考慮した上で、複数の選択肢を提起し、これらを踏まえた解決策を合理的に提案し、又は改善すること。
評価	・業務遂行上の各段階における結果、最終的に得られる成果やその波及効果を評価し、次段階や別の業務の改善に資すること。
コミュ ニケー ション	・業務履行上、口頭や文書等の方法を通じて、雇用者、上司や同僚、クライアントやユーザー等多様な関係者との間で、明確かつ効果的な意思疎通を行うこと。 ・海外における業務に携わる際は、一定の語学力による業務上必要な意思疎通に加え、現地の社会的文化的多様性を理解し関係者との間で可能な限り協調すること。

第5章

選択科目Ⅲ対策

　選択科目Ⅲに関しては、平成30年度以前と比較して、論文枚数や問われることに大きな変化はありませんが、必須科目が記述式になることによって、より選択科目らしい問題となっています。

　選択科目Ⅲについては、論文の書き方だけでなく、必要とされる専門知識も必須科目Ⅰ対策で行っている勉強がそのまま役に立ちます。改めて必須科目Ⅰ対策を徹底して行うことが必要です。

表5-2　選択科目の出題形式の変化

（平成25～30年度）

科目	問題の種類	原稿用紙	時間
選択科目Ⅱ	専門知識及び応用能力	4枚以内	2時間
選択科目Ⅲ	課題解決能力	3枚以内	2時間

（令和元年度以降）

科目	問題の種類	原稿用紙	時間
選択科目Ⅱ	専門知識及び応用能力	3枚以内	3時間30分
選択科目Ⅲ	問題解決能力及び課題遂行能力	3枚以内	

（1）問題解決能力

　問題解決能力とは、『複合的な問題に関して、相反する要求事項（必要性、機能性、技術的実現性、安全性、経済性等）、それらによって及ぼされる影響の重要度を考慮した上で、複数の選択肢を提起し、これらを踏まえた解決策を合理的に提案し、又は改善する』能力です。

　唯一の解決策を提示することではなくて、複数の選択肢を提起したうえで、

最良の解決策を論理的に説明することが求められます。それと、問題を解決するためには、何をしなければいけないのか？設定されたテーマ＝課題という形に落とし込むことが大切です。

つまり、問題解決能力とは、課題設定能力とも言えます。

課題の設定にあたっては、次の４つのステップを意識する必要があります。
　① 現状の把握
　② 背景の考察
　③【課題の設定】＝解決しなければいけない問題点の整理
　④【解決策の提示】

環境問題にしても災害関連の問題にしても維持管理に関する問題についても、論じるにあたっては客観的なデータを知っておくことが非常に大切です。つまり、印象ではなくて客観点なデータに基づく現状を把握することがファーストステップです。

続いてセカンドステップは、なぜ、そのような現状に至ってしまったのか、なぜ、問題が生じたのかその理由を考えることです。問題点が生じた理由が正しく分析できなければ、適切な問題解決策など生まれません。また、背景を考えることは、なぜ、出題者はこの問題を出したのだろう？ということを考えることにもつながります。出題者は何を受験生に語らせたいのか？が理解できるようになります。これは論文を作成するうえでは非常に大きなメリットとなります。

セカンドステップまで進むと、次は問題点の抽出です。問題点は、あるべき姿と現状との負のギャップとも定義されています。あるべき姿とどういうギャップがあるのかを考えてください。

最後は、負のギャップをあるべき姿に持っていくためにはどういうことに取り組まなければいけないのか？解決策を提示することが求められています。

現状及び背景を正確に把握し、そこから適切に課題が抽出できているかどう

第5章
選択科目Ⅲ対策

107

かが、出題側がチェックしたい考察力です。

（2）課題遂行能力

　課題遂行能力は、そもそもなぜその課題（解決策）が現時点で実行されていないのか？を考えてみてください。それほど良い解決策があるのなら、とっくに実行されているはずです。現時点で【課題】として残っているということは、何らかのハードルやリスクがあるはずです。

　例えば、社会資本の老朽化という問題点に対して、アセットマネジメントという解決策を提案した場合を考えてみてください。アセットマネジメントが簡単に出来るものなら、日本全国の社会資本維持の現場に取り入れられているはずです。現実はそうはなっていません。

　なぜ、アセットマネジメントが遂行出来ていないのか？を考えたうえで、課題やリスクを抽出することが大切です。例えば、技術力不足やデータ不足が挙げられます。次にそういった課題やリスクを踏まえて、どうやったら実現出来るのかを考えてみてください。

　また、非常に大切なポイントは、専門知識に裏付けられた**説得力**です。問題解決能力や課題遂行能力という以上は空理空論ではどうしようもありません。読み手がなるほどと思うような説得力が重要です。自分なりの問題解決策やその遂行策を、読み手が納得できるように**論理的**に記述してください。

　逆に言えば、NGなことは何かというと、結論（自分の考え）だけを述べて、その結論に至った理由を示していないことです。例えば、地球温暖化防止のために必要な社会資本整備のあり方はどうあるべきか？という問題に対して「私は、建設廃棄物のリサイクル率をあげるための諸政策を行うべきだと考えます。」と書かれてあって、理由が書かれていなかったら、採点官はこの人を「課題遂行能力がある」と判断するでしょうか？

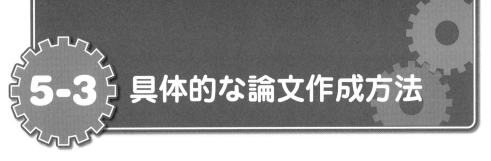

5-3 具体的な論文作成方法

　具体的な論文構成をこれまでの復元添削で感じたことなどを振り返りつつ解説したいと思います。

　基本的な書き方は必須Ⅰと重なっていますので、必須Ⅰの書き方も合わせて参考にしてください。

　3枚論文は、1枚論文や2枚論文に比べると、文字数が圧倒的に多いため、しっかりとした論文構成がより求められます。どういう背景があるため、どのような課題（取り組むべきテーマ、解決策）が考えられるのか、そして解決策を進めていく上での課題やハードルは何か、といった、この論文で主張したい内容を明確にすることが必要です。

　論文の骨格を明確にすることが大切です。

　また、3枚論文についても2枚論文同様、問題文の中で問われていること、出題項目が明確になっているため、2枚論文の論文構成に関する解説が参考になります。3枚論文においても、ここでも必ず、目次を作成して、問われたことに対して解答に漏れがないように十分に注意してください。問題文をよく読んで、出題されたとおりに素直に答えてください。

5－3－1. 論文構成

　復元論文を見ていると、「1. はじめに」という章立てをしている論文も実際にA判定を取り、合格している例は多く見られます。ただし、多数の論文を採点している中で気が付いたのは、本論の流れとは全く無関係に単に事実をズラズラ並べている「はじめに」が多いです。さらに、近年、3枚論文の問題文が長くなっており、問題文の中で背景が述べられていることも多くあります。つまり、問題文の繰り返しになってしまっている例が見られます。このため、「はじめに」という章題は立てずに、問題文に沿って、（1）には（1）から書き始めてください。

つまり1行目と2行目は、

(1)・・・に関する課題

①課題1

となります。鋼構造とコンクリートの場合は、1行目に鋼構造の立場、あるいはコンクリートの立場を明記してください。

図5-1　論文構成

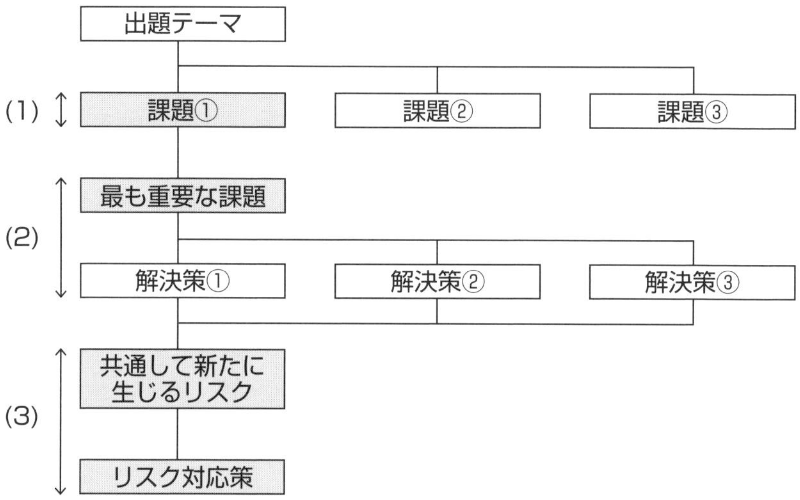

出題テーマ

(1) ↕　課題①　　　　　課題②　　　　　課題③

(2)　最も重要な課題

解決策①　　　　　解決策②　　　　　解決策③

(3)　共通して新たに
生じるリスク

リスク対応策

5-3-2. 課題設定

課題は解決しなければいけない問題点のことです。あるいは取り組まなければいけないテーマとも言えます。解決しなければいけない問題点は何か？与えられたテーマについて、しっかり考察することが求められています。

選択科目Ⅲでは、課題設定能力が大きく問われています。これに対して、私が実際に添削を行ったり、復元論文を考察する中で、B判定となる論文の多くは、

① なぜ、そのことが課題なのか

② なぜ、その課題が生じたのか

そういった理由が全く考察されていません。いきなり、地域活性化には○○

が課題である。と言われても、読んでいる方は、「なぜ？○○が課題なのか？」という疑問しか浮かびません。

　例えば、国土強靱化に関しては、構造物の適切な維持管理が課題と述べている論文が多くありました。しかしながら、これはなぜ適切な維持管理が国土強靱化にとっての課題と言えるのか、説明が必要です。こういう説明を省いてはいけません。

　また、なぜその課題が生じたのか？

　この点を考察していないと対策を立てようがありません。よくあるのは地域再生の問題で、公共交通機関の衰退が課題であると述べていて、対策案ではLRTを整備するというパターンです。公共交通機関が衰退したのは、利用者が減少して経営が成立しなくなったからです。なぜ、公共交通機関が衰退したのか？が考察されていないと、解決策はトンチンカンなものになってしまいます。路線バスが衰退しているところにLRTを敷設して、経営が成立するわけがありません。課題を踏まえた上で、対策を立てることが大切です。

　他にも、ただ、中心市街地の衰退が課題であると書かれている論文もあります。中心市街地が衰退した理由が考察されていなければ、中心市街地活性化の方法などの問題解決案は立てようがありません。理由を考察しなければ、『論理的考察力』というポイントと『問題解決能力』と二つのポイントで得点をロスしていると考えてください。

　こういったことを考えると、一部の対策本などで推奨されている、課題の箇条書きは全く通用しないと思ってください。なぜ、そのことが課題なのか、その理由を考察することが大切だからです。時間はたっぷりあるので、箇条書きするだけという安易な道に走らず、なぜ問題解決のためには、その課題設定が有効なのか、理由をしっかり記述するようにしてください。○○だから××が課題であるという書き方を意識すればよいと思います。○○を意識した上で、これを克服するための解決策を論じていくとストーリーの一貫性が出てわかりやすい論文となります。

　また、実は、国土交通行政が現在抱える課題というのは誰が考えてもあまり違いはありません。課題設定を間違うと独りよがりな論文となってしまい、論

理的考察力のない論文と判定されます。つまり課題設定については、国土交通白書の内容そのものでいいのです。

　以下の論文では、課題＝取り組まなければいけないテーマとして課題を設定しています。

（R1 施工Ⅲ-1：概要）技能労働者の賃金は製造業と比べ未だ低い水準にある。建設工事の直接的な作業を行う技能労働者について下記の問いに答えよ。
（1）技能労働者の労働条件及び労働環境の改善、それに必要な費用の確保のそれぞれに関し、技術者としての立場で多面的な観点から課題を抽出し分析せよ。
（2）抽出した課題のうち最も重要と考える課題を1つ挙げ、その課題に対する複数の解決策を示せ。
（3）（2）で示した解決策に共通して新たに生じうるリスクとそれへの対策について述べよ。

（1）技能労働者に関する課題
①労働条件の改善に関する課題
　技能労働者は日雇い労働者が多く、休みを取得すると収入が減少するため、休暇が取りづらい状況である。このため、休日の確保が課題である。また、現地屋外生産、労働集約型生産という建設業の特性から、休むと他の工程に影響を与えるため、休暇が取りづらい状況である。
②労働環境の改善に関する課題
　建設業は全産業平均と比較して300時間以上の長時間労働であるため、過労死などの労働災害が起きやすい状況である。また、建設現場では施工機械と人が近接して作業を行うため、接触事故が起きやすい状況である。さらに災害時においては、無理なシフトを組むため安全管理の不足から墜落等の労働災害が起きやすい状況である。このため、技能労働者の安全確保が重要な課題となる。
③必要な費用の確保に関する課題：企業経営の健全化
　建設業の多くは単年度発注であることから、企業が技能労働者を雇用した場合、仕事を受注できなかった際に労務費が無駄になるため、将来的な経営の不安から、正規雇用を行わない現実がある。また、受注時期についても季節的な波が大きく、閑散期には労働者を遊ばせてしまうことになる。このため、労働条件及び労働環境の改善に必要な費用の確保に関する課題は、まずは企業経営の健全化である。

> （H25コンクリⅢ-4）我が国の社会資本の多くは、高度経済成長期に整備され、今後、急速に社会資本の老朽化が進むことが予想されている。しかしながら、社会資本への大規模な投資を持続的に行うことは期待できない状況にある。このような状況を考慮して、以下の問いに答えよ。
> （1）既存ストックとしてのコンクリート構造物の延命化を図るために、検討すべき項目をハード・ソフト両面の多様な観点から記述せよ。
> （2）抽出した課題のうち最も重要と考える課題を1つ挙げ、その課題に対する複数の解決策を示せ。
> （3）（2）で示した解決策に共通して新たに生じうるリスクとそれへの対策について述べよ。

受講生の復元論文	解説コメント
（1）コンクリート構造物延命化のための検討項目 **①既存施設の情報管理体制構築** 　　＜省略＞ **②新技術の積極的活用** 　現在、施設長寿命化に資する多くの新技術が開発されているものの、対策実施後の品質改善効果やライフサイクルコスト低減性等に関する対策の適用効果が十分に明確化されておらず、その活用は十分に図られていないのが現状である。 　例えば、新しい技術によって開発された補修対策工法の採用に関しては、対策の実施によって具体的にどれほどの品質が確保され、どれくらいの延命化が見込めるのかという部分が明確になっていない。 　この事から、対策の性能照査技術を向上させていく事は、施設延命化のための重要な検討項目である。 **（2）私が重要と考える技術的課題と解決策** **①新技術活用における技術的課題** 　老朽施設の適切な延命化を図っていくためには、積極的に新技術を利活用していく事が重要と考える。しかし品質・コストの面で、その適用効果が不明な技術も多い事から、適用事例を蓄積し、性能照査技術を向上させていく事は、大きな技術的課題といえる。	（1）の検討すべき項目のところで、新技術の必要性が述べられており、（2）の課題設定で、なぜ新技術の活用が課題と言えるのかが明確となっています。 情報管理体制に比較して新技術の積極的活用の方が重要と考えた理由が明確であるとよりよいです。

113

②実現可能な解決策

 ⅰ）撤去部材の有効活用

　例えば、長期供用された既存施設の撤去部材を有効活用し、多様な観点からの試験・検証等によって、得られた知見を開発側にフィードバックするシステムの構築が有効と考える。

　多種多様な環境にて供用されてきた多くの部材のデータを収集・蓄積していく事で、より現況に即した劣化・変状メカニズムの推定が可能となる。

 ⅱ）新技術活用データベース構築及び利活用

　新技術情報提供システムとしてＮＥＴＩＳがある。このデータベースは、新技術利用促進という点で一定の効果があるものの、対策技術の適用後における評価・検証・長期供用における耐久性・ＬＣＣ等に関する情報蓄積は十分ではないのが現状である。

　今後、新技術の適用にあたっては、適用後の経時モニタリング・適用効果の検証等を義務化し、より実用的な新技術利活用データベースを構築すべきである。

問題文の「上述した検討すべき項目のうち、あなたがコンクリートの技術士として重要であると考える技術的課題を１つ挙げ、実現可能な解決策を２つ提示せよ。」に見事に対応しています。

⇒ なぜ、そのことが課題なのか、説明すること。

⇒ なぜ、その課題が発生したのか、理由や背景を考察すること。

⇒ 課題設定については白書の記述そのもので特に問題ない。

5－3－3. 解決策の提示

　解決策を述べるうえで大切なことは論理性と説得力です。読み手が『なるほど』と思うだけの論理性を備えた自分の意見を主張することが求められています。

　しかしながら、これまで採点していて目に付いたのは、説得力の欠如した論文が非常に多かったことです。○○が必要である、と言われても、理由が全く説明されていなければ、読み手としては、なぜ必要なのか理解に苦しみます。この課題を解決するために、私はこう思うのだ。という自分の意見を読み手に説得させるつもりで記述することが大切です。

　大量の論文を添削する中で感じることは、解決策に関して言えば、まず解決

の方向性（自分の意見）を示した上で、次に具体的な解決策を一つずつ述べている論文が、非常に説得力があり、好感が持てました。

　また、令和元年度以降の問題では『解決策に共通して新たに生じうるリスクとそれへの対策について述べよ』という問題が出題されています。一歩踏み込んだ考察が必要です。維持管理について、ただアセットマネジメントを提案するだけでなく、アセットマネジメントを行うだけの人材や技術力やデータ不足が引き起こす負の影響（リスク）を述べることが求められています。しっかりした知識が必要ということです。

　以下、どの選択科目でも通用するような話題を取り上げ、作成すべき小論文の良い例と悪い例を並べてみたいと思います。

1）解決の方向性を述べる＝自分の考えを述べる

　いきなり、具体的解決策を並べるのではなくて、まず、解決策の方向性＝自分の考えを述べてください。それから具体策に入ると「あなたの意見」として伝わりやすいです。

★悪い例	★良い例
（3）回避・低減のための具体策 ①洪水・土砂災害リスクの回避・低減 ⅰ）堤防の強化や土砂災害防止法の活用による危険箇所からの立ち退き。 ⅱ）平常時の情報提供の充実を図る手法として、ハザードマップの周知、内容の充実を行う。また過去の浸水実績の周知をする。 ⅲ）災害時の情報提供の充実と手段の確立手法として、災害時の情報の内容充実はもちろんのこと、情報伝達手段にＩＣＴを有効に活用する。 ⅳ）水防体制の充実と強化を図るため、住民、ボランティアの水防活動への積極的参加を促し、人員増と若返りを図る。	（3）温暖化による影響を回避・低減するための具体策 ①洪水・土砂災害リスクの回避・低減 　現在、我が国では厳しい財政事情を抱えており、充分な建設投資余力はない。このため、今後は既存施設の有効活用やソフト対策などによる効率的な対策を進めていく必要がある。 　具体的には、既存ダムの堆砂の除去、堤防の点検・補修、ハザードマップや情報管理による災害時の避難体制の確立などが挙げられる。

２）具体的に述べる

　抽象論で終わってしまっている論文を非常に多く見かけますが、具体的方策がなければ、説得力に欠けてしまいます。よくあるのが、地域再生や少子高齢化の問題に対して、今後はコンパクトシティ化を進めるべきとだけ書かれた論文です。大切なことは、どうやってコンパクトシティ化を進めるのか、を記述することです。過疎地の集約についても、どうやっての部分が必要です。中核集落の育成、中核集落への集約という２段構えがいいのではないかと思います。

　それと、循環型社会形成の問題で非常に目立った対策案に、リサイクル新技術で解決するという意見があります。こんなのは意見でもなんでもありません。例えば、ドラえもんを開発して、４次元ポケットにより、ゴミの排出問題を解決するという意見は意見と言えるでしょうか？今後の新技術開発に期待するということは述べてもいいのですが、あくまでも問題の解決については、現在ある技術やせめて実用化の目途がついている技術の範囲内で解決策を述べてください。

　以下、観光立国推進の問題を例に取り、良い例と悪い例を見ていきたいと思います。まず、次ページの左の文章をよく読んでください。例えば、あなたがある地方自治体の観光局の局長だとして、１億円の予算がつくことになったとします。今後の観光のあり方について、あるコンサルから左の論文が提案されたとします。この論文に沿って観光振興を行うとすれば、１億円をどのように使い、何をどのようにすればよいのかわかりますか？全くわからないですね。

　「魅力ある都市空間の形成」は確かにそのとおりですが、それがどのようなものなのか具体的に述べる必要があります。左の文章が、魅力ある都市空間を形成すべしで終わっているのに対し、右の文章はそれをコンセプトの統一により、個性を最大限に増幅するとしています。この辺の違いを理解してください。

　それと左側の①〜③はどんな課題を解決するための解決策なのかがわかりにくいです。解決策のところでは、思いついた解決策を並べるのではなくて「課題を解決する」という視点が大切です。

★悪い例	★良い例
（1）国際交流の拡大を図る環境整備　　地域では活力の低下が危惧されているが、地域には歴史、風土に根ざした伝統、文化など、グローバルな観光資源が多く存在している。一方都市では、世界的なホテルの立地やショッピング、芸術鑑賞、近年の文化遺産など、都市の魅力を体験する都市観光も注目を浴びている。このため、今後は次のような対策を講ずる必要があると考える。 ①地方、都市が持つ独自の魅力を発信し、地域活性化につながる観光まちづくりの推進 ②土地区画整理事業、市街地再開発事業等を活用した観光地にふさわしい魅力ある都市空間の形成 ③観光客を迎え入れるためのソフト対策	**（1）個性ある観光地の整備**　　わが国の社会資本整備は、戦後の焼け野原から機能優先で整備されてきたため、比較的全国似たような街並みが広がっている。特に地方の中小都市に行くと、どこの街も同じような風景が見られる。 　これでは観光意欲はそそられない。これからの観光地整備においては、その地の個性を最大限に増幅することが大切である。 　例えば関西がわかりやすいが、京都は京都らしい景観にこだわり、大阪は大阪らしい景観にこだわり、神戸は神戸らしい景観にこだわることが大切である。地元の人たちが中心になり、その街らしさ、つまり街のコンセプトを決定し、街全体の景観、一つ一つの社会資本や観光施設などを、コンセプトにあわせて整備していく取り組みが大切である。

3）その他

① 解決策の意義（目的）

　何のためにこの解決策が提案されているのか全く理解できないことがよくあります。例えば地域再生の問題に対して、ユニバーサルデザイン化が提案されていたりします。地域再生にとって、ユニバーサルデザイン化がどういう意義を持つのか、施策の位置づけをはっきりさせてください。

② 効果

　施策の効果が書かれていると、非常に説得力が増します。読んでいて、なるほどと思います。解決策を書くときは、ぜひ意識してみてください。

③ 論理性（一貫性）

　また、添削していて気が付いたのは、非論理的な論文です。地域再生の問題で、「はじめに」や課題で国や地方公共団体にお金がないことを散々述べたあと、対策案では、地域再生のためには空港の整備やアクセス道路の整備が重要だなどと書かれた論文が結構ありました。そうした矛盾がないようにしてください。基本的に社会資本整備の話をするときは、「何を重点化するのか、あなたの意見を述べよ。」という題のつもりで書くようにしてください。同じことを書いているのですが、ただ空港を整備するべきと書くのではなくて、財政難ではあるが、私は空港やアクセス道路こそ重点的に整備するべきだと思う、といった感じで書くといい論文になります。

④ 課題に対応させる

　課題で挙げた項目については、必ず解決策を述べてください。一つの論文では、必ずその論文内で問題が完結するようにすることは基本です。そもそも問題解決能力が問われている問題で、課題だけ挙げて、解決策を述べないというのはありえません。

⑤ 自分の意見を述べる

　１）解決の方向性を述べるところでも言いましたが、出題は「あなたの意見を述べよ」なので、自分の意見を述べることが肝心です。左側の論文は、あなたの意見を述べずに、意見を出すことを地元住民と有識者の協議会や観光カリスマに丸投げしています。ここでは、視点を変えて地元住民と有識者の協議会が専門家であるあなたに「魅力ある観光地整備」はどう進めていけばよいか相談してきたと仮定して、それに対する答えを記述するという気持ちで解決策を記述してみてください。

　またその際、綺麗にすべきとかそういう抽象的な言葉で濁すのではなく、具体的に何をどのように変えるのか述べることが大切です。

★悪い例	★良い例
（1）魅力ある観光地の整備	（1）魅力ある観光地の整備
魅力ある観光地づくりのためには、地域の魅力を生かした商品開発、地域プロモーション等のプロデュースが必要である。しかし、実際には何をどう変えていけばよいのかわからずに、右往左往しているのが現状である。地元住民や有識者からなる協議会でよく検討すべきである。また、現在国土交通省が行っている全国各地の観光カリスマを講師として迎え、成功のノウハウの伝授、現場体験活動等を行う観光カリスマ塾等を有効に利用するとよい。	今後の観光地の整備は、点としての観光施設ではなくて、面としての街全体の景観向上に取組むべきである。電線地中化の推進、屋外広告物の規制、既設の社会資本構造物への景観アセスメント実施などを行う必要がある。また、観光バスや自家用車で観光地に行く場合は、観光地の印象は、道路から見える風景が重要である。道路空間そのものを観光資源とする日本風景街道の整備を重点的に行っていくべきであり、視点場を計画や設計段階において導入すべきである。道路から見える空間は、有効な観光資源となり得る。

5－3－4. リスクとリスク低減策

　リスクとは、負の影響が発生する可能性のことです。つまり、その解決策を実行することでどのような負の影響が発生する可能性があるのか？を考察することが求められています。

　取り上げた複数の解決策を行うことで生じる副作用とでも解釈してください。

　複数の解決策に共通して発生する副作用が分かりにくい場合は、最も重要な課題が解決された場合の副作用あるいは最も重要な課題を解決しようとすると生じる副作用と考えてください。

　以下の項目から考えると分かりやすいです。コストの増加や新たな人材育成の必要性が高まるといったことはリスクとして取り上げやすいテーマです。

1）経済的管理：コスト増加（LCCのコスト増加）、工期に間に合わない、品質低下、新たな設備投資の必要性
2）人的資源管理：人材育成（短期、長期）機会の喪失、社員のモチベーション

低下、人材流出、新規雇用出来ない、賃金の低下

3）情報管理：情報漏洩、通常時の情報管理、緊急時の情報管理、情報セキュリティの低下

4）安全管理：リスクアセスメント、労働安全衛生管理、社員の安全管理、第三者の安全管理、危機管理

5）社会環境管理：環境保全、CO_2 排出量増加、生物多様性への悪影響、LCA、化学物質の漏洩、廃棄物増加

5-4 令和6年度合格に向けての勉強方法

　選択科目Ⅲはとにかく、国土交通省が考えている我が国の社会資本の課題を正確に認識していないと解答できません。背景や現状に関する正しい知識が必要です。また、解決策についても、維持管理ならば予防保全が必要といったある程度の一般的な知識も必要不可欠です。

　つまり、必須科目Ⅰ対策の資料をしっかり勉強することです。

　3枚論文は概ね、維持管理、防災、災害対応、災害復旧、少子高齢化、品質確保、コスト縮減、脱炭素化、労災防止、環境負荷の低減、技術継承、就業者数減少・需要増大への対応、海外進出、集約型都市構造など、出題範囲は決して幅広いとは言えません。しっかり対策が可能なので、ここで貯金ができるようにしっかり頑張ってください。

　模範論文を読んでもらってもわかると思いますが、決して満点ではありません。そもそも記述式試験で満点を目指すなんて不毛な話です。逆に満点など狙うと、素晴らしい内容にするため構成に時間をかけたりするため、逆効果です。記述試験では最高の論文を目指しながら、結果的に6割以上があればよいという姿勢が大切です。

　また、技術士論文ではついつい独りよがりの論文になりがちです。論文作成については、自分で納得するのではなくて、周りの技術士の方に添削指導してもらうことが必須です。地道に添削指導を受けて、ガチンコ精神で技術士合格を目指してください。

巻末資料

- 令和6年度模擬試験
- テーマ毎1枚論文過去問
  （平成25年度〜令和5年度）
- 令和元年度〜令和5年度
  必須科目Ⅰ過去問模範論文例

模擬試験は時間を測って、取り組んでみてください。また、ガチンコ技術士受験講座では、ここに記した模擬試験の模範論文例の販売や論文添削も行っています。詳細はHPを参考にしてください。

ガチンコ技術士学園HP：https://gachinko-school.com/gijutusi/

（1）必須科目Ⅰ

※制限時間２時間

Ⅰ 次の2設問のうち、1設問を選び解答せよ。（問題番号を明記の上、<u>3枚以内</u>にまとめよ）

Ⅰ-1 人口減少、高齢化、厳しい財政状況、エネルギー・環境等、我が国は様々な制約に直面している。今後ますます厳しくなっていくこれらの制約下においても、国民の安全・安心を確保し、社会経済の活力を維持・増進していくためには、限られたインプットから、出来るだけ多くのアウトプットを生み出すことが求められている。その鍵は、地域構造を「コンパクト」＋「ネットワーク」という考え方でつくり上げ、国全体の生産性を高めていくことにある。このような状況を踏まえ、以下の問いに答えよ。

（1）「コンパクト」＋「ネットワーク」を推進するにあたって、技術者としての立場で多面的な観点から3つ課題を抽出し、それぞれの観点を明記した上で、課題の内容を示せ。

（2）前問（1）で抽出した課題のうち最も重要と考える課題を1つ挙げ、その課題に対する複数の解決策を示せ。

（3）前問（2）で示したすべての解決策を実行して生じる波及効果と専門技術を踏まえた懸念事項への対応策を示せ。

（4）（1）～（3）を業務として遂行するに当たり必要となる要件を、技術者と

しての倫理、社会の持続可能性の観点から述べよ。

I-2 社会資本の整備は、未来への投資であり、次の世代に引き渡す資産を形成するものである。我が国の人口が減少していく中、厳しい財政制約の下においても、国民の安全・安心、持続可能な地域社会、持続可能な経済成長の基盤を提供していくためには、ストック効果を最大限に発揮する社会資本整備が求められる。そのためには、従来にも増して重点的に取り組む戦略的な思考が求められる。このような状況を踏まえ、以下の問いに答えよ。

（1）インフラストック効果の最大化を実現するために、技術者としての立場で多面的な観点から3つ課題を抽出し、それぞれの観点を明記したうえで、課題の内容を示せ。

（2）前問（1）で抽出した課題のうち、最も重要と考える課題を1つ挙げ、その課題に対する複数の解決策を示せ。

（3）前問（2）で示したすべての解決策を実行して生じる波及効果と専門技術を踏まえた懸念事項への対応策を示せ。

（4）前問（1）～（3）を業務として遂行するに当たり、技術者としての倫理、社会の持続性の観点から必要となる要点・留意点を述べよ。

※選択科目ⅡとⅢ合わせて３時間３０分

Ⅱ 次の２問題（Ⅱ-1、Ⅱ-2）について解答せよ。（問題ごとに答案用紙を替えること。）

Ⅱ-1 次の４設問のうち、１設問を選び解答せよ。（設問番号を明記し、<u>１枚以内</u>にまとめよ。）

Ⅱ-1-1. 土の三軸試験の圧密過程におけるK_0条件について説明するとともにせん断強さに与える影響について述べよ。

Ⅱ-1-2. 土留め掘削工事において掘削底面で発生する盤ぶくれについて、以下の問いに答えよ。
　　　　（1）盤ぶくれ現象とその原因について説明せよ。
　　　　（2）盤ぶくれを防止する対策を２つ挙げて、それぞれの対策原理及び施工上の留意点を述べよ。

Ⅱ-1-3. 「ニューマチックケーソン基礎」、「鋼管矢板基礎」、「地中連続壁基礎」のうち、２つの基礎形式を選定し、概要および特徴について述べよ。

Ⅱ-1-4. 軟弱地盤上において高さ5mの道路盛土が計画されていることを想定し、対策原理の異なる軟弱地盤対策工法を３つ挙げよ。また、それぞれの対策原理と工法の長所、短所や留意点を踏まえた特徴を述べよ。

Ⅱ-2 次の２設問のうち、１設問を選び解答せよ。（設問番号を明記し、2枚以内にまとめよ。）

Ⅱ－２－１. 模式図に示す杭基礎の新設道路橋が計画されている。あなたが、この新設道路橋及び背面盛土の軟弱地盤対策工の検討業務を進めるに当たり、以下の内容について記述せよ。なお、現状、模式図に示す地盤条件が確認されている。

（１）調査、検討すべき事項とその内容について複数挙げ、説明せよ。
（２）業務を進める手順を列挙して、それぞれの項目ごとに留意すべき点、工夫を要する点を含めて述べよ。
（３）業務を効率的、効果的に進めるための関係者との調整方策について述べよ。

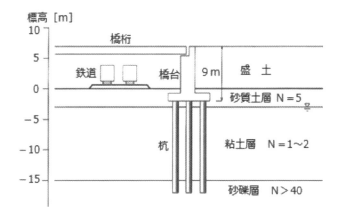

Ⅱ－2－2. 模式図に示す民家に近接した市街地で平面形状20m×40m、掘削深さ15mの土留め工の計画がある。事前の地盤調査結果として、模式図に示すようなN値・土層構成などの情報が入手できている。土留め工の設計・施工に関連した以下の問いに答えよ。

（1）本条件下で土留め工の設計を行う場合、調査、検討すべき事項とその内容について説明せよ。
（2）業務を進める手順について、留意すべき点、工夫を要する点を含めて述べよ。
（3）業務の要求事項を明記した上で、担当責任者の立場から、要求事項を満たすための関係者との調整方策について述べよ。

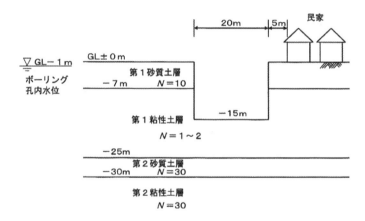

Ⅲ 以下の２問題から１問題を選んで解答せよ。（解答問題番号を明記し、<u>３枚以内</u> にまとめよ。）

Ⅲ-1 平成26年8月豪雨では広島県において74人の死者と多数の建物被害が発生した。また平成30年7月豪雨では西日本を中心に洪水、土砂災害が発生し、200人以上の死者が発生している。一方で、平成23年の東日本大震災をはじめ大地震を起因とする斜面崩壊や土砂災害も多く発生している。今後は、気候変動の影響により災害が頻発化・激甚化することが予想され、また、南海トラフ地震や首都直下型地震などの巨大地震の発生も懸念されている。

こうした中、防災、減災に向けた取組みが進められているが、どれだけの取組みを行ったとしても、自然災害被害をゼロにすることは難しい。このため自然災害発生時の対応が重要となる。土砂災害発生時に国民の安全や生活を守るという視点から、土質及び基礎の技術者として以下の問いに答えよ。

（１）土砂災害発生時の対応について、土質及び基礎の技術者としての立場で多面的な観点から課題を３点抽出し分析せよ。

（２）（１）で抽出した課題のうち最も重要と考える課題を１つ挙げ、その課題に対する解決策を２点示せ。

（３）（２）で提示した解決策それぞれに対して、解決策を実行する際のリスクとリスクに対する対応策について述べよ。

Ⅲ-2 近年、我が国では少子高齢化による生産年齢人口の減少が続いている。建設業界においても技能労働者の不足や技術伝承の停滞が現実問題となっていて、これらは品質の低下につながることが懸念される。このため、様々な建設プロセスの効率化や高度化のために期待されている技術のイノベーションには、品質確保を担うことも求められている。このような背景を踏まえた上で、盛土、基礎、抗土圧構造物等の地盤構造物の品質確保に関する以下の問いに答えよ。

（1）地盤構造物の調査、設計、施工、維持管理の各段階について、それぞれにおける品質確保に関わる技術的課題について説明せよ。

（2）（1）で抽出した課題のうち最も重要と考える課題を1つ挙げ、その課題に対する複数の解決策を示せ。

（3）（2）で示した解決策に共通して新たに生じうるリスクとそれへの対策について述べよ。

(3) 選択科目Ⅱ＆Ⅲ：鋼構造及びコンクリート

※選択科目ⅡとⅢ合わせて3時間30分

Ⅱ 次の2問題(Ⅱ-1、Ⅱ-2)について解答せよ。(問題ごとに答案用紙を替えること。)

Ⅱ-1 次の4設問のうち、1設問を選び解答せよ。(設問番号を明記し、<u>1枚以内</u>にまとめよ。)

Ⅱ-1-1. 鋼I形(細幅H形)断面はりの破壊形態を3つ挙げ、各破壊形態の強度を上げるための方策とともに概説せよ。

Ⅱ-1-2. 鋼構造物の塗装施工において、塗膜に生じる不具合を2つ挙げ、それぞれについて概説するとともに主な防止策を述べよ。

Ⅱ-1-3. フレッシュコンクリートの特性を表す指標を5つ挙げよ。また、そのうち2つを取り上げ、各指標の利用目的と指標を用いる際の留意点を述べよ。

Ⅱ-1-4. 高品質なコンクリート構造物を実現するために、必要とされるコンクリートの施工性能を2つ挙げ、それぞれの概要と施工性能を高めるための方策を述べよ。

II-2 次の２設問のうち、１設問を選び解答せよ。（設問番号を明記し、2枚以内 にまとめよ。）

II-2-1. 近年、担い手不足、人件費高騰等により、建設工事に対する省力化・合理化の要求が強くなっている。今後、新設構造物の設計や施工計画を行う担当者として業務を進めるに当たり、以下の問いに答えよ。

（1）対象とする構造物を設定し、省力化・合理化を進めるために、調査、検討すべき事項とその技術的内容について説明せよ。

（2）業務を進める手順を列挙して、それぞれの項目ごとに留意すべき点、工夫を要する点を述べよ。

（3）業務の要求事項を明記した上で、担当責任者の立場から、要求事項を満たすための関係者との調整方策について述べよ。

Ⅱ－2－2．複合構造は、異種材料及び異種部材の組合せによって、各構造材料の短所を補完し長所を活用するように考えられた構造形式である。あなたが鋼とコンクリートの複合構造の設計担当者として業務を進めるに当たり、以下の問いに答えよ。なお、鉄筋コンクリート構造、プレストレストコンクリート構造の単独での使用は除くものとする。

（1）合成はり、鉄骨鉄筋コンクリートはり、混合はりの複合構造形式の中から1つ選び、設計するに当たって、調査、検討すべき事項とその内容について説明せよ。
（2）設計の業務を進める手順について、留意すべき点、工夫を要する点を含めて述べよ。
（3）業務を効率的・効果的に進めるための関係者との調整方策について述べよ。

Ⅲ-1 我が国では、今後10年間で全国の道路橋約70万橋の55%以上が建設後50年を超えると予測されるなど、現在、高度成長期に整備された社会インフラの老朽化対策が重要な課題となっており、平成26年5月に「第1次国土交通省インフラ長寿命化計画(計画期間:平成26年～令和2年)」が策定され、さらに第1次の取組状況等を踏まえ、令和3年6月に「第2次国土交通省インフラ長寿命化計画(計画期間:令和3年～令和7年)」が策定された。

行動計画では、新設から撤去までの、いわゆるライフサイクルの延長のための対策という狭義の長寿命化の取組に留まらず、更新を含め、将来にわたって必要なインフラの機能を発揮し続けるための取組を実行することにより、これまで進めてきたメンテナンスサイクルの構築と継続的な発展につなげていくことを目標にしている。このような状況を踏まえ、以下の問いに答えよ。

(1) 持続可能なインフラメンテナンスの実現に向けて、鋼構造及びコンクリートの技術者としての立場で多面的な観点から3つの課題を抽出し、それぞれの観点を明記したうえで、その課題の内容を示せ。
(2) 前問(1)で抽出した課題のうち最も重要と考える課題を1つ挙げ、その課題に対する複数の解決策を、専門技術用語を交えて示せ。
(3) 前問(2)で提示したすべての解決策を実行しても新たに生じるリスクとそれへの対策について、専門技術を踏まえた考えを示せ。

Ⅲ-2 近年、厳しい財政事情のもと、公共工事のコスト抑制が強く求められている。一方、公共工事は、現在及び将来における国民生活及び経済活動の基盤となる社会資本を整備するものとして社会経済上重要な役割を持つものであり、社会資本として本来備えるべき品質も確保される必要がある。このような状況を踏まえ、以下の問いに答えよ。

（1）技術者としての立場で多面的な観点から、鋼構造物又はコンクリート構造物の品質確保の課題を3点抽出し分析せよ。

（2）（1）で抽出した課題のうち最も重要と考える課題を1つ挙げ、これを最も重要とした理由を述べよ。その課題に対する複数の解決策を、専門技術用語を交えて示せ。

（3）（2）で提示した解決策に関連して新たに浮かび上がってくる将来的な懸念事項とそれへの対策について、専門技術を踏まえた考えを示せ。

※選択科目ⅡとⅢ合わせて３時間30分

Ⅱ 次の２問題（Ⅱ-1、Ⅱ-2）について解答せよ。（問題ごとに答案用紙を替えること。）

Ⅱ-1 次の４設問のうち、１設問を選び解答せよ。（設問番号を明記し、1枚以内にまとめよ。）

Ⅱ-1-1. スマートシティは、ICT 等の新技術を活用しつつ、マネジメント（計画、整備、管理・運営等）の高度化により、都市や地域の抱える諸課題の解決を行い、また新たな価値を創出し続ける、持続可能な都市や地域であり、Society 5.0の先行的な実現の場と定義されている。スマートシティの①意義・必要性、②導入効果、及び③その進め方について説明せよ。

Ⅱ-1-2. 「景観法」に規定されている、景観重要公共施設制度について説明せよ。また景観重要公共施設制度によって期待される効果について、制度の説明を踏まえて述べよ。

Ⅱ-1-3. 都市における自転車交通が果たす役割を述べ、自転車交通推進の観点から、まちづくりにおいて考慮すべき事項とそれに対する具体的な対応方法を説明せよ。

Ⅱ-1-4. 道路空間や地域の価値向上に資する道路緑化の役割について説明せよ。また、道路緑化の計画及び設計段階における留意点を述べよ。

II -2 次の２設問のうち、１設問を選び解答せよ。（設問番号を明記し、2枚以内 にまとめよ。）

II－２－１. 地方都市圏の中核都市において、公共交通の利便性向上を図る目的
で、市中心部の既存駅と駅間距離の長い隣駅との間に鉄道の新駅を
設置し、併せて新駅周辺の市街地整備を行うことになった。あなた
が担当責任者として市街地整備の計画策定を行うに当たり、以下の
内容について記述せよ。なお、関連状況は以下のとおりである。

- 新駅は、沿線にある公共施設の跡地（5ha程度の市有地）の一部
  を利用して設置する。
- 併せて行う市街地整備は、新駅設置に伴い必要となる都市施設と
  宅地の整備並びに都市機能の立地・誘導を行うものであり、その
  規模は、当該公共施設跡地と隣接する空閑地（田畑等の民有地）
  を合わせた10ha程度である。
- 市街地整備を行う地区周辺には住宅系市街地が広がっている。
- 現在、市では、市内に散在する公共公益施設の建替等に伴う移
  転・集約化を計画中である。

（１） 調査、検討すべき事項とその内容について説明せよ。
（２） 業務を進める手順について、留意すべき点、工夫を要する点を含めて述べ
　　　よ。
（３） 業務を効率的、効果的に進めるための関係者との調整方策について述べ
　　　よ。

Ⅱ-2-2. 戦災復興等で形成された小規模な街区や、細分化された土地の存在する市街地において、土地の集約化や街区の再編等を機動的に進め、新たな都市機能の立地を促進するために、あなたが担当責任者として、土地の個別利用と高度利用の両立を可能とする市街地整備手法（以下「土地・建物一体型の市街地整備手法」という。）の導入を検討することになった。以下の問いに答えよ。

（1） 導入が適切と考える土地・建物一体型の市街地整備手法を1つ提案し、導入に当たっての調査、検討すべき事項とその内容について説明せよ。
（2） 業務を進める手順を列挙して、それぞれの項目ごとに留意すべき点、工夫を要する点を述べよ。
（3） 業務を効率的、効果的に進めるための関係者との調整方策について述べよ。

Ⅲ 以下の2問題から1問題を選んで解答せよ。（解答問題番号を明記し、<u>3枚以内</u> にまとめよ。）

Ⅲ-1 人口減少と高齢化の進む地方都市において、コンパクトなまちづくりを進めるため、立地適正化計画を策定することになった。当該地方都市は、鉄道・バス等の公共交通は整備されているものの、車への依存度が高く、また、近年合併したことから、類似・重複した公共施設を多く保有している。あなたが担当責任者として計画策定を行うに当たり、以下の問いに答えよ。

（1）当該地方都市の現状から想定される課題を述べた上で、計画における目指すべき将来都市像を述べよ。

（2）（1）で述べた課題を解決し将来都市像を実現する上で、計画において設定することが適当と考える定量的な目標（具体的な数値は不要）を2つ挙げ、これらを実現するために必要と考えられる方策を述べよ。

（3）（2）で述べた方策を実施する上で、想定される負の側面と対応方策を述べよ。

Ⅲ-2 自然災害が頻発する我が国では、万一発生した際に被るリスクをあらかじめ予測し、有事に備える、レジリエンス（回復力）を高めることが求められている。さらに、都市のレジリエンスとは災害からの早期回復の能力だけにとどまらず、持続可能な成長、幸福度、包括的成長を確保するために、突発的なショックを吸収し、新しい情況に適応し、自身を変革し、可能な限りリスクを低減するとともに将来のショックやストレスに備える能力を都市が持つことである。

（1） 都市のレジリエンスを高めるための課題を、技術者としての立場で多面的な観点から3つ抽出し、それぞれの観点を明記したうえで、その課題の内容を示せ。

（2） 最も重要と考える課題を1つ挙げ、その課題に対する複数の解決策を示せ。

（3） 前問（2）で提示したすべての解決策を実行しても新たに生じうるリスクとそれへの対策について、専門技術を踏まえた考えを示せ。

(5) 選択科目Ⅱ＆Ⅲ：河川、砂防及び海岸・海洋

※選択科目ⅡとⅢ合わせて３時間30分

Ⅱ 次の２問題（Ⅱ-1、Ⅱ-2）について解答せよ。（問題ごとに答案用紙を替えること。）

Ⅱ-1 次の４設問のうち、１設問を選び解答せよ。（設問番号を明記し、1枚以内にまとめよ。）

Ⅱ-1-1．都市部での治水安全度を高めるための方策を２つ挙げ、それぞれに対して、費用対効果、実現可能性、技術的留意点などの点から論ぜよ。

Ⅱ-1-2．ダム下流に土砂供給可能な堆砂対策手法を３つ取り上げ、それぞれ適用に当たっての留意点を述べよ。ただし、対象とするダムは、比較的長い運用年数を経験した洪水調節を目的に含む多目的ダムとする。

Ⅱ-1-3．火山噴火による降灰の堆積後の降水を発生原因とする土石流に関し、その現象の特性を明らかにしつつ、土石流に対して講ずべき対策について、ハード・ソフト両面から述べるとともに、被害の生じるおそれのある区域及び時期の想定に関する調査手法及び調査実施上の留意点について述べよ。

Ⅱ-1-4．砂浜が有する機能を列挙するとともに、それらの機能を維持管理するための方策を１つ挙げて概説せよ。

II-2 次の２設問のうち、１設問を選び解答せよ。（設問番号を明記し、<u>２枚以内</u>にまとめよ。）

II－2－1. ある中小河川上流において、大規模な崩壊等により河道が閉塞し、天然ダムが形成された。あなたが、調査及び対応策を検討する業務を担当することになった場合、以下の問いに答えよ。

（1）調査、検討すべき事項とその内容について、説明せよ。
（2）業務を進める手順について、留意すべき点、工夫を要する点を含めて述べよ。
（3）業務を効率的、効果的に進めるための関係者との調整方策について述べよ。

II－2－2. 土砂動態に関わる課題は、山地部、平野部、河口・海岸部等のそれぞれの領域において様々な形で発生している。あなたが、ある流砂系の総合土砂管理計画策定業務を担当することになった場合、下記の内容について記述せよ。

（1）業務着手に当たって収集・整理すべき資料や情報について述べよ。併せて、それらの目的や内容を説明せよ。
（2）業務を進める手順について述べよ。併せて、それらに関し、留意すべき点や工夫を要する点について説明せよ。
（3）業務の成果が効率的・効果的に活用されるための関係者との調整内容について述べよ。

Ⅲ 以下の２問題から１問題を選んで解答せよ。（解答問題番号を明記し、<u>3枚以内</u> にまとめよ。）

Ⅲ-1 国や自治体の危機管理が問われるような超大型で猛烈な台風や線状降水帯に関して、いかなる災害が発生しようと人命の保護が最大限図られるという国土強靭化の観点から、以下の問いに答えよ。

（１）平常時の事前準備段階での危機管理体制構築に当たって、技術者としての立場で多面的な観点から課題を抽出し分析せよ。

（２）（１）で抽出した課題のうち最も重要と考える課題を１つ挙げ、その課題に対する複数の解決策を示せ。

（３）（２）で示した解決策に共通して新たに生じうるリスクとそれへの対策について述べよ。

Ⅲ-2 流砂系における土砂移動に関わる課題は、砂防、ダム、河川、海岸の それぞれの領域において様々な形で発生している。原因となってい る現象が、それぞれの領域を超えたより広域のスケールにまたが り、個別領域の課題として対策を行うだけでは、他の領域へのマイ ナスの影響や維持管理に係る労力・コストの増大等を招き、根本的 な解決・改善がなされないことがある。このような場合に、各領域 の個別の対策にとどまらず、他の領域でも必要な対策を講じ、課題 の解決を図る「総合的な土砂管理」が重要である。このような状況 を踏まえ、以下の問いに答えよ。

（1）「砂防領域」、「ダム領域」、「河川領域」、「海岸領域」で発生している土砂移 動に関わる課題について、領域毎に記述せよ。

（2）（1）で記述した課題のうち、あなたが個別領域の対策だけでは根本的な 解決・改善がなされないと考える課題とその理由について、領域間での土 砂移動に留意して示すとともに、総合的な土砂管理の視点から対策を提案 せよ。

（3）（2）であなたが提案した対策について、想定されるマイナスの影響と技術 的課題を記述せよ。

(6) 選択科目Ⅱ&Ⅲ：港湾及び空港

※選択科目ⅡとⅢ合わせて3時間30分

Ⅱ 次の2問題（Ⅱ-1、Ⅱ-2）について解答せよ。（問題ごとに答案用紙を替えること。）

Ⅱ-1 次の4設問のうち、1設問を選び解答せよ。（設問番号を明記し、<u>1枚以内</u>にまとめよ。）

Ⅱ-1-1. 港湾又は空港のいずれかを選び、その調査（需要予測を含む）、設計、施工及び運営のいずれか1つを選択し、その合理化・高度化に関して、現状と課題を述べよ。

Ⅱ-1-2. 港湾の係留施設の設計において定めるべき設計条件となる、自然条件、利用条件、形状条件について、それぞれの概要と設計においての留意点を述べよ。

Ⅱ-1-3. 対策原理の異なる液状化対策工法を3つ挙げ、それぞれの対策原理と概要・特徴及び留意点を述べよ。

Ⅱ-1-4. 環境影響評価法に基づく手続きの過程において、スコーピングが行われる。港湾又は長さ2,500mの滑走路を有する空港のいずれかを選び、湾奥の沿岸部において、面積150ha（うち埋立部100ha）の用地を造成して新設する場合、あなたが重要と考える環境影響評価項目を「工事の実施」について3項目挙げ、概要を説明せよ。

Ⅱ-2 次の２設問のうち、１設問を選び解答せよ。（設問番号を明記し、<u>２枚以内</u>にまとめよ。）

Ⅱ－２－１．桟橋構造の岸壁増深又はアスファルト構造の滑走路増厚について、設計業務を実施することとなった。岸壁増深又は滑走路増厚のいずれかを選び、あなたが担当責任者としてこの業務を進めるに当たり、以下の問いに答えよ。なお、岸壁法線の位置及び桟橋構造であることは変えないものとする。

（１）調査、検討すべき事項とその内容について説明せよ。
（２）業務を進める手順について、留意すべき点、工夫を要する点を含めて述べよ。
（３）業務の要求事項を明記した上で、担当責任者の立場から、要求事項を満たすための関係者との調整方策について述べよ。

【平成２７年度問題改題】

Ⅱ－2－2．港湾あるいは空港において施設計画を立案する場合、その施設の需
要を精度高く求めることが必要とされる。港湾又は空港の施設計画
を検討する技術者として、港湾あるいは空港のいずれかを選び、以
下の問いに答えよ。

（1） 施設の需要を精度高く求めるために、調査、検討すべき事項とその内容に
ついて説明せよ。
（2） 業務を進める手順について、留意すべき点、工夫を要する点を含めて述べ
よ。
（3） 業務の要求事項を明記した上で、担当責任者の立場から、要求事項を満た
すための関係者との調整方策について述べよ。

Ⅲ 以下の2問題から1問題を選んで解答せよ。(解答問題番号を明記し、<u>3枚以内</u> にまとめよ。)

Ⅲ-1 2011年の東日本大震災や2016年の熊本地震では、港湾及び空港の災害時の機能維持や早期復旧が、被災地への物資の運搬、人の移動を可能とし、早期復興の大きな力となることが再度確認された。こうした事例を踏まえ、港湾及び空港施設の大規模自然災害からの早期復旧について、以下の問いに答えよ。

（1）大規模自然災害発生直後から早期復旧を進めるに当たり、技術者としての立場で多面的な観点から課題を抽出し分析せよ。なお、災害発生前の事前準備に関する課題は除くこととする。

（2）（1）で抽出した課題のうち最も重要と考える課題を1つ挙げ、その課題に対する複数の解決策を示せ。

（3）（2）で挙げたそれぞれの解決策に共通して新たに生じうるリスクとそれへの対策について述べよ。

Ⅲ-2 近年、世界の海上輸送量や航空輸送量は年々増加しており、港湾及び空港施設については輸送サービスの提供を支える社会基盤として、非常に多くの役割が期待されている。港湾及び空港のいずれかを選び、輸送サービスの強化の観点から、以下の問いに答えよ。

（1） 技術者としての立場で多面的な観点から課題を3点抽出し分析せよ。

（2） （1）で抽出した課題のうち最も重要と考える課題を1つ挙げ、その課題に対する解決策を2点示せ。

（3） （2）で提示した解決策それぞれに対して、解決策を実行する際のリスクとリスクに対する対応策について述べよ。

※選択科目ⅡとⅢ合わせて3時間30分

Ⅱ 次の2問題（Ⅱ-1、Ⅱ-2）について解答せよ。（問題ごとに答案用紙を替えること。）

Ⅱ-1 次の4設問のうち、1設問を選び解答せよ。（設問番号を明記し、<u>1枚以内</u>にまとめよ。）

Ⅱ-1-1．電力土木分野における ICT 活用事例を挙げ、その効果と克服すべき課題を述べよ。

Ⅱ-1-2．送・変電施設を1つ挙げ、基礎の主要な構造形式を3つ挙げ、それぞれの特徴と基礎地盤を考慮した選定方法の要点について述べよ。

Ⅱ-1-3．我が国におけるダム貯水池のたい砂の状況を踏まえ、近年のダム貯水池のたい砂対策のあり方を述べよ。

Ⅱ-1-4．2018年12月7日に公布された「再エネ海域利用法※」の意義と概要を説明せよ。また、洋上風力発電の環境面における得失を述べよ。
※海洋再生可能エネルギー発電設備の整備に係る海域の利用の促進に関する法律

Ⅱ-2 次の２設問のうち、１設問を選び解答せよ。（設問番号を明記し、2枚以内にまとめよ。）

Ⅱ-2-1. 低炭素化への取組、脱原子力の動き等から、電力土木の分野でも再生可能エネルギーの開発や発電所建設が進んでいる。再生可能エネルギーの普及に関して、以下の内容について記述せよ。

（1） 具体的な再生可能エネルギーの名称を明記の上、発電所建設計画を策定するに当たり、調査、検討すべき事項とその内容について説明せよ。
（2） 業務を進める手順について、留意すべき点、工夫を要する点を含めて述べよ。
（3） 業務を効率的・効果的に進めるための関係者との調整方策について述べよ。

Ⅱ-2-2. あなたが担当責任者として既存の電力土木施設に係る耐震性能の検証を行うことになったとして、ダム、水路（取放水設備、水圧管路を含む。）並びに港湾、燃料、送変電等に係る電力土木施設の中から１つを選択して、その名称を明記の上、以下の内容について記述せよ。

（1） 電力土木施設の名称を明記の上、耐震性能の照査を行うに当たり、調査、検討すべき事項とその内容について説明せよ。
（2） 業務を進める手順について、留意すべき点、工夫を要する点を含めて述べよ。
（3） 業務を効率的・効果的に進めるための関係者との調整方策について述べよ。

Ⅲ 以下の2問題から1問題を選んで解答せよ。（解答問題番号を明記し、<u>3枚以内</u>にまとめよ。）

Ⅲ-1 平成27年末に開催された気候変動枠組条約第21回締約国会議（COP21）においてパリ協定が締結され、これを踏まえ我が国では二酸化炭素等の温室効果ガスの中長期削減目標が示され、この達成に向けて取り組むことが定められている。建設分野のうち、電力土木施設の企画・計画・設計・施工・維持管理・更新に至るまでの活動において、多くの二酸化炭素等の温室効果ガスが排出されている現状を踏まえ、以下の問いに答えよ。

（1）二酸化炭素等の温室効果ガスを削減していくために、電力土木に携わる技術者の立場で多面的な観点から課題を抽出し分析せよ。

（2）（1）で抽出した課題のうち最も重要と考える課題を1つ挙げ、その課題に対する複数の解決策を示せ。

（3）（2）で示した解決策に共通して新たに生じうるリスクとそれへの対策について述べよ。

Ⅲ-2 我が国の電力土木施設は今後施設の老朽化が進行し、経常的な維持・修繕に加えて大規模な改良工事や更新工事のニーズが増大すると見込まれる。一方で急激な人口減少が見込まれている中で、地球環境問題への対策が必要となっている。このため、個別の施設を適切に維持管理していくとともに、電力施設全体のあり方の視点からの「改良・更新等」の考え方が必要である。このような認識のもと、電力土木の技術者の視点から、以下の問いに答えよ。

（１） 今後の我が国の電力土木施設全体の視点から、各施設の「改良・更新等」に当たって、技術者としての立場で多面的な観点から課題を抽出し分析せよ。

（２） （１）で抽出した課題のうち最も重要と考える課題を１つ挙げ、その課題に対する複数の解決策を示せ。

（３） （２）で示した解決策に共通して新たに生じうるリスクとそれへの対策について述べよ。

※選択科目ⅡとⅢ合わせて３時間３０分

Ⅱ 次の２問題（Ⅱ-1、Ⅱ-2）について解答せよ。（問題ごとに答案用紙を替えること。）

Ⅱ-1 次の４設問のうち、１設問を選び解答せよ。（設問番号を明記し、1枚以内 にまとめよ。）

Ⅱ-1-1. 近くに小学校や鉄道駅がある都市部の住宅地域を通過する４種２級の２車線道路が計画されている。この道路に必要な横断面構成要素と各々の要素が持つ機能を説明せよ。

Ⅱ-1-2. 近年、道路施策において社会実験が推進されていることの背景を説明せよ。また、具体的な社会実験の取組を１つ紹介し、概要と目的と効果を述べよ。

Ⅱ-1-3. 舗装の維持と修繕のそれぞれについて説明せよ。また、舗装の修繕工法のうち代表的なものを一つ取り上げ、施工上の留意点を述べよ。

Ⅱ-1-4. 補強土壁工法について、主な工法を１例挙げてその工法内容と特徴を説明せよ。また、構造物として長期間安定して機能を発揮させる上での留意点を述べよ。

II-2 次の２設問のうち、１設問を選び解答せよ。（設問番号を明記し、2枚以内 にまとめよ。）

II-2-1. A市では、バイパス整備が完了し市内の交通状況に変化が生じていることから、中心部の４車線の幹線道路について歩行者と自転車の輻輳による危険性や様々な地域課題の解決に向け、道路空間の再配分を検討することとなった。この検討業務を担当する責任者として、下記の内容について記述せよ。

（１） 調査、検討すべき事項とその内容について説明せよ。
（２） 業務を進める手順について、留意すべき点、工夫を要する点を含めて述べよ。
（３） 業務を効率的・効果的に進めるための関係者との調整方策について述べよ。

【平成29年度過去問改題】

II-2-2. 軟弱地盤上の暫定２車線道路において、交通量増加に伴う４車線化が計画されており、既設盛土に腹付け盛土が計画されている。拡幅部の用地買収は完了しているが、用地には近接して民家が隣接している。この工事の設計を担当する責任者として、下記の内容について記述せよ。

（１） 調査、検討すべき事項とその内容について説明せよ。
（２） 業務を進める手順について、留意すべき点、工夫を要する点を含めて述べよ。
（３） 業務の要求事項を明記した上で、担当責任者の立場から、要求事項を満たすための関係者との調整方策について述べよ。

Ⅲ 以下の2問題から1問題を選んで解答せよ。（解答問題番号を明記し、<u>3枚以内</u> にまとめよ。）

Ⅲ-1 道路構造物には通常の供用時における外力や環境条件などによる経年劣化に加え、豪雨、地震、火山噴火などの自然現象や車両等の衝突などの人的過誤によっても、損傷が発生しうる。道路構造物（道路橋、トンネル、切土、盛土、一般道など）を一つ想定した上で、その構造物が構造安全性を損なう劣化・損傷を受けたことにより、速やかに適切な補修・補強策や再発防止策を立案する必要が生じたとする。その立案を担当する技術者として、以下の問いに答えよ。

（1）道路の構造安全性を損なう劣化・損傷を1つ想定し、その発生状況を概説した後、多面的な観点から課題を抽出し分析せよ。

（2）（1）で抽出した課題のうち、道路に関して最も重要と考える課題を1つ挙げ、その課題に対する複数の解決策を示せ。

（3）（2）で提示した解決策に共通して新たに生じうるリスクとそれへの対策について述べよ。

Ⅲ-2 新興国・開発途上国が経済成長を図る上でインフラの整備は重要な課題であり、大量の需要が見込まれている。我が国は、質の高いインフラ整備を通して関係国の経済や社会的基盤強化に貢献するため、インフラシステムの海外展開に積極的に取り組んでいる。このような状況下で、あなたが道路の技術者として海外インフラ整備に従事する機会を得たとして、以下の問いに答えよ。

（1）技術者としての立場で多面的な観点から課題を3点抽出し分析せよ。

（2）（1）で抽出した課題のうち最も重要と考える課題を1つ挙げ、その課題に対する解決策を2点示せ。

（3）（2）で提示した解決策それぞれに対して、解決策を実行する際のリスクとリスクに対する対応策について述べよ。

(9) 選択科目Ⅱ＆Ⅲ：鉄道

※選択科目ⅡとⅢ合わせて3時間30分

Ⅱ 次の2問題（Ⅱ-1、Ⅱ-2）について解答せよ。（問題ごとに答案用紙を替えること。）

Ⅱ-1 次の4設問のうち、1設問を選び解答せよ。（設問番号を明記し、<u>1枚以内</u>にまとめよ。）

Ⅱ-1-1. 鉄道駅における旅客の安全確保に関する課題を述べよ。また、既に実施された、或いは計画されている旅客安全設備を3つ挙げ、それぞれについて効果や最近の情勢を述べよ。

Ⅱ-1-2. LRTの特性について説明し、都市の公共輸送機関としてこれを導入する際に検討すべき事項について述べよ。

Ⅱ-1-3. コンクリート構造物において、所定の耐久性能を損なうコンクリートの劣化機構の名称を4つ挙げよ。また、そのうちの2つについて、劣化現象を概説するとともに、耐久性能の回復若しくは向上を目的とした補修に当たり考慮すべき点について述べよ。

Ⅱ-1-4. 特殊な条件を有する区間に敷設されるロングレールを2種類挙げ、それぞれの特徴と保守管理上の留意点について述べよ。

Ⅱ-2 次の2設問のうち、1設問を選び解答せよ。（設問番号を明記し、2枚以内にまとめよ。）

Ⅱ-2-1. 鉄道構造物に近接して掘削工事を施工する場合は、軌道や構造物を健全な状態に維持し、列車の安全運行を確保することが重要である。あなたが担当責任者として、このような近接工事を計画、施工する業務を進めるに当たり、下記の内容について記述せよ。

（1）調査、検討すべき事項とその内容について説明せよ。
（2）業務を進める手順について、留意すべき点、工夫を要する点を含めて述べよ。
（3）業務を効率的、効果的に進めるための関係者との調整方策について述べよ。

Ⅱ-2-2. 鉄道の安全・安定輸送を確保するためには、鉄道構造物の維持管理における検査が重要である。このため、近年、我が国においては検査を効率化するための技術開発が行われてきた。検査の技術開発の担当責任者として、軌道又は土木構造物のどちらかを選択し、以下の内容について記述せよ。

（1）技術開発の目的とその事例を1つ挙げ、調査、検討すべき事項とその内容について説明せよ。なお、開発技術として既往の技術を挙げてもよい。
（2）業務を進める手順について、留意すべき点、工夫を要する点を含めて述べよ。
（3）業務を効率的、効果的に進めるための関係者との調整方策について述べよ。

Ⅲ 以下の2問題から1問題を選んで解答せよ。（解答問題番号を明記し、<u>3枚以内</u>にまとめよ。）

Ⅲ-1 近年の自然災害は気候変動の影響等により頻発化・激甚化の傾向にあり、国民の生活・経済に欠かせない重要なインフラがその機能を喪失し、国民の生活や経済活動に大きな影響を及ぼす事態が発生している。特に、防災のための重要インフラがその機能を維持することは、自然災害による被害を防止・軽減する観点から重要である。

（1） 近年の自然災害発生状況を踏まえ、自然災害時に防災のための鉄道の機能維持を図るために必要と考えられる対策について、技術者としての立場で多面的な課題を抽出し分析せよ。

（2） 抽出した課題のうち最も重要と考える課題を1つ挙げ、その課題に対する複数の解決策を示せ。

（3） 解決策に共通して新たに生じうるリスクとそれへの対策について述べよ。

Ⅲ-2 新興国・開発途上国が経済成長を図る上でインフラの整備は重要な課題であり、大量の需要が見込まれている。我が国は、質の高いインフラ整備を通して関係国の経済や社会的基盤強化に貢献するため、インフラシステムの海外展開に積極的に取り組んでいる。このような状況下で、あなたが鉄道の技術者として海外インフラ整備に従事する機会を得たとして、以下の問いに答えよ。

（1） 技術者としての立場で多面的な観点から課題を 3 点抽出し分析せよ。

（2）（1）で抽出した課題のうち最も重要と考える課題を 1 つ挙げ、その課題に対する解決策を 2 点示せ。

（3）（2）で提示した解決策それぞれに対して、解決策を実行する際のリスクとリスクに対する対応策について述べよ。

※選択科目ⅡとⅢ合わせて３時間３０分

Ⅱ 次の２問題(Ⅱ-1、Ⅱ-2) について解答せよ。(問題ごとに答案用紙を替えること。)

Ⅱ-1 次の４設問のうち、１設問を選び解答せよ。(設問番号を明記し、<u>１枚以内</u>にまとめよ。)

Ⅱ-1-1. 山岳トンネルを建設するにあたって、施工段階に坑内で行われる地質調査を３つ挙げ、それぞれの概要と評価に当たっての留意点を述べよ。

Ⅱ-1-2. 山岳トンネルの特殊地山２つについて、その発生する地質や地山性状と問題となる現象を説明せよ。

Ⅱ-1-3. 開削トンネルにおいて地下連続壁の施工計画を行う際、次の留意点のうち２つを選び、その内容を説明せよ。

（１）掘削機の選定

（２）エレメント割り、エレメント継手の構造、各エレメントの掘削

（３）ガイドウォールの設計および施工

（４）安定液の管理

（５）鉄筋かごまたは鋼杭の建込み、コンクリートの打設

Ⅱ-1-4. シールドトンネル工事にあたり、既設構造物に近接して施工するに当たって、既設構造物への補強が必要と判断された場合の補強対策を述べよ。

Ⅱ-2 次の２設問のうち、１設問を選び解答せよ。（設問番号を明記し、2枚以内 にまとめよ。）

Ⅱ－２－１. 複数の家屋が山上及び坑口予定地付近に存在する道路山岳トンネルを建設することとなった。この業務を担当責任者として進めるに当たり、下記の内容について記述せよ。なお、当該トンネル前後の道路トンネル線形の抜本的な変更は困難な状況である。

（１） 調査、検討すべき事項とその内容について説明せよ。
（２） 業務を進める手順について、留意すべき点、工夫を要する点を含めて述べよ。
（３） 業務を効率的、効果的に進めるための関係者との調整方策について述べよ。

Ⅱ－2－2. 都市部において、トンネル工事に起因した変状の発生は、社会生活の維持や周辺環境の保全に多大なる影響を及ぼす可能性がある。したがって、工事の実施に当たっては、十分な検討作業と業務手順の策定・遵守が不可欠である。これらの背景を踏まえて、あなたが実施責任者として、模式図のシールドトンネル工事を進めるに当たり、条件を考慮した上で、以下の問いに答えよ。なお、以下に示す条件以外に条件が必要な場合、適宜、仮定を記載すること。

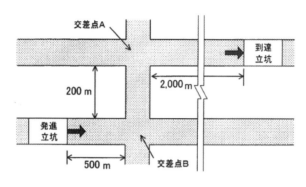

図　模式図

条件　① 土被り25m程度

② 掘削地盤は、N値＝3程度の粘性土地盤

③ シールド外径5m程度

④ 上図の着色部は、幅員20mの道路

（1）調査、検討すべき事項とその内容について説明せよ。

（2）業務を進める手順について、留意すべき点、工夫を要する点を含めて述べよ。

（3）業務の要求事項を明記した上で、担当責任者の立場から、要求事項を満たすための関係者との調整方策について述べよ。

Ⅲ 以下の2問題から1問題を選んで解答せよ。（解答問題番号を明記し、<u>3枚以内</u>にまとめよ。）

Ⅲ-1 様々な自然災害が頻発する我が国では、いかなる災害が発生しても機能不全に陥らないように既設及び新設の社会基盤に防災、減災対策を講じておくことは非常に重要である。近年発生した自然災害を踏まえ、トンネルの技術者として、以下の問いに答えよ。

（1）技術者としての立場で多面的な観点から課題を抽出し分析せよ。

（2）（1）で抽出した課題のうち最も重要と考える課題を1つ挙げ、その課題に対する複数の解決策を示せ。

（3）（2）で挙げたそれぞれの解決策に共通して新たに生じうるリスクとそれへの対策について述べよ。

Ⅲ-2 新興国・開発途上国が経済成長を図る上でインフラの整備は重要な課題であり、大量の需要が見込まれている。我が国は、質の高いインフラ整備を通して関係国の経済や社会的基盤強化に貢献するため、インフラシステムの海外展開に積極的に取り組んでいる。このような状況下で、あなたがトンネル技術者として海外インフラ整備に従事する機会を得たとして、以下の問いに答えよ。

（1）技術者としての立場で多面的な観点から課題を3点抽出し分析せよ。

（2）（1）で抽出した課題のうち最も重要と考える課題を1つ挙げ、その課題に対する解決策を2点示せ。

（3）（2）で提示した解決策それぞれに対して、解決策を実行する際のリスクとリスクに対する対応策について述べよ。

(11) 選択科目Ⅱ&Ⅲ：施工計画、施工設備及び積算

※選択科目ⅡとⅢ合わせて３時間３０分

Ⅱ 次の２問題（Ⅱ−１、Ⅱ−２）について解答せよ。（問題ごとに答案用紙を替えること。）

Ⅱ-1 次の４設問のうち、１設問を選び解答せよ。（設問番号を明記し、<u>１枚以内</u>にまとめよ。）

Ⅱ−１−１. 壁状のコンクリート構造物を構築する際に、コンクリートの充填不良が生じる原因を２つ挙げ、それぞれについて、設計又は施工上取るべき具体的な防止対策を述べよ。

Ⅱ−１−２. 山留め工事の掘削時に留意すべき地盤変状を３つ挙げ、それぞれの地盤変状の内容と起こりやすい条件を説明せよ。

Ⅱ−１−３. 高所作業、水上作業、車両系建設機械作業、道路維持修繕作業の４つの作業の中から２つを選択し、想定される事故をそれぞれ１つ挙げ、その原因と対策について述べよ。

Ⅱ−１−４. 公共工事において品質を確保するために民間技術を活用した入札契約方式が導入されている。民間技術を活用する入札契約方式を２つ以上挙げ、それぞれの特徴とメリット、デメリットを概説せよ。

Ⅱ-2 次の２設問のうち、１設問を選び解答せよ。（設問番号を明記し、2枚以内 にまとめよ。）

Ⅱ-2-1. 道路山側斜面が崩壊（幅30m、高さ20m）した災害の現場において、
１車線の通行を確保しつつ、大型ブロック積擁壁及び切土・のり面
保護工（植生基材吹付工）等からなる復旧工事業務（下図参照）を
担当者として進めるに当たり、下記の内容について記述せよ。

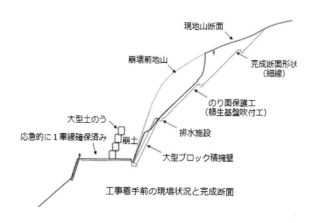

現地山断面
崩壊前地山
完成断面形状（細線）
のり面保護工（植生基盤吹付工）
大型土のう
排水施設
応急的に１車線確保済み
崩土
大型ブロック積擁壁
工事着手前の現場状況と完成断面

（１）　施工計画を立案するために検討すべき事項（関係者との調整事項は除く）
　　　のうち、本工事の特性を踏まえて重要なものを２つ挙げ、その内容につい
　　　て説明せよ。
（２）　本工事において、責任者として安全管理をどのように行うのか、留意点を
　　　含めて述べよ。
（３）　関係者との調整により決定される本工事での施工条件を１つ挙げ、調整方
　　　針及び調整方策について述べよ。

【平成30年度過去問改題】

Ⅱ－2－2. 住宅地域で交通量の多い道路上において、交通規制を伴う工事の施工計画を策定することとなった。下図に示すように、供用中の地下重要構造物に近接してシールドトンネル工事（CASE-1）及び開削トンネル工事（CASE-2）を計画している。近接する重要構造物の機能や構造に支障を与えないよう施工するに当たり、どちらか1方のCASEを選択し、以下の問いに答えよ。

（1） 施工計画を立案するに当たって検討すべき事項のうち、本工事の特性を踏まえて重要なものを3つ挙げ、その内容について説明せよ。

（2） 本工事において、安全上の重要なリスクを1つ挙げ、現場責任者として、どのようにマネジメントするか、留意点を含めて述べよ。

（3） 施工途中において計測データが事前予測値を超えた。この対応に当たり、現場責任者として発揮すべきリーダーシップについて述べよ。

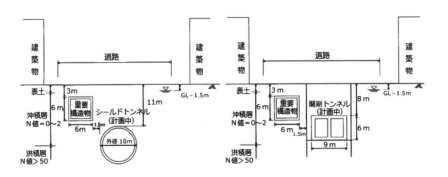

（CASE1：シールドトンネル工事）　　　（CASE2：開削トンネル工事）

Ⅲ 以下の2問題から1問題を選んで解答せよ。（解答問題番号を明記し、<u>3枚以内</u>にまとめよ。）

Ⅲ-1 我が国では、現在、高度成長期に整備された社会インフラの老朽化対策が重要な課題となっている。国土交通省では、所管するあらゆるインフラの維持管理・更新等を着実に推進するための中長期的な取組の方向性を明らかにするため、平成26年5月に「国土交通省インフラ長寿命化計画（行動計画）」をとりまとめ、新設から撤去までの、いわゆるライフサイクルの延長のための対策という狭義の長寿命化の取組に留まらず、更新を含め、将来にわたって必要なインフラの機能を発揮し続けるための取組を実行することとした。例えば、今後10年間で全国の道路橋約70万橋の55%以上が建設後50年を超えると見込まれており、損傷が深刻化してから大規模な修繕を行う事後保全から、損傷が軽微なうちに修繕を行う予防保全に転換し、更新（架け替え）の抑制等によるライフサイクルコストの縮減及び道路橋の長寿命化が喫緊の課題となっている。このような状況を踏まえ、以下の問いに答えよ。

（1）インフラの老朽化対策における、建設分野における問題点、克服すべき課題について、幅広い視点から概説せよ。

（2）上述した課題に対し、コンクリート構造物の分野において、あなたが最も重要な技術的課題と考えるものを2つ挙げ、それぞれについて解決するための技術的提案を示せ。

（3）あなたの技術的提案それぞれについて、それらがもたらす効果を具体的に示すとともに、それらの技術的提案を実行する際のリスクや課題について論述せよ。

Ⅲ-2 建設工事は、地質条件や気候条件等の不確定要素が多いという特徴がある。このため、安全に施工を行うには、災害のリスクを最小限に抑えるよう、適切な計画・設計の実施はもとより、施工時における臨機応変な対応が重要である。このような状況を考慮して、以下の問いに答えよ。

（１）さまざまな作業環境に起因した労働災害を防止するための対策を実施するに当たって、技術者としての立場で多面的な観点から課題を３点抽出し分析せよ。

（２）（１）で抽出した課題のうち最も重要と考える課題を１つ挙げ、その課題に対する解決策を２点示せ。

（３）（２）で提示した解決策それぞれに対して、解決策を実行する際のリスクとリスクに対する対応策について述べよ。

※選択科目ⅡとⅢ合わせて３時間30分

Ⅱ 次の２問題（Ⅱ-1、Ⅱ-2）について解答せよ。（問題ごとに答案用紙を替えること。）

Ⅱ-1 次の４設問のうち、１設問を選び解答せよ。（設問番号を明記し、１枚以内にまとめよ。）

Ⅱ-1-1. 近年のわが国における公共用水域の水質の現況を述べるとともに、公共用水域の水質保全対策（負荷低減対策）として実施されている生活排水対策を２点挙げ、それぞれ説明せよ。

Ⅱ-1-2. 干潟・砂浜・藻場等に代表される沿岸域の特性を踏まえて、沿岸域の保全が重要な理由を述べよ。また、沿岸域の保全事業における留意点を述べよ。

Ⅱ-1-3. 都市の低炭素化を促進するに当たり、都市の公園緑地や緑化に期待される役割を異なる視点から３つ挙げて、それぞれについて、どのように低炭素化に資するか説明せよ。

Ⅱ-1-4. 世界的なエネルギー・環境問題の情勢変化の下、我が国においても再生可能エネルギー利用拡大へ向けた技術動向が注目されているが、その中でも近年地熱発電の可能性が大きく取り上げられている。地熱発電の概要と利点と課題について述べよ。

Ⅱ-2 次の２設問のうち、１設問を選び解答せよ。（設問番号を明記し、<u>２枚以内</u>にまとめよ。）

Ⅱ－２－１. 環境影響評価法に定める第一種事業に当たる太陽光発電所の建設事業が丘陵地斜面に計画されている。対象事業実施区域近傍には集落や、自然公園が存在している。本事業における工事の実施に係る環境影響評価について、方法書以降の手続に係る環境への影響に関する調査・予測及び保全措置の検討を担当責任者として進めるに当たり、以下の問いに答えよ。

（１）この事業が集落や自然公園に与える環境影響に関して、調査、検討すべき事項とその内容について説明せよ。

（２）方法書以降の手続に沿って業務を進める手順について、留意すべき点、工夫を要する点を含めて述べよ。

（３）業務を効率的、効果的に進めるための関係者との調整方策について述べよ。

Ⅱ－２－２. 大規模工場が建設されることになり、道路の交通量が突然増加することが想定された。沿道の生活環境に対する環境影響を低減するための対策を考える担当責任者として業務を行うに当たり、下記の内容について記述せよ。

（１）調査、検討すべき事項とその内容について説明せよ。

（２）業務を進める手順について、留意すべき点、工夫を要する点を含めて述べよ。

（３）業務の要求事項を明記した上で、担当責任者の立場から、要求事項を満たすための関係者との調整方策について述べよ。

Ⅲ 以下の2問題から1問題を選んで解答せよ。（解答問題番号を明記し、<u>3枚以内</u>にまとめよ。）

Ⅲ-1 ある都市において、市街地が拡散した都市の構造を見直し、コンパクトシティの実現に向け、都市構造全体の計画の立案が求められている状況にある。同時に、この機会を捉えて、地球環境をはじめとする環境への配慮の取組を連携して推進する必要がある。このような状況を踏まえ、計画を立案する立場として、以下の問いに答えよ。

（1）市街地が拡散した都市における環境面の問題を整理し、技術者としての立場で多面的な観点から課題を抽出し分析せよ。

（2）（1）で抽出した課題のうち最も重要と考える課題を1つ挙げ、その課題に対する複数の解決策を示せ。

（3）（2）で挙げたそれぞれの解決策に共通して新たに生じうるリスクとそれへの対策について述べよ。

Ⅲ-2 大規模な津波・高潮・洪水等の自然災害に対する備えとして、事前防災・減災を推進することが必要となってきている。一方、我が国の生物多様性の損失はすべての生態系に及んでおり、今後は、自然と共生できる事前防災・減災を進めていくことが重要になると考えられる。このような状況を考慮し、以下の問いに答えよ。

（1）事前防災・減災の取り組みを進めながら生物多様性の保全を図るために検討すべき課題を、技術者としての立場で多面的な観点から抽出し分析せよ。

（2）（1）で抽出した課題のうち最も重要と考える課題を 1 つ挙げ、その課題に対する複数の解決策を示せ。

（3）（2）で示した解決策に共通して新たに生じうるリスクとそれへの対策について述べよ。

巻末資料2：テーマ毎1枚論文 過去問（平成25年度〜令和5年度）

選択科目Ⅱ−1：土質及び基礎

　1枚論文については、技術者として積み重ねた経験に裏付けられた知識をアピールすることが大切です。土木工学専攻の優秀な大学生が書き上げる論文と技術士を目指す技術者が書き上げる論文は違うということは、くれぐれも念頭においてください。

　土質及び基礎の1枚論文は、地盤調査、液状化、土留めなどが出題されており、どの問題も、土質及び基礎の技術士を目指す技術者にとっては、馴染みの深いもので比較的取り組みやすいと思います。ただ、本当に理解していないと書けないような一歩踏み込んだ問題となっています。

　令和元年度以降の1枚論文は、平成25〜30年度の問題と特に違いはありません。つまり、令和6年度に向けた対策としては、液状化、調査、試験、軟弱地盤、圧密、掘削、基礎などの比較的馴染み深いところを、しっかり理解した上で、勉強しておくことが大切です。

　出題数は4題ですが、問題を見ただけで完全にお手上げとなる分野をなるべく少なくしておき、本番では4題中最低1題は、技術士レベル以上の論文が書ける分野という状態にしておくことが大切です。

年度	Ⅱ−1−1	Ⅱ−1−2	Ⅱ−1−3	Ⅱ−1−4
H25	液状化判定に用いるF_Lの意味	支持力公式の3つの支持力係数	N値から推定される地盤定数	掘削工事で留意すべき地盤変状
H26	各種サウンディング試験	主働土圧、受働土圧、静止土圧の定義	中間層に杭基礎を支持させる時の調査	地すべり災害の素因と要因
H27	CU三軸試験とCD三軸試験の概要	重力式擁壁の安定性の照査	液状化対策の2種類の対策原理	ボイリングの発生原理と防止対策

H28	圧密現象と 沈下計算	水平方向地盤反力 係数の定義と利用 法	締固めの目的と 施工管理法	杭基礎の 周面摩擦力
H29	原位置と 室内透水試験	液状化発生メカニ ズムと判定方法	盤ぶくれ発生メカ ニズムと防止策	静止土圧、主働土 圧、受働土圧
H30	直接基礎の 支持力検討	変形係数	杭基礎に作用する 負の摩擦力	地すべりの 発生形態
R1	浸透によるすべり 破壊、室内透水試験	液状化対策工法	切土のり面安定対 策工法	ヒービング、盤ぶく れ、ボイリング
R2	圧密沈下のメカニ ズムと影響回避	地すべり対策の 抑止工と抑制工	液状化のF_LとP_Lの 違い	親杭横矢板壁の 自立式土留め
R3	擁壁の変状・損傷	直接基礎の 支持力算定	三軸試験で求めら れる強度増加率	液状化発生メカニ ズム
R4	地盤剛性の ひずみ依存性	盛土施工時の 品質管理の 管理基準	盛土施工時の周 辺地盤の 沈下・変形	軟弱地盤上に 設置する橋台 及び杭基礎
R5	杭基礎の工法	液状化	軟弱地盤上の盛土	地すべり対策工

① 地盤調査・各種試験

【R4-1-1】地盤剛性のひずみ依存性について説明せよ。また、ひずみ依存性を得るための室内土質試験方法及び微小ひずみ領域の地盤剛性を推定するための原位置試験方法をそれぞれ1つ挙げて説明せよ。

【H30-1-2】地盤の変形係数について、基礎の設計における主な利用目的を説明せよ。また、変形係数を求めるための調査・試験方法を3つ挙げ、それぞれの方法を概説するとともに得られた変形係数の利用上の留意点について説明せよ。

【H26-1-1】標準貫入試験、電気式コーン貫入試験、簡易動的コーン貫入試験、スウェーデン式サウンディング試験から調査方法を2つ選び、それぞれの概要、得られる地盤情報及び適用に当たっての留意点について述べよ。

【H25-1-3】標準貫入試験のN値から推定される地盤定数を3つ挙げ、それぞれの推定方法と留意点について説明せよ。

【R3-1-3】粘性土の強度増加率について、その値を三軸試験により求める方法を含めて説明せよ。また、三軸試験により求められる強度増加率の利用に際しての留意点を述べよ。

【H27-1-1】圧密を伴う土の三軸圧縮試験には、圧密非排水試験（CU試験）と圧密排水試験（CD試験）がある。それぞれの試験の概要と得られる土の強度定数を説明するとともに、地盤の安定検討に適用する場合の留意点について述べよ。

【H28-1-2】水平方向地盤反力係数について、定義及び利用法並びに利用に当たっての留意点を説明せよ。また、室内試験及び原位置試験による推定方法をそれぞれ1つずつ挙げ説明せよ。

② 液状化

【R3-1-4】地盤の液状化発生のメカニズムを示し、液状化対策のうち、固化による地盤強度増加と格子状改良によるせん断変形抑制等の固結工法以外の対策原理が異なる工法を2つ挙げ、その概要と留意点を述べよ。

【H29-1-2】砂質地盤における液状化発生メカニズムについて説明せよ。また、標準貫入試験及び室内土質試験により液状化の可能性を簡易に判定する方法について説明せよ。

【R2-1-3】液状化に関する指標であるF_Lについて説明せよ。地盤調査によりF_Lを求めるために必要な室内土質試験名を挙げるとともに、F_LとP_Lの違いについて説明せよ。

【H25-1-1】液状化の判定に用いられるFL（＝R／L）におけるR並びにLについて、その意味と求め方を説明せよ。

【H27-1-3】新設構造物基礎の液状化対策について、2種類の対策原理を挙げ、その概要を説明せよ。また、それらに基づく対策を適用する際の留意点を述べよ。

【R5-1-2】地震時に液状化の発生が懸念される地形区分のうち、旧河道と沿岸部の埋立地についてそれぞれの成り立ちや特徴を述べよ。また、液状化対策のための地盤改良工法について、地盤改良原理の異なる代表的な工法を2種類以上挙げ、その原理についてそれぞれ述べよ。

【R1-1-2】沿岸域の埋立てにより造成された宅地上の既設戸建て住宅の液状化被害を抑制・低減するハード対策の工法として、地下水位低下工法と格子状地中壁工法が挙げられる。それぞれの工法について対策原理及び設計・施工上の留意点を説明せよ。

③ 軟弱地盤対策、圧密

【R5-1-3】軟弱粘性土地盤上に軽量盛土や地盤改良を行わずに、盛土を造成する場合、経時変化に伴う圧密沈下量の予測と盛土の安定について検討をする必要がある。経時変化に伴う圧密沈下量の予測方法及び盛土の安定の検討方法について、それぞれ必要な地盤調査の項目も含めて述べよ。また、動態観測を併用した盛土造成を行う場合の留意点を述べよ。

【R4-1-3】軟弱粘性土地盤上に盛土を施工した場合に、短期的及び中長期的に生じる原地盤の沈下と沈下に伴う周辺地盤の変形についてそれぞれ説明せよ。また、沈下量の低減を目的とした2つ以上の対策原理について工法を挙げて説明し、それらを比較選定する際の観点を述べよ。

【R4-1-4】軟弱地盤上に設置する橋台及びその杭基礎の設計に影響を与える技術課題を3つ以上挙げ、そのうち1つの技術課題について説明し、その技術課題に対する対策方法を示せ。

【R2-1-1】地盤の圧密沈下のメカニズム及び特徴について説明せよ。盛土による圧密沈下が周辺の地盤や建物に及ぼす影響を2つ挙げて説明するとともに、これらの影響回避を目的とした対策工法とその特徴について述べよ。

【H28-1-1】地盤の圧密現象について説明せよ。また、正規圧密粘土の沈下量及び沈下時間を予測するのに必要な地盤物性値や地層条件を挙げ、これらが予測結果に与える影響を述べよ。

④ 主働土圧、受働土圧、静止土圧

【R3-1-1】擁壁の変状・損傷について、地盤・盛土に起因するものを3つ以上挙げ、その発生形態と原因をそれぞれ説明せよ。

【H26-1-2】抗土圧構造物に作用する3種類の土圧（主働土圧、受働土圧、静止土圧）について、その定義と構造物の設計においてどのように用いられるか述べよ。

【H29-1-4】構造物の側面に作用する静止土圧、主働土圧、受働土圧について説明せよ。解答に当たっては、想定される構造物やその周辺の地盤の動きを踏まえつつ、その土圧がどのような構造物の設計において用いられるかについても説明すること。

⑤ 土留め、掘削底面の変状

【R1-1-4】土留め工事におけるヒービング、盤ぶくれ、ボイリングについて、発生原理を説明せよ。また、ボイリング対策として有効な地盤改良工法を2つ挙げ、各工法の対策原理及び施工上の留意点を述べよ。

【H25-1-4】山留め工事の掘削時に留意すべき地盤変状を3つ挙げ、それぞれの地盤変状の内容と起こりやすい条件を説明せよ。

【H27-1-4】土留め（山留め）掘削における底盤の安定検討の1項目であるボイリングについて、発生原理及び安定性の評価方法を述べよ。また、原理の異なる防止対策を2つ挙げて説明せよ。

【H29-1-3】土留め（山留め）掘削における盤ぶくれ発生メカニズムについて説明せよ。また、盤ぶくれ防止策を3つ挙げ、それぞれの概要と適用における留意点を説明せよ。

【R2-1-4】親杭横矢板壁の自立式土留めの特徴を説明せよ。粘性土地盤に設置されたこの土留めを目視点検するとき、特に留意すべき点検対象を2つ挙げ、それぞれについて、発生した場合に速やかに措置すべき主な変状事象について説明せよ。

⑥ 盛土の品質管理、締固め、透水試験

【R4-1-2】盛土施工時に行う品質管理で使用する管理基準を3つ以上挙げ、それぞれの概要と適用土質、適用上の留意点などを説明せよ。

【H28-1-3】盛土を施工する際の土の締固めの目的について説明せよ。締固めに関する施工管理方法を3つ挙げ、それぞれの概要と留意点について説明せよ。

【R1-1-1】堤防や盛土の浸透によるすべり破壊のメカニズムを概説せよ。また、堤体土の透水性の評価には室内透水試験が必要となるが、試験方法の概要、分類及び設計での適用に際しての留意点について説明せよ。

【H29-1-1】土の透水係数を定義するダルシーの法則とその適用上の留意点について説明せよ。また、地盤の飽和透水係数を求める試験について、原位置と室内で実施する試験をそれぞれ1つ挙げ、概要と留意点を説明せよ。ただし岩盤の透水係数を求める試験は対象外とする。

⑦ 斜面、地すべり

【R5-1-4】地すべり対策工の抑止工として、杭工及びグラウンドアンカー工がある。杭工及びグラウンドアンカー工について、対策原理を踏まえた工法の概要を述べよ。また、各工法を選定する際の工法の特徴に着目した留意点をそれぞれ述べよ。

【R2-1-2】地すべり対策工法における抑制工と抑止工の違いについて説明せよ。抑制工について対策目的が異なる代表的な工法を2つ挙げ、その目的と留意点を述べよ。

【R1-1-3】切土のり面の安定対策工として、地山補強土工、グラウンドアンカー工がある。各工法について、対策原理を踏まえた工法の概要を説明せよ。また、各工法を採用する際の切土のり面の規模や地山条件、工法の特徴に着目した留意点を工法ごとに3つ述べよ。

【H26-1-4】地すべり災害の素因と誘因を述べよ。また、地すべり対策は抑制工と抑止工に大別されるが、それぞれについて具体的な対策工を1つずつ挙げ、その概要や留意点について述べよ。

【H30-1-4】地すべりの発生形態を岩盤地すべり、風化岩地すべり、崩積土地すべり、粘質土地すべりの4つの型に分類するとき、この分類の基本的考え方と使用法について説明せよ。また、このうち2つの型を選び、その特徴を説明せよ。

⑧ 直接基礎、杭基礎その他基礎

【R3-1-2】Terzaghi（テルツァーギ）の支持力公式を用いた直接基礎の支持力算定の考え方について説明せよ。また、支持地盤の支持力不足が懸念される場合の対策を、支持力公式の3つの項を用いて説明せよ。

【H25-1-2】Terzaghi（テルツァーギ）の支持力公式における3つの支持力係数について説明せよ。また直接基礎の支持力を算定する際に考慮すべきことについて説明せよ。

【H26-1-3】中間層に杭基礎を支持させる場合、設計において確認すべき事項を2つ挙げて説明せよ。そのために必要となる調査・試験項目について述べよ。

【R5-1-1】杭基礎の代表的な工法として、打撃工法、中掘り杭工法、オールケーシング工法（場所打ち杭）がある。この3工法から2工法を選び、施工法の概要を述べよ。また、選んだ2工法のうち、どちらか1工法について、適用を検討する際の対象地盤に関する留意点を2つ以上述べよ。

巻末資料 1枚論文過去問

181

【H28-1-4】杭基礎の周面摩擦力の算出方法について説明せよ。また、周面摩擦力を用いて極限支持力を求める場合に、留意すべき事項を複数挙げて説明せよ。

【H30-1-3】杭基礎に負の摩擦力が発生する原理と杭基礎への影響を説明せよ。また、負の摩擦力に対して検討する際の留意点を3つ挙げ、その概要を説明せよ。

【H30-1-1】地盤調査の結果、上層に良質な地盤、下層に軟弱な地盤が存在することが分かっている。この地盤上で、直接基礎の支持力の検討を行う際に、下層地盤の影響について考慮が必要となる条件と支持力検討の方法及び設計上の留意点について説明せよ。

【H27-1-2】重力式擁壁の常時の安定性を照査する上で一般的に必要とされる3つの照査項目を挙げ、それぞれの項目について概要と照査に必要となる地盤物性値を説明せよ。

選択科目Ⅱ−1：鋼構造

　鋼構造の1枚論文は、主に専門知識の有無を問う問題が出題されています。例えば、H25Ⅱ-1-3の問題は、平成14年度以前の記述試験があったころの一次試験の問題に類似したものがあります。

鋼板の高力ボルト継手の接合方法のうち、引張接合以外の代表的な2種類の接合方法について、その応力伝達機構及び溶接継手との併合の可否について述べよ。
（平成7年度技術士第一次試験記述問題）

鋼構造物のボルトを用いた継手について、応力の伝達機構から分類される接合方式を3つ挙げ、それぞれについて概説せよ。
（平成25年度技術士第二次試験鋼構造）

　一次試験は単なる知識の有無を問う問題ですが、二次試験は専門知識と応用能力が問われているので、要求される解答の質はもちろん二次の方が高いです。上記の問題ならば、各接合方式の留意点などを解答に盛り込むことが必要です。まずは、知ってなければ書きようがありません。過去に出題されたことのある、以下のような用語は、200〜300字程度で概説できるようにしましょう。

応答スペクトル法	疲労設計	せん断遅れ	じん性	高力ボルト摩擦接合
低降伏点鋼	調質鋼	ラメラテア	反力分散支承	高力ボルト引張接合
併用継手	ＵＴ	構造減衰	渦励振	溶接の入熱制限

　鋼構造については、出題数がわずか2題だけとなっています。問題を見ただけで完全にお手上げとなる分野をなるべく少なくしておき、本番では2題中最低1題は必ず書ける分野という状態にしておくことが大切です。

年度	Ⅱ−1−1	Ⅱ−1−2	Ⅱ−1−3	Ⅱ−1−4
H25	主要5元素	限界状態設計法	継手の3種類の接合方式	2つの防せい防食法
H26	3種類の高性能鋼	耐震性を向上させるための考え方	鋼構造物の特徴（長所と短所）	2つの損傷形態
H27	レベル1とレベル2の耐震設計法	精度確保のための	高サイクル疲労と低サイクル疲労	地震発生後の点検・調査方法
H28	振動障害	着目点	大地震に対して、全体崩壊を防ぐ設計	溶接部の非破壊検査法
H29	高性能鋼	適用可能な架設工法	性能照査型設計法	鋼構造物施工中の第三者への安全策
H30	弾塑性時刻歴応答解析法	鋼構造物の陸上輸送	現場溶接の管理項目	架設計画立案に必要な調査項目
R1	座屈現象と座屈に影響を及ぼす因子	複合構造の特徴と設計上の留意点	腐食現象	疲労き裂の調査及び試験方法

年度	Ⅱ−1−1	Ⅱ−1−2	Ⅱ−1−3	Ⅱ−1−4
R2	高性能鋼	異なる種類の構造材料の組合せ		
R3	破壊現象	高力ボルトによる接合方法	コンクリート	
R4	防食機能が劣化した場合の対処方法	鋼部材の座屈のメカニズムと防止方法		
R5	鋼構造物の損傷	非破壊検査		

巻末資料　1枚論文過去問

① 材料、高性能鋼

【R2-1-1】次に示す高性能鋼より2つ選択し、特徴、利点、適用する際の留意点を述べよ。
① 耐候性鋼 ② 耐火鋼 ③ クラッド鋼
④ 低温用ニッケル鋼 ⑤ ステンレス鋼 ⑥ 低降伏点鋼
⑦ 高HAZじん性鋼 ⑧ 予熱低減鋼

【H29-1-1】次に示す高性能鋼から2つを選び、それぞれの特徴や利点を示し、鋼構造物における使用上の留意点について述べよ。（選択した鋼材を明記すること。）
（1）橋梁用高降伏点鋼（SBHS） （2）建築構造用圧延鋼材（SN）
（3）建築構造用高強度鋼材（SA） （4）耐候性鋼 （5）ステンレス鋼
（6）耐火鋼 （7）超高力ボルト （8）クラッド鋼

【H26-1-1】鋼構造物に使用する鋼材のうち、機械的性質や化学成分などから高性能鋼と称される鋼材を3種類挙げ、それぞれについて鋼構造物における主な使用部位とその部位に使用する理由を述べよ。

【H25-1-1】鋼の主成分は鉄（Fe）元素であるが、JIS G 3101（一般構造用圧延鋼材）など汎用的な鋼材には、Feの他にも主要5元素と呼ばれる元素が含まれている。これら5元素を列記せよ。また、5元素のうちから3元素を選び、それぞれについて、鋼の機械的性質や性能に及ぼす影響を説明せよ。

② 設計

【R1-1-1】鋼構造物の設計又は架設（建て方）計画において、座屈照査が重要となる部材を1つ挙げ、その部材に生じるおそれのある座屈現象を述べよ。また、その座屈に影響を及ぼす主要因子を複数挙げ、それぞれについて説明せよ。

【H25-1-2】鋼構造物の設計において新たな性能や機能が要求されるようになってきている。このような要求性能を実現するための設計法の1つとしての限界状態設計法について概説せよ。また、汎用されている許容応力度設計法と対比し、その利点について述べよ。

【R3-1-1】鋼部材の破壊現象の代表例として、脆性破壊、疲労破壊、遅れ破壊が挙げられる。この中から2つの破壊現象を挙げ、その特徴と破壊防止のための留意点を述べよ。

【H26-1-3】鋼構造物の特徴（長所・短所）について、コンクリート構造物と比較して概説せよ。また、概説した特徴の中から課題（短所）と思われるものを2つ挙げ、それぞれについて設計又は施工上の対応策について述べよ。なお、特徴、課題として腐食に関することは除く。

【R4-1-2】鋼部材の座屈は、部材の限界状態を決定する重要な項目の１つである。鋼部材の座屈の種類を２つ挙げ、そのメカニズムについて説明せよ。また、それぞれの座屈を防止するために配慮すべき点を述べよ。

【H29-1-3】構造物の性能照査型設計法（性能設計）について概説するとともに、鋼構造物の設計に適用する場合の要求性能を２つ挙げ、それぞれの照査項目について述べよ。

【H27-1-1】鋼構造物の中小地震（レベル１地震動）と大地震（レベル２地震動）の耐震設計法について各々を概説せよ。

【H26-1-2】構造物の耐震性を向上させるための基本的な考え方を３つ挙げ、それぞれについて鋼構造物における適用事例を記述せよ。

【H28-1-3】鋼構造物の鋼部材に損傷が危惧されるような大地震に対して、全体崩壊を防ぐ耐震設計上の基本的な考え方を３つ述べよ。

【H30-1-1】鋼構造又は複合・合成構造の耐震設計において弾塑性時刻歴応答解析法を用いる場合、対象とする具体的構造物を示し、構造物全体の解析モデルを１つ挙げ概説するとともに、そのモデル適用における留意点を２つ述べよ。

③ 施工

【H27-1-2】鋼構造物の工場製作や現場施工において、精度確保するための着目点を３つ挙げて説明し、それぞれの着目理由と対応策について述べよ。ただし、人為的過誤や図面誤記等の単純ミスは除く。

【H28-1-2】具体的な鋼構造物を１つ想定した上で、その鋼構造物に適用可能な架設工法（建て方）を２つ挙げ、それぞれの工法の特徴と留意点を述べよ。

【H30-1-4】鋼構造物の架設（建て方）計画を立案するに当たって、対象とする構造物と立地条件を示し、必要な調査項目を３つ挙げ、それぞれの調査方法について述べよ。

【H29-1-2】鋼構造物の陸上輸送において、輸送計画時に必要な調査項目について述べ、鋼部材（積載物）を含む車両の寸法・重量が一般的制限値（幅2.5m、高さ3.8m、長さ12.0m、総重量20トン）を超える場合の輸送事例を１つ挙げ、その場合の輸送上の留意点を述べよ。

【H29-1-4】道路や鉄道の上空又はそれに近接する工事において、クレーンや仮設備等を用いて鋼構造物を施工する場合、その工事期間中に第三者に与える可能性のある事故を２つ示し、それぞれの第三者への影響と安全策について述べよ。

④ 混合構造

【R2-1-2】異なる種類の構造材料を適切に組合せることにより、高性能な部材や構造体を実現できる。鋼材と他の構造材料を適切に組合せた複合（合成・混合）構造の具体例を2つ挙げ、その特徴及び適用例を述べよ。さらにそのうちのどちらかを選び、適用上の留意点について述べよ。ただし、通常の鉄筋コンクリート構造及びプレストレストコンクリート構造は除くものとする。

【H30-1-2】近年、鋼とコンクリートを合理的に組合せる複合構造、合成構造及び混合構造が多用されている。これらの構造の中から具体例を2つ挙げ、それぞれに対して、特徴と設計上の留意点を述べよ。なお、単なる鉄筋コンクリート構造、プレストレストコンクリート構造は対象外とする。

⑤ 溶接、接合

【R3-1-2】鋼部材を高力ボルトにより連結する方法において、応力伝達機構から分類される接合方法を2つ挙げ、接合方法ごとに特徴と設計及び施工上の留意点について述べよ。ただし、高力ボルトと溶接を併用する接合方法は含めないものとする。

【R1-1-2】次に示す溶接方法から2つを選択し、それぞれの特徴、主な適用対象部位及び品質管理上の留意点を述べよ。なお、選択した溶接方法を明記すること。
（1）被覆アーク溶接（アーク手溶接）　　（2）ガスシールドアーク溶接
（3）エレクトロガスアーク溶接　　　　　（4）エレクトロスラグ溶接
（5）セルフシールドアーク溶接　　　　　（6）サブマージアーク溶接
（7）TIG溶接　　　　　　　　　　　　（8）スタッド溶接

【H25-1-3】鋼構造物のボルトを用いた継手について、応力の伝達機構から分類される接合方式を3つ挙げ、それぞれについて概説せよ。

【H30-1-3】鋼構造物の現場溶接の施工管理について、次に示す管理項目から2つを選んで、それぞれに対し、管理項目の具体的内容と留意点を述べよ。なお、選んだ管理項目を明記すること。
（1）開先精度　　　（2）溶接条件　　　　（3）溶接作業環境
（4）溶接材料　　　（5）予熱・パス間温度　（6）溶接前処理

⑥ **防錆防食**

【R4-1-1】鋼構造物の腐食を防止する方法の代表例として塗装、溶融亜鉛めっき、金属溶射を用いた鋼材表面の被覆や、耐候性鋼材の使用が挙げられる。これらの方法から2つを選択し、その防食機構を概説するとともに、その防食機能が劣化した場合の対処方法とその留意点を説明せよ。ただし、鋼素材に有害な断面減少は生じていない段階を対象とする。

【R1-1-3】次に示す鋼構造物の腐食現象から2つを選択し、それぞれの腐食現象を説明せよ。また、それぞれの腐食が発生し易い部位・部材を挙げ、防食設計上の留意点を述べよ。なお、選択した腐食現象を明記すること。
（1）異種金属接触腐食　　　（2）孔食　　　　　　　（3）隙間腐食
（4）応力腐食割れ　　　　　（5）迷走電流腐食

【H25-1-4】鋼構造物の防せい防食法を2つ挙げ、それぞれについて防せい防食の原理を概説せよ。また、それぞれを適用するに当たっての留意点を述べよ。

⑦ **維持管理**

【R5-1-2】供用期間中の鋼部材に生じるき裂の部位と種類を1つ示し、それを検出するための非破壊検査について、浸透探傷試験、磁粉探傷試験、渦流探傷試験、超音波探傷試験の中から2つを選択し概要と特徴を述べよ。

【R1-1-4】鋼構造物の疲労き裂の発生状況を把握するための現地における調査又は試験方法を2つ挙げ、それぞれの概要と適用に当たっての留意点を述べよ。ただし、外観目視調査は除く。

【R5-1-1】鋼構造物の主部材における主な損傷は、腐食による断面減少、疲労き裂、変形がある。これらの中から損傷を1つ選択し、主部材の損傷箇所を特定したうえで、その損傷に対する補修が必要と判断された場合、代表的な補修方法及び設計と施工における留意点を説明せよ。

【H27-1-3】鋼構造物の高サイクル疲労と低サイクル疲労の特徴を説明し、各々の代表的な損傷を1例とそれを防止する対応策を記述せよ。

【H26-1-4】長期間使用した鋼構造物に生じる損傷形態を2つ挙げ、それぞれについて点検・調査の着目部位とその部位に適した点検・調査手法について概説せよ。なお、コンクリート構造部分や衝突、落下、火災などの事故に起因する損傷は対象としない。

【H28-1-4】鋼構造物の溶接部における外部（表面又は表層部）欠陥と内部欠陥の検出に適する非破壊検査法をそれぞれ１つ挙げ、それらの原理と適用に当たっての留意点を述べよ。ただし、外観目視検査は除く。

【H28-1-1】鋼構造物に生じる振動障害を２つ挙げ、その発生原因と有効な対策について述べよ。ただし地震による発生原因を除く。

【H27-1-4】大きな地震発生後の鋼構造物の点検における着目部位を３つ挙げ、それぞれの代表的な損傷とそれに対する点検・調査方法について述べよ。ただし、コンクリート部材は除く。

選択科目Ⅱ－1：コンクリート

　令和元年度以降の1枚論文は、平成25〜30年度の問題と特に違いはありません。つまり、令和6年度に向けた対策としては、これまで通り、アルカリシリカ反応、ひび割れなどの初期欠陥、耐震性能、補修、点検、設計、高強度コンクリート、養生などの比較的馴染み深いところを、しっかり理解した上で、勉強しておくことが大切です。令和2年度以降、出題数は2題となりましたが、問題を見ただけで完全にお手上げとなる分野を少なくしておき、本番では2題中最低1題は、確実に技術士レベル以上の論文を書けるように準備を行うことが大切です。

　1枚論文では、技術者として積み重ねた経験に裏付けられた知識をアピールすることが大切です。土木工学専攻の優秀な大学生が書き上げる論文と技術士を目指す技術者が書き上げる論文は違うということは、くれぐれも念頭においてください。留意点では、単なる知識だけでなく、自らの業務で培った専門知識をアピールしていくことが大切です。

年度	Ⅱ－1－5	Ⅱ－1－6	Ⅱ－1－7	Ⅱ－1－8
H25	塩害環境下での調査・試験方法	正負交番繰返し水平力の破壊形態	アルカリシリカ反応の劣化機構	高強度コンクリートの性質
H26	再劣化現象のメカニズム	寒中コンクリートの留意点	乾燥収縮ひび割れの発生メカニズム	複合構造の力学的特徴
H27	コンクリートの充填不良	2種類のPC構造物特有の不具合	温度ひび割れ抑制の2つの方法と留意点	電気化学的補修工法

H28	アルカリシリカ反応、塩害、中性化	水中不分離性コンクリート	曲げ破壊とせん断破壊	耐震性能の照査方法
H29	PCの初期欠陥	繊維補強コンクリート	ワーカビリティーの向上	構造物の要求性能とその性能照査
H30	既設コンクリート構造物の調査・点検	初期ひび割れ	環境負荷低減を図るための材料	鉄筋の継手
R 1	複合構造の構造形式	コンクリート用化学混和剤	暑中コンクリート	塩害の４つのステージ
年度	Ⅱ－1－1	Ⅱ－1－2	Ⅱ－1－3	Ⅱ－1－4
R 2	鋼構造		生産性向上	コンクリート構造物の劣化現象
R 3			高強度材料	コンクリート構造物の非破壊検査
R 4			高炉セメントとフライアッシュセメント	コンクリート充填不良の発生原因
R 5			プレキャスト工法	寒中コンクリート

① 初期欠陥、ひび割れ

【H27-1-7】コンクリート構造物に発生するひび割れの１つにセメントの水和熱に起因する温度ひび割れがある。外部拘束が卓越する場合の温度ひび割れ発生のメカニズムを説明し、そのひび割れを抑制する具体的な方法を２つ挙げ、それぞれについて留意点を述べよ。

【H30-1-6】鉄筋コンクリート部材の体積変化に伴う初期ひび割れを２つ挙げ、それぞれの発生メカニズムを説明せよ。また、それぞれのひび割れについて、異なる視点での制御方法を２つずつ記述せよ。

【H26-1-7】コンクリート構造物の乾燥収縮ひび割れの発生メカニズムを説明せよ。また、その対策としてコンクリートを低収縮化するための材料又は配（調）合上の手法を２つ挙げ、その概要と留意点を述べよ。

【R4-1-4】スランプ値で管理し締固めを要するコンクリートを使用した鉄筋コンクリート構造物の打込み、締固めの段階での充填不良の発生原因について１つ示し詳述せよ。その発生を防ぐために、設計・配（調）合・施工で留意すべき事項を複数示し、それぞれに対し留意する理由と対策を述べよ。

【H27-1-5】壁状のコンクリート構造物を構築する際に、コンクリートの充填不良が生じる原因を2つ挙げ、それぞれについて、設計又は施工上取るべき具体的な防止対策を述べよ。

【H27-1-6】コンクリート構造物では施工段階で発生する不具合により構造物の安全性や耐久性が損なわれる場合がある。施工段階で発生するプレストレストコンクリート構造物に特有の不具合を2つ挙げ、それぞれについて、原因と設計又は施工上の防止対策を述べよ。

【H29-1-5】プレストレストコンクリート構造物特有の初期欠陥を1つ挙げ、その発生原因と構造物に与える影響及び設計・施工両面からの防止策を述べよ。

② アルカリシリカ反応、塩害

【H28-1-5】鉄筋コンクリート構造物の主な劣化機構であるアルカリシリカ反応、塩害、中性化の中から2つを選び、それぞれについて劣化メカニズム及び新設構造物に施される対策を説明せよ。

【H25-1-7】アルカリシリカ反応に伴うコンクリート構造物の劣化のメカニズムを説明せよ。また、アルカリシリカ反応の抑制対策を1つ挙げ、その概要と技術的課題を述べよ。

【R2-1-4】①～③に示すコンクリート構造物の劣化現象について1つを選択し、その劣化メカニズムを概説せよ。また、選択した劣化現象に対して、新設構造物の設計・施工における留意点、若しくは既設構造物の調査・診断、又は補修における留意点を説明せよ。(なお、①～③のどれを選択したか、また、新設構造物の設計・施工」、「既設構造物の調査・診断」、若しくは「既設構造物の補修」のいずれを対象としたかを、必ず答案用紙の最初に明記すること。)
　① 水分浸透を考慮した中性化による鋼材腐食
　② 凍結防止剤散布環境下における凍害
　③ アルカリシリカ反応

【R1-1-8】沿岸部に立地する鉄筋コンクリート構造物においては、塩害に対する対策が重要となる。塩害における4つのステージ (潜伏期、進展期、加速期、劣化期) の中で、潜伏期以外の2つを選び、その特徴を簡潔に述べよ。さらに、新規に鉄筋コンクリート構造物を設計・施工する際、鋼材を発錆させないための対策項目を3つ挙げよ。

【H25-1-5】塩害環境下にあるコンクリート構造物に対して実施される以下の調査項目から１つ選択し、その調査目的を説明せよ。また、選択した項目の調査・試験方法を１つ挙げ、その概要と技術的留意点を述べよ。
① 腐食ひび割れ　　② 塩化物イオン含有量　　③ 浮き・剥離　　④ 鋼材の腐食

【H26-1-5】塩害を受けたコンクリート構造物を断面修復工法で補修した後、既設コンクリートと断面修復材の境界面で発生する再劣化現象のメカニズムを説明せよ。また、その発生メカニズムを踏まえて、再劣化を発生させないための技術的な留意点を述べよ。

③ 材料、様々なコンクリート

【R3-1-3】技術の進歩に伴い、構造材料の高強度化が普及しつつある。鉄筋又はコンクリートいずれかの高強度材料について特徴的な性質を説明し、設計や施工における留意点について述べよ。

【R4-1-3】JISに規定される高炉セメントB種あるいはフライアッシュセメントB種を使用したコンクリートについて、共通する特徴と異なる特徴をそれぞれ２つ挙げて説明せよ。

【R1-1-6】JIS A 6204：2011に規定されているコンクリート用化学混和剤のうち、主たる目的が異なる２種類を挙げ、それぞれについて、使用の目的、作用機構、留意点について述べよ。なお、高性能化したことは主たる目的には含まれない。

【H25-1-8】設計基準強度50〜100N/mm^{2}クラスの高強度コンクリートについて、そのフレッシュ時及び硬化後の性質を説明せよ。また、その性質を踏まえて、製造又は施工を行う上での留意点を述べよ。

【H29-1-6】コンクリート構造物又はコンクリート部材に短繊維を使用することによって得られる効果を２つ説明せよ。また、どちらか１つの効果について、その効果を得るために使用される短繊維の種類と特徴、並びにその短繊維を用いた繊維補強コンクリートの製造上の留意点を述べよ。

【H30-1-7】環境負荷低減を図るために有効と考えられるコンクリート材料を、日本工業規格（JIS）において規定されるコンクリート用混和材から１つ、同じく日本工業規格（JIS）において規定されるコンクリート用骨材から１つ選び、それぞれについて、環境負荷を低減させる理由及びコンクリート構造物への適用を検討する際の留意点について記述せよ。

【H28-1-6】港湾構造物等で多く用いられている水中不分離性コンクリートについて、その特徴及び施工上の留意点を述べよ。

④ 設計

【R5-1-3】プレキャスト工法を用いたコンクリート構造物の事例を1つ挙げ、設計上の留意点を2つ示し、それぞれについて対策を述べよ。ただし、事例として側溝等の小型コンクリート構造物は除くものとする。

【H29-1-8】コンクリート構造物を1つ想定し、その構造物に要求される性能を3つ挙げ、その概要を述べよ。また、それぞれの要求性能について、性能照査の考え方を説明せよ。

【H28-1-8】大地震に対する耐震設計が必要なコンクリート構造物の例を1つ挙げ、その耐震設計の手順を示し、耐震性能の照査方法を具体的に述べよ。また、耐震設計上の留意点について述べよ。ただし、耐震補強は除くものとする。

【H25-1-6】鉄筋コンクリート柱が正負交番繰返し水平力を受けた場合の代表的な破壊形態を2つ挙げ、それぞれの特徴を説明せよ。また、その特徴を踏まえて、耐震設計上の留意点を述べよ。

【H28-1-7】鉄筋コンクリートはり部材の曲げ破壊とせん断破壊について、それぞれのメカニズムと特徴を示し、脆性的な破壊を防止するための設計上の留意点を述べよ。

⑤ 施工、養生

【R1-1-7】暑中コンクリートとして施工する場合に、材料・配合、運搬、打込み及び養生の観点のうち2項目について、品質を確保する上での留意すべき事項、並びにその留意すべき理由と対策を述べよ。

【R5-1-4】寒中コンクリートとして施工する気象条件について概説し、コンクリート構造物の品質を確保するうえで留意すべき事項を施工計画、品質、材料、配（調）合、練混ぜ、運搬及び打込み、養生、型枠及び支保工、品質管理から2項目を選んで示し、それぞれに対する対策を述べよ。

【H26-1-6】寒中コンクリートとして、コンクリート構造物を場所打ちで構築する際に、品質を確保する上で打込み及び養生の観点から留意すべき事項を1つずつ挙げ、その留意すべき理由を説明せよ。また、それに対して取るべき対策についてそれぞれ述べよ。

【H29-1-7】 コンクリートのワーカビリティーの向上を目的に、スランプを設計図書に示される値よりも大きくする場合（ただし、スランプで管理する範囲とする。）を想定し、コンクリートの配（調）合設計と製造・施工の観点から、それぞれの留意点について説明せよ。

【H30-1-8】 鉄筋の継手には、重ね継手、圧接継手、溶接継手、機械式継手がある。このうち2つを選び、それぞれの原理、特徴、設計上及び施工上の留意点について記述せよ。

⑥ 生産性向上に資する取組

【R2-1-3】 コンクリート構造物の品質を確保した上で生産性向上に資する取組について、次の①と②のうち1つを選択し、下記の内容について説明せよ。（①、②のどちらを選択したか、必ず答案用紙の最初に明記すること。）
①機械式接手工法のコンクリート構造物への適用に関する各種ガイドライン等が整備され、機械式継手工法の採用が拡大している。機械式継手工法による生産性向上の効果について述べ、機械式継手工法を採用した場合の設計・施工の留意点について述べよ。
②JIS A 5308（レディーミクストコンクリート）：2019に、普通コンクリートの呼び強度とスランプフロー45cm、50cm、55cm、60cmの組合せが追加された。これらのコンクリートの特色と、コンクリート構造物に採用する上での効果と留意点について述べよ。

⑦ 点検

【R3-1-4】 既設コンクリート構造物において、浮きやエフロレッセンスを伴うひび割れが局所的にみられた。当該コンクリート構造物を長期間供用していくために詳細調査計画を策定すべく、非破壊検査を適用したい。そこで、生じている現象から推測される構造物内部の変状を想定したうえで、求める情報と適用すべき非破壊検査手法の組合せを2つ提案し、それぞれの計測原理及び実施に対する留意点を述べよ。ただし、微破壊により構造物内部を直接調査する方法を含まないものとする。

【H27-1-8】 コンクリート構造物の電気化学的補修工法の例を2つ挙げ、その概要を説明せよ。また、それぞれの工法について、劣化したコンクリート構造物に適用する際の設計又は施工上の留意点を述べよ。

【H30-1-5】既設コンクリート構造物の調査・点検で利用する試験について、次の
うちから2つの方法を取り上げ、原理、測定上の留意点、測定結果を活用する際の
留意点について記述せよ。
（a）反発度法によるテストハンマー強度の推定
（b）赤外線サーモグラフィ法（パッシブ法）による内部欠陥の推定
（c）電磁波レーダ法によるかぶり厚さの推定
（d）自然電位法によるコンクリート中鋼材の腐食状況の推定

⑧ 複合構造

【R1-1-5】鋼とコンクリートの複合構造は、合成構造と混合構造に大別される。鋼
部材とコンクリート部材を連結して1つの構造体とした混合構造について、以下
の問いに答えよ。
（1）混合構造を採用する目的について、構造形式を1つ挙げ説明せよ。
（2）（1）で挙げた構造形式について、設計及び施工の留意点を各々1つ以上述べ
　　よ。

【H26-1-8】断面内において鋼とコンクリートが合成された複合構造の例を1つ
挙げ、その力学的特徴を説明せよ。また、その複合構造における断面破壊に対する
照査方法及びその照査の前提となる構造細目について述べよ。ただし、鉄筋コンク
リート構造、プレストレストコンクリート構造は除くものとする。

選択科目Ⅱ－1：都市及び地方計画

　1枚論文については、技術者として積み重ねた経験に裏付けられた知識をア
ピールすることが大切です。土木工学専攻の優秀な大学生が書き上げる論文と技
術士を目指す技術者が書き上げる論文は違うということは、くれぐれも念頭にお
いてください。

　例えば都市計画の1枚論文では、「良好な都市環境の形成を図るための仕組み
として、都市緑地法に定められた制度を3つ挙げ、それぞれの概要を述べよ。
(H26Ⅱ-1-4)」のように単純な専門知識を問う問題が出題されています。教科書
に載っているような回答をうまくまとめれば、ギリギリ6割を獲得できますが、
ここでは実際の業務に即した＋αの知識を取り入れて、7割以上の得点を狙って
ください。

　令和6年度に向けた対策としては、エリアマネジメント、住民参加、都市計画、

密集市街地、景観誘導、都市交通、公園整備に関する制度については、知っていることが必須です。過去問と類似した問題も多く出題されています。平成25～令和5年度に実際に出題された問題については、確実に専門知識を勉強しておいてください。

　出題数は4題ですが、問題を見ただけで完全にお手上げとなる分野をなるべく少なくしておき、本番では4題中最低1題は、技術士レベル以上の論文が書ける分野という状態にしておくことが大切です。

年度	Ⅱ-1-1	Ⅱ-1-2	Ⅱ-1-3	Ⅱ-1-4
H25	良好な景観形成に資する制度	密集市街地の改善へ公的賃貸住宅の役割	大都市都心部の鉄道駅周辺開発	都市における緑の保全・再生・創出
H26	エリアマネジメント	建築物を規制・誘導する仕組み	駐輪場整備、自転車利用の促進	都市緑地法
H27	都市計画の提案制度、地区計画の概要	良好な景観形成に資する制度	都市交通の手法、導入目的、特徴	都市の低炭素化のための公園緑地の役割
H28	エリアマネジメント	中心市街地での駐車場施設の計画配置	市街地再開発事業での民間事業者参画	地震発生時の都市公園の役割
H29	住民参加に関する都市計画法の制度	まちのにぎわい創出のための基準緩和	建築物の規制誘導を行うための制度	官民連携による公園管理
H30	市街化区域、市街化調整区域	都市交通施策	建築物の規制・誘導手法	都市緑地法
R1	エリアマネジメント	土地区画整理事業の換地照応の原則	高度利用地区、地区計画	公園緑地の多面的な機能
R2	対流促進型国土の形成	立体都市計画制度	空家対策の推進	バリアフリー法に基づく都市公園
R3	防災集団移転促進事業	都市のスポンジ化	用途規制を緩和する手法	都市における生物多様性の保全
R4	立地適正化計画災害ハザードエリア	B/Cの算定方法	道路機能が発揮できるための規制	特定生産緑地制度

巻末資料

1 枚論文過去問

| R5 | 盛土規制法 | 都市交通実態調査 | 都市機能誘導区域及び居住誘導区域 | 特別緑地保全地区制度 |

① 国土計画

【R2-1-1】第二次国土形成計画（全国計画）が国土の基本構想として示す「対流促進型国土の形成」について、「対流」の概念にふれて説明せよ。また、国土の基本構想の実現に、リニア中央新幹線によるスーパー・メガリージョンの形成が、どのように資することが期待されるかを述べよ。

② エリアマネジメント、住民参加

【R1-1-1】我が国において、エリアマネジメント（地域における良好な環境や地域の価値を維持・向上させるための、住民・事業主・地権者等による主体的な取組）の展開が期待されるようになった背景を述べよ。また、エリアマネジメントの推進に資する都市再生特別措置法に基づく制度のうち、都市再生整備計画の計画事項に位置付けることによって効果を発揮する制度、又は都市再生整備計画を提案できる主体に関する制度について、1つを挙げ、その概要（目的、要件等）及び制度活用のメリットを述べよ。

【H28-1-1】都市再生特別措置法に基づくエリアマネジメントの推進に資する次の制度について、それぞれの概要を述べよ。
（1）都市再生推進法人制度
（2）都市利便増進協定制度
（3）道路占用許可の特例制度

【H26-1-1】様々なエリアマネジメントの活動が行われているが、多くの活動に共通する効果を3つ述べよ。

【H29-1-1】都市計画に住民参加が求められる背景と、住民参加による都市計画決定権者のメリットを述べよ。また、住民参加に関して都市計画法に規定されている制度を1つ挙げ、その概要を述べよ。

③ 集約型都市構造、立地適正化計画

【R5-1-3】都市再生特別措置法に基づく立地適正化計画における都市機能誘導区域及び居住誘導区域について、それぞれ以下の内容を説明せよ。
（1）区域の設定の考え方
（2）土地利用の誘導の方法

【R4-1-1】近年の激甚化・頻発化する自然災害に対応するため、立地適正化計画においては、災害の危険性の高いエリア（災害ハザードエリア）に居住誘導区域を定めないこととされ、特定都市河川浸水被害対策法の改正では、新たに災害ハザードエリアを指定する制度が設けられた。これらの災害ハザードエリアのうち、住宅等の建築や開発行為等が規制される区域名を複数挙げ、そのうち2つの区域について、区域の概要と規制の内容を説明せよ。

【R3-1-2】小さな敷地単位で低未利用地が散発的に発生する都市のスポンジ化によって、特にまちなかの都市機能の誘導・集約をはかるべき地域において、生活サービス施設の喪失、治安・景観の悪化等が引き起こされ、地域の魅力・価値が低下することが懸念されている。都市のスポンジ化に関わる土地利用上の課題を解決するために、土地の集約・再編の手法及び、土地の所有権と利用権を分離して低未利用地を利活用する手法について、異なるものをそれぞれ1つ示し、その概要、活用するメリット、活用するための留意点を説明せよ。

【R2-1-3】「空家等対策の推進に関する特別措置法」の概要について、同法に基づく①空き家対策推進のための枠組み、②空き家所有者特定のための制度、③周辺環境に悪影響を及ぼす空き家を改善するための措置、の3点に関する具体的内容とその効果にふれて説明せよ。

④ 都市計画、密集市街地、土地区画整理事業

【R3-1-1】東日本大震災による津波被害からの市街地復興において活用された「防災集団移転促進事業」及び「土地区画整理事業」について、東日本大震災における両事業の使われ方、相違点にふれて、それぞれの概要及び特徴について説明せよ。

【R4-1-2】街路事業について、新規事業採択時評価として行うB／C（費用便益比）の算定方法を、計上する便益（十分な精度で計測できる金銭表現可能な基本3便益）を明らかにして、述べよ。また、基本3便益以外のストック効果を複数挙げよ。

【R1-1-2】土地区画整理事業における「換地照応の原則」について説明せよ。また、換地の特例制度である「市街地再開発事業区」、「高度利用推進区」又は「誘導施設整備区」のうち、いずれか1つを選択し、その概要（目的、区域設定の条件、申出条件等）について説明せよ。

【H30-1-1】都市計画法に規定されている市街化区域、市街化調整区域をそれぞれ説明し、都市計画に区域区分を定める目的を述べよ。また、都市計画に区域区分を定めた場合に生ずる法律上の効果を2つ挙げ、それぞれ概要を述べよ。

【H27-1-1】都市計画法に基づく次の制度について、それぞれの概要を述べよ。
（1）都市計画の決定等の提案（都市計画の提案制度）
（2）地区計画

【H28-1-3】市街地再開発事業において、都市再開発法に基づき民間事業者の参画を促すための次の制度のそれぞれについて、概要とその制度の活用によって得られる事業関係者にとってのメリットを述べよ。
（1）参加組合員　　（2）特定建築者　　（3）再開発会社

【H25-1-2】密集市街地の整備改善に当たり、市街地特性からみた課題について、主なものを2つ挙げ、それぞれの課題を解決するための取組みを述べよ。また、密集市街地の居住者特性を踏まえ、地区内における生活再建に関し公的賃貸住宅が果たす役割を述べよ。

【H29-1-2】都市再生特別措置法では、まちのにぎわい創出のため、「広告塔又は看板」「食事施設、購買施設その他これらに類する施設」、「自転車駐車器具で自転車を賃貸する事業の用に供するもの」について、一定の条件下で道路占用許可基準を緩和することができる。この基準緩和を適用して道路空間にこれらの施設を設置することにより得られる効果と、その際に留意すべき事項を述べよ。

【R5-1-1】令和3年7月に静岡県熱海市で大雨に伴って盛土が崩落し大規模な土石流災害が発生したことや、危険な盛土等に対して従来の法律では規制が必ずしも十分でないエリアが存在していたこと等を踏まえ、「宅地造成等規制法」が抜本的に改正され「宅地造成及び特定盛土等規制法」が令和5年5月に施行された。本法において規制の対象とすべき区域について述べ、その区域における盛土等に伴う災害の防止に向けた措置について説明せよ。

⑤ 良好な景観、建築物の規制

【R4-1-3】市街地における道路は、建築物との関係において、単に通行の場であるのみならず、建築物の利用、災害時の避難路、消防活動の場、建築物等の日照、採光、通風等の確保など安全で良好な環境の市街地を形成するうえで極めて重要な機能を果たしている。こうした道路の機能が発揮できるよう、建築基準法に定められている、周辺の道路の状況によって建築物やその敷地に課せられる規制を2種類挙げ、それぞれの特徴を説明せよ。

【R3-1-3】既存建築物をリノベーションして有効利用することで、地域活性化等につなげるニーズが高まっているが、既存建築物の用途を変更するに当たり、用途地域による用途規制に適合することが難しい場合がある。周辺地域の環境を保護しながら用途規制を緩和する手法を2つ挙げ、それぞれについて手続にふれて特徴を説明せよ。

【R1-1-3】建築物の規制・誘導等を行う次の制度について、土地の高度利用、都市機能の増進を図る上での考え方の違いに留意しつつ、それぞれの特徴及び概要を述べよ。
（1）高度利用地区
（2）再開発等促進区を定める地区計画（都市計画法第 12 条の 5 第 3 項、建築基準法第 68 条の 3）

【H25-1-1】良好な景観の形成に資する制度のうち、①法律に基づく「計画」、②法律に基づく「規制・誘導措置」、③事業・活動に対する支援措置に該当するものを 1 つずつ（計 3 つ）挙げ、それぞれの特徴を説明せよ。

【H27-1-2】良好な景観の形成に資する制度のうち、法律に基づき建築物の規制・誘導を行うものを 3 つ挙げ、それぞれの特徴を説明せよ。

【H26-1-2】建築物を規制・誘導する次の仕組みについて、それぞれの概要を述べよ。
（1）建築協定　　（2）都市再生特別地区　　（3）総合設計制度

【H29-1-3】建築物の規制・誘導等を行う次の制度について、それぞれの概要を述べよ。
（1）景観地区
（2）特定用途誘導地区
（3）一団地の総合的設計制度（建築基準法第 86 条第 1 項に規定する制度）

【H30-1-3】良好な景観形成に資する建築物の規制・誘導手法としての次の 3 つの制度について、それぞれの概要を述べよ。
（1）景観計画　　（2）地区計画　　（3）建築協定

⑥ 都市交通

【R5-1-2】総合都市交通体系調査のうち都市交通実態調査について、全国の都市において実施されている代表的な手法を 1 つ挙げ、その概要を述べるとともに、近年の社会状況により生じつつある課題を複数の観点から説明せよ。

【R2-1-2】立体都市計画制度について、概要、意義、制度を活用する際の留意点を説明せよ。さらに、立体都市計画制度を適用して都市計画道路と建築物を上下で一体的に整備するに当たり、立体都市計画制度だけでは整備できない理由と定めることが必要な事項について、都市計画法、道路法、建築基準法にふれて説明せよ。

【H27-1-3】近年、各都市で導入が進められている次の都市交通に関する手法について、導入の目的及び特徴を述べよ。
（1）デマンド交通　　（2）BRT　　（3）TDM

【H30-1-2】近年、各都市で導入又は検討が進められている次の都市交通施策について、それぞれの施策の概要を述べよ。
（１）ＬＲＴ　　　　（２）コミュニティサイクル　　　（３）トランジットモール

【H26-1-3】商業・業務集積がある駅周辺地域における自転車利用の目的を３つ挙げ、それぞれに応じた自転車等駐車場の整備やその利用促進への対応の考え方を述べよ。

【H25-1-3】大都市都心部の鉄道駅に隣接又は近接する拠点的な複合開発に関する交通計画を立案する際に考慮すべき事項とそれに対する具体的な対応方策を、以下の視点ごとに説明せよ。
　視点①　周辺道路交通への影響の回避
　視点②　歩行者環境の安全性・快適性の確保

【H28-1-2】駐車場法第20条の規定に基づき設置される自動車の駐車のための施設（附置義務駐車施設）を建築物の敷地外のいわゆる「隔地」に設けるなどして、中心市街地内の附置義務駐車場を計画的に配置することにより期待される効果を述べよ。また、附置義務駐車施設を隔地に設けることを可能とする法律に基づく制度を１つ挙げ、その概要を述べよ。

⑦ 緑の保全、都市公園

【R5-1-4】都市における良好な自然的環境を保全する特別緑地保全地区制度について、都市における風致を維持する風致地区制度と比較しつつ、緑地保全のしくみ、行為制限の方法など制度の特色を説明せよ。

【R1-1-4】都市における公園緑地の多面的な機能を４つに区分して説明せよ。

【H30-1-4】都市緑地法に基づく次の制度について、それぞれの概要を述べよ。
（１）緑地協定　　　（２）緑化地域　　　（３）認定市民緑地

【H26-1-4】良好な都市環境の形成を図るための仕組みとして、都市緑地法に定められた制度を３つ挙げ、それぞれの概要を述べよ。

【H25-1-4】都市における緑の保全・再生・創出の推進に当たり、生物多様性を確保する上で留意すべき事項を異なる視点から３つ挙げて説明せよ。

【H27-1-4】都市の低炭素化を促進するに当たり、都市の公園緑地や緑化に期待される役割を異なる視点から３つ挙げて、それぞれについて、どのように低炭素化に資するか説明せよ。

【H29-1-4】官民連携に資する次の手法それぞれについて、その概要と、都市公園に適用することによって得られる公園管理者のメリットを述べよ。
（1）地方自治法に基づく指定管理者制度
（2）都市公園法に基づく公園施設の設置管理許可制度
（3）民間資金等の活用による公共施設等の整備等の促進に関する法律（PFI 法）に基づく公共施設等の整備・運営等

【R4-1-4】都市の農地については、平成３年の生産緑地法改正による生産緑地制度のもと平成４年に三大都市圏で一斉に生産緑地地区が指定され、平成29年の法改正で、特定生産緑地制度が設けられた。平成３年の法改正による生産緑地制度の概要を説明したうえで、特定生産緑地制度を必要とした背景及び制度の概要について説明せよ。

【R3-1-4】都市において生物多様性の保全を推進するに当たり、都市公園をはじめとする都市の自然的環境の保全・創出に係る施策・事業が果たす役割を、多面的な観点から挙げ、実現に資する施策・事業の具体的内容とともに説明せよ。

【R2-1-4】「高齢者、障害者等の移動等の円滑化の促進に関する法律（バリアフリー法）」に基づく都市公園の移動等円滑化の考え方を、特定公園施設及び移動等円滑化園路にふれて説明せよ。

【H28-1-4】大規模な地震が発生した際に、都市公園が果たす役割について、①発災後の緊急段階、②復旧・復興の段階の各段階に応じて述べよ。また、③平常時に大規模な地震に対して、防災に資する都市公園の役割を述べよ。

選択科目Ⅱ－１：河川、砂防及び海岸・海洋

　令和元年度以降の１枚論文は、平成25〜30年度と比較すると問題自体には特に違いはありません。令和６年度に向けては、やはり過去問の勉強が非常に有効です。４題出題中１題選択ですが、対象を絞った１分野だけの勉強では、得意分野の１題が出来ないとどうしようもなくなるというリスクを抱えています。やはり、河川、ダム、砂防、海岸それぞれについて、専門知識を広く深く勉強する必要があります。

　ここでは平成25〜令和５年度の１１年間×４題＝４４題の問題を分野毎に４つに分けて、求められる専門知識と応用能力をまとめています。得意分野だけを勉強するのではなくて、４４問すべてに目を通し、専門書等を参考に、論文を書

ける程度の専門知識を身に着けるように勉強してください。

　1枚論文では、技術者として積み重ねた経験に裏付けられた知識をアピールすることが大切です。土木工学専攻の優秀な大学生が書き上げる論文と技術士を目指す技術者が書き上げる論文は違うということは、くれぐれも念頭においてください。留意点では、単なる知識だけでなく、自らの業務で培った専門知識をアピールしていくことが大切です。

年度	Ⅱ-1-1	Ⅱ-1-2	Ⅱ-1-3	Ⅱ-1-4
H25	一級河川の河川整備計画の策定	台形CSGダムの技術的特徴	土砂災害の特徴と対策	大規模な津波に対する海岸堤防
H26	都市河川における水害対策	既存ダム施設の有効活用	天然ダム、火山噴火、地すべりの被害軽減	砂浜海岸の侵食機構と侵食対策
H27	河川堤防の構造及び強化対策	供用中ダムの点検・検査と結果の活用法	土砂災害の予測手法の内容・特徴	設計高潮位の設計方法
H28	河川の総合的な管理のための配慮事項	流水型ダムの特徴と設計時の留意点	火山噴火に伴う土砂災害の被害軽減策	設計津波の設定方法
H29	中小河川の被害状況の特徴と対策	ダム貯水池の堆砂	地震によって発生した土砂災害の形態	「沖波」と「海岸堤防に作用する波」
H30	河道計画策定において検討すべき事項	洪水調節機能の増強策	土砂災害危険箇所での警戒避難体制整備	人工リーフ設置の目的、設計、点検
R1	河川堤防の維持すべき機能	ダム本体の耐震性能の照査の流れ	土砂災害の特徴と二次被害の防止	高潮浸水想定区域図の作成
R2	河川改修後の流下能力の回復対策	貯水池土砂管理のための調査・観測	土砂洪水現象や被害の特徴	海岸堤防の設計、天端高の設定手順
R3	堤防のすべり破壊とパイピング	ダムの治水機能強化の技術的方策	透過型と不透過型の砂防堰堤	波浪観測の地点選定

R4	浸水深及び浸水区域の情報作成	ダム総合点検、ダムの健全性評価	土砂災害における流木の影響	設計高潮位の設定方法
R5	土堤の利点と欠点	重力式コンクリートダムの構造設計	コンクリートスリット砂防堰堤	砂浜が有する防護上の機能

①－1 河川（河川堤防）

【R5-1-1】我が国の河川堤防は、これまで土堤を原則として築造されてきた。土堤とすることの利点及び欠点をそれぞれ2つ以上挙げよ。また、土堤の高さ設定に当たっては、計画高水位に余裕高を加算する必要があるが、現行の技術基準類に示された考え方に沿って、余裕高に見込まれるべき事象又は機能を1つ以上挙げ、その内容を説明せよ。

【R3-1-1】河川堤防（土堤）への流水や雨水の浸透によって生じるすべり破壊とパイピング破壊それぞれについて、発生プロセスを説明せよ。また、すべり破壊とパイピング破壊に対する土堤の強化工法をそれぞれ1つ以上挙げ、その基本的な原理を説明せよ。

【R1-1-1】河川堤防（土堤）について、維持管理の観点からの施設の特徴と維持すべき機能をそれぞれ2つ以上述べよ。また、その特徴と機能を踏まえ、河川堤防（土堤）の維持管理に当たっての技術的留意点を述べよ。

【H27-1-1】河川堤防は土堤を原則としている。河川管理施設等構造令等を踏まえ、土堤である一般的な河川堤防の構造並びに強化対策について述べよ。なお、計画の規模を上回る洪水は考慮しないものとする。

①－2 河川（河川法、河川整備計画）

【H28-1-1】河川法の目的に照らし、一級河川の河川整備計画の策定に当たり、当該河川の総合的な管理を確保する観点から配慮すべき事項を3つ挙げ、それぞれについて留意点を述べよ。なお、当該河川においては、洪水調節施設はないものとする。

【H25-1-1】一級河川の河川整備計画の策定に関して、河川法の目的に照らして、計画内容として配慮すべき事項について述べよ。なお、当該河川においては、河川整備基本方針で洪水調節施設は位置づけられていないものとする。

①-3 河川（水害被害）

【R4-1-1】河川氾濫による浸水被害を軽減するためには、平常時からあらかじめ浸水を想定し、それに備えた対策を講ずることが重要である。そこで、①想定最大規模の降雨、及び②それ以外の降雨の2種類の外力による浸水深及び浸水区域について、その用途を外力ごとに説明せよ。さらにその用途を踏まえて、浸水深及び浸水区域の情報を作成するうえでの留意点を述べよ。

【H29-1-1】地方部の中小河川において、近年発生している水害被害の特徴や課題を3点挙げたうえで、その特徴や課題を踏まえた中小河川における水害対策についてハード対策・ソフト対策の両面から述べよ。なお、中小河川とは、都道府県が管理する河川を指すものとする。

【H26-1-1】近年の水害の特徴について述べるとともに、都市部の河川における水害対策についてハード・ソフト両面から述べよ。

①-4 河川（その他）

【R2-1-1】河川改修により確保された流下能力を維持するための河道流下断面の維持管理について、その手順を説明するとともに、河川改修後に低下した流下能力を回復させる対策を検討する際の技術的留意点を2つ以上述べよ。

【H30-1-1】平成30年3月30日に河川砂防技術基準（計画編）の一部が改定されたところであるが、検討すべき事項を4つ以上挙げた上で、河道計画策定の基本的な流れを概説するとともに、その中から2つ検討すべき事項を選定し、治水の観点から配慮すべき事項について述べよ。

②-1 ダム（既存ダムの有効活用、維持管理）

【R4-1-2】ダム総合点検の実施手順の概要を説明せよ。また、長期供用されているコンクリートダムにおいて、試験湛水から現在まで計測されている漏水量の計測データについて、ダムの健全性を評価するうえでのデータ分析における着眼点又は留意点を2つ説明せよ。

【R3-1-2】ダムの治水機能を増強するダム再生の技術的な方策を2つ挙げ、それぞれについて説明せよ。また、各方策を実施するうえでの技術的な留意点を説明せよ。

【H30-1-2】既設ダムの洪水調節機能を増強させる具体的な方策を2つ挙げ、それぞれについて実施する際の留意点を述べよ。

【H26-1-2】洪水調節機能の強化を目的とした既存ダム施設を有効活用する具体的な方策を2つ挙げ、その技術的な特徴を述べよ。

【H27-1-2】供用中のダム施設を対象とする各種点検・検査を挙げた上で、それらのうち特に供用開始から長期間経過しているダムに求められるものについて、実施目的、実施内容及び結果の活用の考え方を含めて説明せよ。

②－2 ダム（土砂管理、堆砂対策）

【R2-1-2】将来にわたり貯水池機能が確実に発揮されることを可能とするために実施する、適正な貯水池土砂管理のための調査・観測の目的を説明した上で、調査・観測の項目とその内容について各々説明せよ。また、貯水池土砂管理のための調査・観測における技術的留意点を2つ以上述べよ。

【H29-1-2】ダム貯水池の堆砂について、ダム下流河川への土砂の還元が可能な対策を計画する際の留意点を述べよ。また、ダム下流河川への土砂の還元が可能な対策の事例を2つ挙げ、それぞれについて特徴と留意点を述べよ。

②－3 ダム（各種ダム）

【R5-1-2】重力式コンクリートダムの構造設計において、予想される荷重に対し確保すべき3つの条件について説明せよ。また、ダムコンクリートの配合強度の算出までの流れについて、「圧縮応力」及び「設計基準強度」を用いて説明せよ。

【R1-1-2】重力式コンクリートダム本体、アーチ式コンクリートダム本体、フィルダム本体から1つを選び、大規模地震に対するダム本体の耐震性能を照査する際の流れを概説するとともに、照査における技術的な留意点を2つ以上述べよ。

【H28-1-2】洪水調節専用の流水型ダムについて、貯留型ダムと比較した場合の特徴を簡潔に述べた上で、設計する際の留意点を説明せよ。

【H25-1-2】近年、着目されている新技術である「台形CSGダム」について、重力式コンクリートダムと比較して、その技術的な特徴を述べよ。

③－1 砂防（土砂災害：土石流、土砂洪水）

【R2-1-3】土石流と比較して、土砂・洪水氾濫（以下「土砂洪水」という）の現象や被害の特徴を述べよ。また、土石流の対策計画と比較して、計画降雨、計画流出土砂量、施設計画などの土砂洪水に関する対策計画について述べよ。

【H29-1-3】近年の大規模地震によって発生した土砂災害の形態を2つ挙げ、周辺地域に及ぼす影響、及び被害を防止・軽減するために砂防分野において地震後に行うソフト対策・ハード対策についてそれぞれ述べよ。

【H25-1-3】土砂災害対策を検討する上で考慮すべき災害の特徴を、近年の土砂災害の実態を踏まえて2つ述べるとともに、それぞれの特徴に対応するためのハード・ソフト両面の対策について留意点を述べよ。

③－2 砂防（ハード対策）

【R5-1-3】土砂・洪水氾濫対策計画において、「渓床・渓岸における土砂生産抑制」、「土砂の流出抑制・調節」を目的とする砂防堰堤の機能をそれぞれ説明したうえで、これら2つの目的を踏まえ、コンクリートスリット砂防堰堤を計画する際に留意すべき点を説明せよ。

【R4-1-3】土砂災害において、流木が被害の発生や復旧に及ぼす影響について述べよ。また、土石流区間と掃流区間で流木の移動形態が異なることを踏まえ、砂防基本計画における流木捕捉のための施設計画について、その概要及び計画上の留意点を述べよ。

【R3-1-3】土石流を捕捉するための砂防堰堤について、水通し部の型式から透過型及び不透過型に分類し、それぞれの特徴と採用に当たっての留意点を述べよ。また、2つのうち1つの型式を選択し、高さ15m未満の砂防堰堤における越流部の安定計算に用いる設計外力の考え方及び留意点を述べよ。

③－3 砂防（土砂災害：河道閉塞、火山噴火に伴う土砂災害）

【R1-1-3】河道閉塞（天然ダムの形成）、火山噴火による降灰、地すべりの活動のいずれか1つを選び、これに起因する土砂災害の特徴と、二次被害の防止・軽減に資する調査、監視等、緊急的なソフト対策について述べよ。

【H26-1-3】河道閉塞（天然ダムの形成）、火山噴火による降灰、地すべりの活動のいずれか1つを選び、これに起因する更なる被害を防止・軽減するためのソフト、ハードそれぞれの対策について述べよ。

【H28-1-3】火山噴火に伴う土砂災害による被害を軽減するために、対策計画を策定する際の留意点、及び、想定される平常時、緊急時の対策について説明せよ。

③－4 砂防（ソフト対策：警戒避難体制）

【H30-1-3】全国に数多くある土砂災害危険箇所について、（1）対象とする土砂災害の種類と特性及び、その被害を未然に防止・軽減するための警戒避難体制を整備するに当たって留意する事項について述べるとともに、（2）要配慮者利用施設の管理者等が土砂災害から利用者を避難させるための計画を作成する際、記載すべき事項を2つ以上挙げて、具体的に説明せよ。

【H27-1-3】毎年頻繁に発生する土砂災害の特徴を述べるとともに、警戒避難に用いられている土砂災害発生を予測する手法の内容・特徴について説明せよ。

④－1 海岸・海洋（海岸保全施設の設計）

【R4-1-4】設計高潮位の設定方法を3通り説明したうえで、各方法の留意点を述べよ。また、設定の際に気候変動の影響を考慮する必要がある項目について述べよ。

【R3-1-4】海岸保全施設の設計のために波浪観測を実施する際の地点選定の留意点として、水深に応じた波浪の変化に関するものを2つ挙げて説明せよ。また、波浪観測の結果からゼロアップクロス法によって有義波高と有義波周期を求める方法を説明せよ。

【R2-1-4】海岸堤防の設計に関し、河川の堤防と比較して、その特徴を2つ述べよ。また、海岸堤防の天端高の設定手順について述べよ。

【H29-1-4】海岸堤防の設計波（津波を除く）の設計方法について、「沖波」と「海岸堤防に作用する波」に分けて述べよ。また、設計波に対する海岸堤防の必要高の算定方法を2つ挙げ、それぞれの留意点を述べよ。

【H27-1-4】設計高潮位の設定方法と設定する際に留意する点を述べよ。また、設計高潮位と海岸保全施設の設計に用いる潮位とでとり方が異なる例を述べよ。

【H26-1-4】砂浜海岸における侵食機構を述べた上で、その侵食対策として海岸保全施設計画を検討する際の留意点を述べよ。

④－2 海岸・海洋（津波）

【H28-1-4】海岸保全施設における設計津波の水位の設定方法と設定の際に留意する点を述べよ。また、設計津波を生じさせる地震がレベル1地震動を超える強度の場合の海岸保全施設に要求される耐震性能を述べよ。

【H25-1-4】大規模な津波が来襲し、天端を越流した場合でも海岸堤防の効果が粘り強く発揮できるよう、海岸堤防の構造上の工夫について述べよ。

④−3 海岸・海洋（その他）

【R5-1-4】砂浜が有する防護上の機能を挙げ、その機能が発揮されるために定める必要がある事項について、短期的耐波性能及び長期的耐波性能にも触れて説明せよ。

【R1-1-4】水防法に基づく高潮浸水想定区域図の作成について、想定する台風の条件設定（規模、経路）の方法を述べよ。また、想定する台風による高潮推算（海域のみ。河川域及び陸域は除く。）の方法及び留意点をそれぞれ1つずつ述べよ。

【H30-1-4】人工リーフについて、「設置の目的」を2つ、「離岸堤と比較した場合の特徴」を1つ、それぞれ述べよ。また、波浪の作用に対して人工リーフの構造の安全性を確保するための「設計」及び「点検」の際の留意点をそれぞれ1つずつ述べよ。

選択科目Ⅱ−1：港湾及び空港

　港湾及び空港の問題については、港湾と空港で完全に問題が分かれており、港湾が専門の方も、空港が専門の方も、4題の中から選択することができます。問題の方は、いずれの問題も、専門知識を問いながら、それプラス留意点を質問する形となっています。例えば、平成25年度Ⅱ-1-1の「検討手法を述べよ」という問題についても、ただ単純に専門知識を記載するだけでなく、プラスαの知識として、検討手法を用いる際の留意点を記載しておくと得点アップにつながります。くれぐれも体系的専門知識の勉強を欠かさないようにしてください。また、留意点の記載の部分では、受験生自身がこれまでの業務での経験で得られた知識など一歩踏み込んだ知識をアピールするようにしてください。

　それと、問題作成もネタ切れになっており、平成28年度は、平成25〜27年度までの過去問と同じような問題も出題されていました。令和6年度に向けて、平成25〜令和5年度までの11年間の過去問については、しっかり専門知識を復習するようにしてください。

年度	Ⅱ−1−1	Ⅱ−1−2	Ⅱ−1−3	Ⅱ−1−4
H25	港湾：岸壁前面泊地静穏度 空港：ウィンドカバレッジの検討手法	環境影響評価の項目	港湾：混成堤 空港：空港舗装の性能設計	液状化対策工法

H26	港湾： 公共貨物取扱量 空港： 国内線旅客数の 将来推計法	港湾：港湾水質 空港：空港騒音の 評価方法	緩い砂地盤上の 埋立護岸	軟弱粘性土地盤の 改良方法
H27	事業採択の際の 費用便益分析	港湾：係留施設 空港：滑走路の 健全度評価方法	港湾： ケーソン式混成堤 空港： アスファルト舗装 の構成要素と機能	情報化施工の事例
H28	社会インフラの ストック効果	港湾：海面埋立 空港：飛行場建設 の環境影響評価	信頼性設計法の ３つの限界状態	港湾・空港の工事 に必要な作業船・ 作業機械
H29	港湾：公共岸壁前 面泊地及び航路の 平面形状 空港：空港の制限 表面の形状及び設 定の目的	海域環境の保全	港湾： 耐震強化岸壁 空港： 耐震強化滑走路の 地震動の設定方法	高精度 GPS の活用
H30	物流に関する 用語説明	港湾：荷役方式 空港：旅客ターミ ナルコンセプト	点検診断の目的と 方法	地盤改良工法
R 1	液状化の メカニズム	塩害による 劣化メカニズム	費用対効果分析	環境影響評価項目 と手法
R 2	波浪の観測機器	ケーソン式護岸	離着陸処理能力の 拡大方策	環境影響評価法に 基づく手続き
R 3	施工計画に定める 主要な事項	環境影響評価	中長距離フェリー のための港湾施設	ブリスタリング
R 4	公共事業評価の 費用便益分析に 基づく計測方法	ボーリングの移動 式足場、原位置試験 及び室内力学試験	浚渫作業船の種類	滑走路端安全区域 の拡張の整備方策
R 5	マスタープラン作 成	水域施設の埋没の 原因	着底式風力発電施 設建設のための基 地港湾	空港の滑走路の アスファルト舗装

巻末資料

1 枚論文過去問

① 港湾・空港の計画

【R5-1-1】個別の港湾や空港に対し、施設を中心に中期的に目指す港湾や空港の姿をとりまとめる港湾計画や空港マスタープランについて、港湾・空港の別を明らかにしたうえで、とりまとめることが必要と考えられる主な事柄を３つ挙げ、その内容を述べよ。そのうえで、港湾計画あるいは空港マスタープランを作成する主な意義を３つ挙げ、その内容を述べよ。

【R4-1-1】港湾や空港の貨物取扱容量増大に処するため、ターミナル地区の取扱能力の向上を図ることとなった場合の便益について、「公共事業評価の費用便益分析に関する技術指針（国土交通省）」に基づく計測方法を述べよ。

【H27-1-1】国際コンテナターミナル新設事業又は滑走路新設事業のいずれかについて、事業採択の際の費用便益分析の方法を説明せよ。

【H26-1-1】個別の港湾における公共貨物取扱量又は個別の空港における国内線旅客数のいずれかを選び、その将来値の推計手法について述べよ。

【R2-1-3】港湾におけるコンテナ取扱能力又は空港における離着陸処理能力のいずれかを選択し、その拡大方策についてハード、ソフトの両面から合わせて３つ提案し、それぞれの方策により実現する内容と計画に当たっての複数の配慮事項を説明せよ。ただし、埠頭及び滑走路の新設は除く。

【R3-1-3】港湾計画に中長距離フェリーの埠頭を新規に位置付ける際、フェリー埠頭計画で定める港湾施設及び当該計画と一体的に定めることが考えられる港湾施設を合わせて３つ挙げ、それぞれの計画諸元を求めるために行う検討内容について説明せよ。

【R1-1-3】港湾における複合一貫輸送ターミナルの整備事業又は空港における滑走路の増設事業のいずれかを選択し、その事業の費用対効果分析を行う場合に定量的に把握できる便益を３つ以上挙げた上で、そのうちの１つについて算定手法を説明せよ。

【H30-1-2】港湾又は空港の施設計画に関する（１）、（２）の問いのうち１つを選び答えよ。
（１）港湾のコンテナターミナルのマーシャリングエリアにおける代表的な荷役方式を３つ挙げ、それぞれの概要と特徴について説明せよ。
（２）空港のターミナルコンセプト（エプロンと旅客ターミナルビルの配置、形状の計画）の代表的なものを３つ挙げ、それぞれの概要と特徴について説明せよ。

② 港湾・空港の設計、用語説明

【R4-1-4】空港の滑走路端安全区域（RESA）の拡張に際して、現状の滑走路配置では用地内での整備が困難な場合、考えられる整備方策の選択肢を3つ以上挙げ、各々の利害得失について述べよ。

【R3-1-4】空港の滑走路における「ブリスタリング」と呼ばれる現象について、その発生メカニズムとそれによってもたらされる可能性のある障害を述べよ。また、発生箇所又は発生の恐れのある箇所の発見方法と、設計・施工それぞれの面からの予防策について説明せよ。

【H30-1-1】港湾及び空港における物流に関する用語について以下の問いに答えよ。
（1）以下の2つの用語について説明せよ。
  ① 貨物純流動　　　　　② フォワーダー
（2）以下に示す用語の中から3つを選び説明せよ。
  ③ リーファーコンテナ　　④ ULD　　　　　⑤ フレートトン
  ⑥ NACCS　　　　　　⑦ ベルトローダー　⑧ B/L
  ⑨ FCL　　　　　　　⑩ マニフェスト　　⑪ インタクト輸送

【H29-1-3】耐震強化岸壁又は耐震強化を行う滑走路において、その耐震設計に用いる地震動（レベル1及びレベル2地震動）の設定方法について説明せよ。

【H28-1-3】近年、港湾及び空港における構造物の安全性と機能性に関する設計照査に信頼性設計法が導入されている。信頼性設計法の一般的な概念について説明するとともに、信頼性設計法において考慮される限界状態を3つ挙げ、それぞれについてその内容を簡潔に述べよ。

【H25-1-1】港湾又は空港のいずれかを選び、港湾については岸壁前面泊地の静穏度、空港についてはウィンドカバレッジを説明し、その検討手法を述べよ。

【H25-1-3】性能設計に関する次の（1）、（2）の問いのうち1つを選び、解答せよ。
（1）混成堤の設計について、主たる作用と主たる作用ごとの照査項目を説明し、設計上の留意点を3つ述べよ。
（2）空港舗装の構造設計について、要求性能と要求性能ごとの照査項目を説明し、設計上の留意点を3つ述べよ。

【H29-1-1】岸壁又は滑走路に関する次の（1）、（2）の問いのうち1つを選び解答せよ。
（1）タグボートを用いて離着岸する対象船型3万DWT級の一般貨物船用公共岸壁の前面の泊地及び航路の平面形状及び水深について備えるべき条件を述べよ。なお、泊地及び航路は十分な静穏度が確保されており、この岸壁に通じる航路は1本とする。解答に当たっては、図を用いてもよい。
（2）計器着陸装置を有する延長2,500mの滑走路1本を有する空港の制限表面について、その種類ごとに形状及び設定の目的を述べよ。解答に当たっては、図を用いてもよい。

【R5-1-4】空港の滑走路のアスファルト舗装に求められる要求性能を3つ挙げ、それぞれに対する主要な照査項目について照査方法を述べよ。

【H27-1-3】固い砂地盤上のケーソン式混成堤又は地盤上の空港アスファルト舗装のいずれかについて、構成を図示し、構成要素それぞれの機能を説明せよ。

【H26-1-3】水深5m程度の緩い砂地盤上に一般の埋立護岸を建設する場合に、適切と考えられる構造形式を1つ挙げ、それを選定した理由と、当該構造形式固有の設計上の留意点を3つ述べよ。

③ 海上での施工機械

【R4-1-3】港湾及び海上空港の浚渫工事で使用される浚渫作業船の代表的な種類を3つ挙げ、それぞれの概要及び特性について述べよ。

【H28-1-4】港湾又は空港で行われる以下の工事のいずれかを選択し、その工事に必要となる作業船（アを選択した場合）又は建設機械（イを選択した場合）を異なる4つの用途ごとに1種類ずつ挙げ、それぞれの概要とあなたが想定した工事内容を説明せよ。
　　ア）海面を埋め立ててコンテナ埠頭を整備する。
　　イ）空港を拡張して滑走路を整備する。
なお、以下は採点対象外とする。
　　作 業 船：交通船、押船、引船、土運船、ガット船
　　建設機械：ダンプカー、バックホウ、移動式クレーン

④ 観測施工

【R2-1-1】港湾や海上空港の整備において重要となる波浪の観測機器について、2種類を挙げてその概要を説明せよ。また、波浪観測データの利活用方法について、設計・施工の両面から述べよ。

【H27-1-4】港湾・空港分野における情報化施工の事例を3つ挙げ、それぞれの概要を説明せよ。

【H29-1-4】近年、GPSの測位精度向上などによりその活用分野も広がっている。
（1）港湾及び空港の海上工事（埋立地での陸上工事も含む。）に用いる高精度GPSの測位のしくみを説明せよ。
（2）上記GPSの海上工事（埋立地での陸上工事も含む。）での実際の活用事例を一つあげて、活用の内容及び効果について簡潔に説明せよ。

⑤ 港湾・空港の軟弱地盤対策

【R3-1-1】港湾及び空港の施設を建設又は改良する際、請負人が作成することを求められる施工計画について、作成する目的を簡潔に説明せよ。また、施工する施設を想定し、それを明記したうえで、施工計画に定めるべき主要な事項を3つ挙げ、それぞれに記載すべき内容を説明せよ。

【R2-1-2】軟弱地盤上に埋立地を造成する際のケーソン式護岸の築造に関し、主な施工段階を施工手順に沿って説明せよ。そのうち3つの施工段階について、使用する作業船とそれを用いた施工の概要を述べよ。

【R4-1-2】防波堤の設計で使用する地盤データを取得するために行うボーリング調査の代表的な移動式足場を1つ挙げ、その概要を説明せよ。また、原位置試験及び室内で行う力学試験について代表的な試験をそれぞれ1つ挙げ、防波堤の設計での利用を踏まえた特性について述べよ。

【R1-1-1】地盤の液状化についてそのメカニズムを説明せよ。また、港湾や空港において行われている3段階の液状化判定手順を挙げ、それぞれの段階の判定方法について説明せよ。

【H25-1-4】地盤の液状化対策工法に関する次の（1）、（2）の問いのうち1つを選び、解答せよ。
（1）港湾における代表的な液状化対策工法を3種類簡潔に説明するとともに、供用中の岸壁の液状化対策工事を実施する場合に適切な工法を1つ挙げ、その理由と施工上の留意点を述べよ。
（2）空港における代表的な液状化対策工法を3種類簡潔に説明するとともに、供用中の滑走路の液状化対策工事を実施する場合に適切な工法を1つ挙げ、その理由と施工上の留意点を述べよ。

【H26-1-4】港湾又は空港において軟弱粘性土地盤を改良する場合に、基本原理の異なる地盤改良工法を３種類簡潔に説明するとともに、それぞれについて施工上の留意点を述べよ。

【H30-1-4】港湾又は空港において使用されている主要な地盤改良工法について、改良原理が大きく異なるものを３つ挙げて、それぞれの改良原理と施工方法を説明せよ。

⑥ 港湾・空港の点検、維持管理

【R5-1-2】水域施設の埋没の原因を２つ挙げ、それぞれについて埋没形態、埋没防止対策とその実施上の留意点を述べよ。

【R1-1-2】港湾や海上空港における鉄筋コンクリート構造物の劣化の主な原因となる塩害について、劣化のメカニズムを説明せよ。また、塩害への基本的な対策工法を複数挙げた上で、そのうちの２つの工法について概要を説明せよ。

【H27-1-2】桟橋構造の係留施設の上部工（鉄筋コンクリート）又は滑走路（アスファルト舗装）のいずれかについて、健全度評価の方法を説明せよ。

【H28-1-1】社会インフラのストック効果は、一般的に、移動時間の短縮、輸送費の低下、貨物取扱量の増加等によって経済活動の生産性を向上させ、経済成長をもたらす生産力効果と、衛生環境の改善、災害安全性の向上、アメニティの向上等を含めた生活水準の向上に寄与し、経済厚生を高める厚生効果に分類される。港湾空港分野における社会インフラのストック効果に係る近年の具体的な事例を３つ挙げ、その内容について簡潔に説明せよ。なお、生産力効果と厚生効果に係る事例を少なくとも１つずつ含めること。

【H30-1-3】港湾施設又は空港舗装のいずれかを選び、それを適切に維持管理するために、それぞれ４種類ある点検診断（空港舗装の場合は点検）の目的と方法を種類ごとに説明せよ。

⑦ 環境問題、洋上風力発電

【R5-1-3】洋上に着底式風力発電施設を建設するため、基地港湾において行われる作業の主な内容を簡潔に述べよ。また、その作業のために港湾施設に必要となる独特の要件を３つ挙げ、それぞれの要件が必要となる理由を述べよ。

【R3-1-2】公有水面埋立事業において実施する環境影響評価に関し、水環境に係る調査項目を、埋立事業に係る主務省令でいう影響要因の区分ごとに３つずつ挙げよ。また、それらの項目の現況調査を実施するに当たって共通して考慮すべき事項を説明せよ。

【R2-1-4】40haの公有水面の埋立てを伴う港湾整備事業又は2,000mの滑走路を含む陸上の空港整備事業のいずれかを選択し、これらを実施する場合に必要となる環境影響評価法に基づく手続を手順に沿って説明せよ。また、評価項目の例を挙げ、その選定に当たっての考え方を述べよ。

【R1-1-4】埋立てによる港湾整備事業又は陸上における滑走路の増設事業のいずれかを選択し、その環境影響評価における施設の存在及び供用による影響評価項目を３つ以上挙げ、そのうち定量的な予測・評価が可能なもの１つについて予測・評価手法を説明せよ。

【H25-1-2】港湾又は空港のいずれかを選び、これを建設する場合の環境影響評価において、環境影響評価項目を選定する際の基本的考え方を説明するとともに、選定を行うに当たっての留意点について述べよ。

【H26-1-2】港湾の水域における水質又は空港の騒音のいずれかを選び、その評価方法について述べよ。

【H28-1-2】海面埋立又は飛行場建設のいずれかを選び、環境影響評価法の対象となる事業規模について説明せよ。さらに、環境影響評価法に基づく各手続きの内容について、手続きの手順に従い説明せよ。

【H29-1-2】海域環境の保全に関する次の問いに答えよ。
（1）公共用水域の水質汚濁に係る環境基準に関して、人の健康の保護に関する環境基準として基準値が定められている項目（物質名）のうち４つを、また、生活環境の保全に関する環境基準として海域において基準値として定められている項目（物質名等）のうち６つを挙げよ。
（2）三大湾等の閉鎖性海域においては、種々の海域環境改善のための施策が講じられている。代表的な施策を２つ挙げ、その内容と効果を説明せよ。

選択科目Ⅱ－１：電力土木

　電力土木の１枚論文は、土質及び基礎、鋼構造及びコンクリート、河川、海岸、建設環境の基本から電力土木施設、再生可能エネルギーなどが出題されており、非常に幅が広いです。

巻末資料 1 枚論文過去問

また「課題を述べよ」という問題が多く出題されており、ただ専門知識を知っているだけではなくて、現状の技術において、何が問題点として残っているのか、一歩踏み込んで考えておくことが必要です。例えば平成25年度Ⅱ-1-1の問題『発電計画に関する経済性評価手法のうち、再生可能エネルギーを利用した計画に適した手法を2つ挙げ、それぞれの概要と適用上の留意点を述べよ。』といった問題を考えるに当たっても、発電計画に関する経済性評価手法について、現状の問題点、克服しなければならない課題などをしっかりと考えるようにしてみてください。

　つまり、広く、深く専門知識を習得する必要があります。出題数は4題ですが、問題を見ただけで完全にお手上げとなる分野をなるべく少なくしておき、本番では4題中最低1題は、技術士レベル以上の論文が書ける分野という状態にしておくことが大切です。

年度	Ⅱ-1-1	Ⅱ-1-2	Ⅱ-1-3	Ⅱ-1-4
H25	再生可能発電計画の経済性評価方法	堆砂の問題	デジタル画像解析、GPS、レーザー計測	耐震性区分
H26	限界状態設計法	基礎地盤の調査方法	検査技術	再生可能エネルギー
H27	LCCの算定	リモートセンシング技術	地盤改良技術	水力エネルギー
H28	基礎の構造形式	気候変動に伴う影響	放流水が環境へ及ぼす影響	防波堤への津波の影響
H29	フライアッシュコンクリート	鋼製構造物の設計上の留意点	損失水頭	洋上風力発電
H30	水力発電所での発電電力量減少の要因	原子力発電所における活断層の調査	地盤の液状化のメカニズム	維持管理運用での自然環境への影響
R1	電源のエネルギーミックス	水力発電の急停止を想定して設計に反映	火力発電所の燃料受け入れ桟橋	原子力発電所の基準津波の策定方法

R2	ダムの設計流量	密閉型シールド工法	貯炭場を埋立地の軟弱地盤上に建設	津波防潮堤の設計
R3	環境影響評価法の発電所固有の手続き	水力発電の導入拡大方策	塩害劣化対策	着床式洋上風力発電の基礎構造形式
R4	流体の模型実験	電気設備への津波への対応	堆砂対策方法について3つの方式	第六次エネルギー基本計画
R5	原子炉等規制法の新規制基準	非破壊検査法	流れ込み式水力発電の発電計画の策定	火力分野のゼロエミッション電源化

① 水力発電、管路

【R5-1-3】 新たな流れ込み式水力発電所の発電計画の策定に当たり、最大使用水量を決定する際の基本的な考え方と検討方法、留意点を述べよ。

【R4-1-1】 流体の模型実験を行うとき、原型と模型の間で完全な相似性が成立する3つの条件とそれぞれの意味合いを述べよ。また、実験を行う場合において対象とすべき2つの支配的な相似パラメータ及びそれぞれの特徴を述べよ。

【R3-1-2】 我が国は、脱炭素社会の実現を目指し、再生可能エネルギーの主力電源化に向けた取組を進めているが、水力発電も我が国の豊富な水資源を活用する電源としてその1つに挙げられる。今後の水力発電の導入拡大方策（制度・政策面ではない）を3つ挙げ、それら方策の内容と課題（又は留意点）を述べよ。

【H30-1-1】 水力発電所では、様々な要因により、計画時に比べて、実際の発電電力量が可能発電電力量より小さくなることが一般的である。発電電力量の減少が生じる電力土木施設の運用上の要因を多面的に3つ挙げ、それぞれについて発電電力量を可能発電電力量に近づけるための技術的方策と留意点を述べよ。

【R2-1-2】 電力土木施設のトンネルを密閉型シールド工法により建設する場合において、電力土木技術者が実施すべき検討事項として「トンネルルート」、「シールドマシン」、「トンネル覆工」がある。これら3つの検討事項に対する検討内容を、1つの検討事項につき、2つ以上ずつ挙げよ。また、挙げられた全ての検討内容のうちから、1つ以上の検討内容に関して留意点を含めて説明せよ。

【R1-1-2】 水力発電所の水車・発電機が、機器故障等により急停止した状況を設計に反映すべき電力土木施設を2つ挙げ、それぞれの機能と急停止した状況を含めた設計上の留意点を述べよ。

【R2-1-1】ダムの設計洪水流量を決定するために比較検討すべき流量を３つ挙げ、それぞれ算出方法の概要を述べよ。また、フィルダムに限って考慮すべき事項とその理由も述べよ。

【H27-1-4】水力エネルギーについて、従来にも増して有効利用を図るための技術的方策を２つ挙げ、それぞれの概要と課題を述べよ。

【H29-1-3】火力・原子力発電所の取放水設備に関連する管路や、水力発電所の水圧管路等に係る計画・設計において、損失水頭が過大にならないように抑制するための具体的な方策を２つ挙げ、それぞれその概要と留意点を述べよ。

【R4-1-3】土砂生産量が多い流域にあるダムでは計画堆砂量を上回る堆砂の進行が顕在化している事例があり、そのようなダムにおいては今後の持続的な管理を実施していくうえで堆砂対策は重要な課題である。ダムの施設管理者が実施を検討すべき堆砂対策方法について３つの方式に分類し、各々の分類にあてはまる具体的対策方法の概要及びその留意点を述べよ。

【H25-1-2】貯水池若しくは調整池の堆砂が惹起する問題を３つ挙げよ。また、流入土砂の通過を促すか、堆積土砂を下流に排除することによる対策技術を１つ挙げ、その概要を述べよ。

② 原子力発電

【R5-1-1】2011年に福島第一原子力発電所で発生した事故を契機に、2013年に「核原料物質、核燃料物質及び原子炉の規制に関する法律（原子炉等規制法）」が改正され、新規制基準が策定された。新規制基準の核となる考え方と安全性を高めるために新設された基準を網羅的に複数述べよ。

【H30-1-2】原子力発電所の耐震設計上考慮する敷地周辺陸域の活断層（活褶曲等を含む）については、調査範囲を段階的に絞りながら机上調査や現地調査を実施する必要があるが、その具体的な調査の目的及び方法を段階ごとに概説せよ。

【R2-1-4】原子力発電所の津波防潮堤の設計について、耐震、耐津波それぞれの観点から概要を述べよ。

【R1-1-4】原子力発電所の基準津波の策定方法について、検討の流れを踏まえて述べよ。

③ 火力発電

【R2-1-3】石炭火力発電所の屋外式貯炭場を埋立地等の軟弱地盤に計画する際に、考慮すべき地盤工学上の課題を1つ挙げ、課題に対する対策を、効果と留意点も含めて述べよ。

【R1-1-3】火力発電所の燃料受け入れ桟橋について、燃料運搬船の操船に係る配置計画上の留意点を述べよ。また、桟橋の構造設計上の留意点を述べよ。

【R5-1-4】2050年カーボンニュートラル実現に向け、エネルギー需給における火力発電の在り方を説明しつつ、火力分野のゼロエミッション電源化に向けた方策を述べ、電力土木技術者として貢献すべき業務概要を述べよ。

④ 土質及び基礎

【H30-1-3】地盤の液状化現象の概要とそれが発生するメカニズムを述べよ。また、発電及び送変電等に係る電力土木施設の名称を1つ明記し、その施設に用いられる液状化対策の概要と留意点を述べよ。

【H28-1-1】電力土木施設に係る基礎の構造形式を、それが用いられる施設の名称とともに2つ挙げ、それぞれ設計上の留意点を述べよ。

【H26-1-2】電力土木施設に係る基礎地盤の調査手法を1つ挙げ、その概要及び調査結果に基づき設計用物性値等を設定する上での留意点を述べよ。

【H27-1-3】電力土木施設の建設や改修工事において用いられる地盤改良技術を2つ挙げ、それぞれの概要と施工上の留意点を述べよ。

⑤ 設計、鋼構造及びコンクリート

【H26-1-1】「限界状態設計法」を概説し、電力土木施設の設計に適用する場合の留意点を述べよ。

【H27-1-1】ライフサイクルコストの概念を説明せよ。また、電力土木施設に関してライフサイクルコストを算定する際、所要の信頼性を確保するために留意すべき点を2つ挙げ、それぞれ概説せよ。

【H25-1-4】電気設備防災対策検討会報告（平成7年11月）における「耐震性区分Ⅰ」と「耐震性区分Ⅱ」のそれぞれについて、確保すべき耐震性及び該当する電気設備について概説せよ。

【H29-1-1】フライアッシュを用いたコンクリートについて、通常のコンクリートと比較した場合の特徴を述べよ。また電力土木施設に係る工作物の名称を1つ明記の上、それを使用するときの留意点を述べよ。

【H29-1-2】電力土木施設に用いられる鋼製構造物を、関連する施設の名称とともに2つ挙げ、それぞれ設計上の留意点を述べよ。

【R4-1-2】阪神淡路大震災後の「電気設備防災対策検討会（平成7年11月）」において、各電気設備の耐震性区分及び確保すべき耐震性が整理された。また、東北地方太平洋沖地震後の「原子力安全・保安部会電力安全小委員会電気設備地震対策ワーキンググループ報告書（平成24年3月）」において電気設備への津波への対応が整理されている。これらに基づき、「区分Ⅰ」「区分Ⅱ」のそれぞれについて、対象となる電力土木施設を明記し、「確保すべき耐震性」と「津波対応への基本的な考え方」を述べよ。ただし、原子力土木施設及びダムを除く。

⑥ 維持管理、ICT

【R5-1-2】電力土木施設を健全に維持するためには、定期的に巡視点検を行い、必要に応じて詳細点検を行うことが大切である。詳細点検については、様々な非破壊検査法が実用化されているものの、用途や留意点を踏まえて、適切な検査方法を選定する必要がある。電力土木施設を1つ明記し、その施設（コンクリート又は鋼構造）に適用可能な非破壊検査法を複数挙げ、それぞれの検査法の概要と留意点について述べよ。

【H26-1-3】電力土木施設の建設・施工及び保守・点検業務に関して、開発・実用化が図られつつある検査技術を1つ挙げ、開発目的、技術的特徴及び実用化に向けて克服すべき課題を述べよ。

【H30-1-4】発電及び送変電等に係る電力土木施設の建設及び維持管理・運用において、発生が懸念される周辺自然環境への影響を3つ挙げ、それぞれに対応するための技術的方策と留意点を述べよ。

【H25-1-3】電力土木施設の保守・点検業務に関して、デジタル画像解析、GPS、レーザー計測等の要素技術を応用して開発・実用化が図られつつある技術を1つ挙げ、技術的特徴及び克服すべき課題を述べよ。

【H27-1-2】電力土木施設の建設や運用において用いられるリモートセンシング技術を2つ挙げ、それぞれの技術的特徴を概説せよ。

【R3-1-3】 供用期間が長く、塩化物イオンの影響を受ける電力土木施設においては、耐久性の観点から塩害劣化に対する配慮が求められる。塩害の影響を受ける電力土木施設を1つ挙げ、劣化による影響を述べよ。また、新設段階と補修段階（劣化加速期）における対策と留意点をそれぞれ述べよ。

⑦ 海岸・海洋

【R3-1-4】 着床式洋上風力発電機の代表的な基礎構造形式から1つを選定し、当該構造形式の特徴を述べよ。また、選定された構造形式の設計に際して、「安全性の評価」の観点から照査すべき事項について3つ以上述べよ。

【H28-1-4】 津波について、風によって生じる波浪と比較した場合の特徴を述べよ。また、電力土木施設に関連する防波堤を設計する際の津波に対する留意点を述べよ。

⑧ 環境問題

【H28-1-3】 発電所（水力発電所に係るダムを含む。）からの放流水に関して、環境へ影響を及ぼす恐れのある事象2つについて説明し、それぞれに係る代表的な対応策を述べよ。

【H28-1-2】 地球温暖化に関連して指摘されている気候変動が、電力土木施設へ及ぼす影響を2つ挙げ、そのうちの1つにつき対応策を述べよ。

【R3-1-1】 環境影響評価法等に基づく発電所の設置又は変更の工事に係る環境影響評価の手続のうち、「発電所固有の手続」を2つ以上挙げ、発電所以外の工事に係る環境影響評価の手続と異なる点について、その手続の具体的内容とともに述べよ。

【R4-1-4】 第六次エネルギー基本計画の概要を述べ、同計画における再生可能エネルギー、原子力及び火力等の電源ごとに2030年に向けた政策対応のポイントや取組を述べよ。

【R1-1-1】 東日本大震災以降、我が国が直面しているエネルギーの課題を踏まえて、電源のエネルギーミックスを検討する際に考慮すべき4つの項目を挙げよ。また、発電方法の名称を2つ挙げ、それぞれの特徴とエネルギーミックスにおける役割を述べよ。

【H25-1-1】 発電計画に関する経済性評価手法のうち、再生可能エネルギーを利用した計画に適した手法を2つ挙げ、それぞれの概要と適用上の留意点を述べよ。

選択科目Ⅱ-1：道路

道路の1枚論文は、平成14年度以前の記述試験があったころの一次試験の問題が比較的参考になります。例えば、平成13年度の一次試験と平成25年度の二次試験問題は非常に似通っています。

一次試験は単なる知識の有無を問う問題ですが、二次試験は専門知識と応用能力が問われているので、要求される解答の質はもちろん二次の方が高いです。上記の問題ならば、便益の算定にあたっての留意点などを解答に盛り込むことが必要です。ただ専門知識を披露するだけでなく、二次レベルの解答（＋αの知識）が求められていることを念頭に置いて、論文を作成してみてください。

出題数は4題ですが、問題を見ただけで完全にお手上げとなる分野をなるべく少なくしておき、本番では4題中最低1題は、技術士レベル以上の論文が書ける分野という状態にしておくことが大切です。例えば、舗装は完全に専門外という人でも、たった4題のうち1題は必ず舗装が出題されているわけなので、舗装に関する勉強も必要です。同様に切土、盛土に関してもしっかり勉強を行ってください。

仮に道路の計画・設計が専門の技術者であっても、技術士（建設部門：道路）を称するのであれば、舗装や軟弱地盤対策工に関する知識もあってしかるべきです。これを機にしっかり取り組んでください。

年度	Ⅱ−1−1	Ⅱ−1−2	Ⅱ−1−3	Ⅱ−1−4
H25	道路が有する3つの空間機能	費用便益分析	普通コンクリート舗装	振動締固め工法
H26	道路の種級区分の体系	高速道路のスマートICの特徴	塑性変形輪数	のり面保護工
H27	メンテナンスサイクルの各段階	ラウンドアバウト	遮熱性舗装と保水性舗装	盛土の地下排水工
H28	視距の確保	道路緑化の設計	アスファルト舗装の破損の調査	抑制工と抑止工
H29	高速道路の設計	高速道路ナンバリングルール	舗装点検要領	軟弱地盤対策工
H30	道路橋の被災メカニズムと落橋防止	自転車活用推進法	路上路盤再生工法	道路土工構造物技術基準
R1	最小曲線半径の算定の考え方	重要物流道路制度	コンクリート舗装	切土のり面の崩壊につながる変状事例
R2	設計時間交通量	歩行者利便増進道路	車道及び側帯の舗装の必須の性能指標	落石対策工の分類と調査検討手順
R3	交通需要推計手法	特定車両停留施設	舗装点検要領での使用目標年数の設定	ICT土工
R4	車道の縦断勾配の考え方	踏切道改良促進法	舗装の再生利用	道路盛土の地震時の安定性の照査
R5	路肩の持つ機能	災害対策基本法に基づく車両移動	舗装種別の選定	抑制工と抑止工の考え方

巻末資料

1 枚論文過去問

① 道路の計画・設計

【R5-1-1】道路には、中央帯又は停車帯を設ける場合を除き、車道に接続して路肩を設けることとしているが、路肩の持つ機能について説明せよ。また、普通道路に路肩を設けるに当たっての留意点について述べよ。

【R4-1-1】普通道路における車道の縦断勾配は、道路の区分及び道路の設計速度に応じた規定値以下となるよう定められているが、その設定の考え方について説明せよ。また、地形の状況等により、縦断勾配の特例値を用いる場合に配慮すべき留意点について述べよ。

【R3-1-1】道路計画における一般的な交通需要推計手法の概略手順を説明せよ。また、当該手法の持つ課題と留意点について述べよ。

【R2-1-1】道路の計画・設計において用いられる設計時間交通量について、その概念と設定に当たっての考え方について述べよ。

【R1-1-1】車道の曲線部においては、当該道路の設計速度に応じた最小曲線半径が道路構造令にて定められているが、その算定の考え方及び適用に当たっての留意点を述べよ。

【H25-1-1】道路が有する空間機能を3つ挙げ、各々の機能の概要を述べよ。また、そのうち1つの機能について、道路を計画・設計する際の留意点を述べよ。

【H28-1-1】道路の線形設計において重要な要素である視距について、その定義とそれを確保する目的を説明せよ。また、視距の確保について、線形設計上の留意点を述べよ。

【H25-1-2】道路事業の費用便益分析で基本となる3便益を挙げ、それぞれの定義と算定方法を述べよ。

【H26-1-1】道路の種級区分の体系に関し、種・級の各々について、区分を決定づける要素を用いて説明せよ。また、級別の区分をやむを得ず1級下の級に下げて適用することがあるが、その場合の留意点を述べよ。

【H29-1-1】高速道路のインターチェンジのランプターミナル付近における本線の線形設計において、一般部より厳しい値の線形要素を適用する理由について、線形要素ごと（平面曲線半径、縦断勾配、縦断曲線半径）に説明せよ。

【H30-1-1】地震を原因とした支承部の破壊により、上部構造が落下する可能性が相対的に高い道路橋の特徴及び想定される被災メカニズムについて、例を3つ挙げ、説明せよ。また、上部構造の落下に対して安全性を高める落橋防止システムについて、その内容を説明せよ。

【H28-1-2】道路空間や地域の価値向上に資する道路緑化の役割について説明せよ。また、道路緑化の計画及び設計段階における留意点を述べよ。

② 各種道路、法律

【R5-1-2】大規模災害時における、災害対策基本法に基づく道路管理者による車両移動の措置の概要について説明せよ。また、道路管理者が車両移動を行ううえでの留意点について述べよ。

【R4-1-2】令和 3 年 3 月に踏切道改良促進法が改正された社会的背景を述べよ。また、その改正の概要を説明せよ。

【R3-1-2】令和 2 年 5 月の道路法改正により創設された、特定車両停留施設の概要を述べよ。また、それにより期待される効果を説明せよ。

【R2-1-2】令和 2 年 5 月の道路法改正により創設された歩行者利便増進道路の概要を述べよ。また、それにより期待される効果を説明せよ。

【R1-1-2】平成 30 年 3 月の道路法改正により創設された、重要物流道路制度の目的を説明せよ。また、重要物流道路制度の概要について述べよ。

【H29-1-2】我が国で導入された高速道路ナンバリングについて、その導入の背景を述べよ。また、高速道路ナンバリングルールを説明せよ。

【H26-1-2】高速道路におけるスマートインターチェンジの特徴を述べよ。また、スマートインターチェンジを導入する際の留意点を 2 つ述べよ。

【H27-1-2】円形の平面交差点形式の 1 つであるラウンドアバウトの長所を多面的に説明せよ。また、我が国においてラウンドアバウトを導入する上での留意点を 2 つ述べよ。

【H30-1-2】平成 28 年に自転車活用推進法が成立した社会的背景を説明せよ。また、自転車の活用を推進する上で、道路に係わる施策について多面的に説明せよ。

③ 舗装

【R5-1-3】新設道路の設計において、車道における舗装種別を適切に選定するに当たり必要な情報を説明せよ。また、その情報をもとにした舗装種別選定の流れを述べよ。

【R4-1-3】舗装の再生利用に関し、再生加熱アスファルト混合物の製造方法について、新規加熱アスファルト混合物の製造方法との相違点を説明せよ。また、舗装発生材であるアスファルトコンクリート塊は高い再資源化率となっているが、その理由と今後の課題を述べよ。

【R3-1-3】平成28年10月の「舗装点検要領」においては、使用目標年数を設定することが規定されている。この使用目標年数の設定について、概要と狙いを説明せよ。

【R2-1-3】「舗装の構造に関する技術基準」において、車道及び側帯の舗装の必須の性能指標をすべて挙げよ。また、そのうち2つを取り上げ、それぞれの内容を説明せよ。

【R1-1-3】連続鉄筋コンクリート舗装と転圧コンクリート舗装の構造の概要について説明せよ。また、普通コンクリート舗装と比較して、それぞれの舗装の特徴を述べよ。

【H25-1-3】普通コンクリート舗装の構造の概要について説明せよ。また、密粒度アスファルト舗装と比較して、その長所及び短所を述べよ。

【H26-1-3】車道及び側帯の舗装の必須の性能指標の1つである塑性変形輪数について説明せよ。また、その評価法として近年追加された簡便法について、概要と適用に当たっての留意点を述べよ。

【H27-1-3】遮熱性舗装と保水性舗装について、それぞれの路面温度上昇抑制のメカニズムを説明せよ。また、路面温度上昇抑制機能の評価方法を説明せよ。

【H28-1-3】アスファルト舗装の破損の調査には、路面調査と構造調査がある。このうち、構造調査の手法を2つ挙げ、その内容について説明せよ。

【H29-1-3】平成28年10月の「舗装点検要領」においては、道路管理者は管内の道路を各分類に区分することと舗装種別に応じた点検等を実施することが規定されている。これら2つの規定に関して、その概要と考え方を説明せよ。

【H30-1-3】既設舗装を現位置で再生する路上再生工法の1つに、路上路盤再生工法がある。この路上路盤再生工法について、工法の概要、特徴及び適用に関する留意点を説明せよ。

④ 維持管理

【H27-1-1】 道路の維持・修繕に関する具体的な技術基準等が、道路法及び政省令等により整備された。これらに基づく定期点検の対象施設を列挙せよ。また、これらに基づき道路管理者が実施する維持管理の業務サイクル（メンテナンスサイクル）の各段階について説明せよ。

⑤ 切土、地すべり

【R4-1-4】 標準のり面勾配・高さの範囲にある道路盛土について、地震時の安定性の照査の考え方を述べよ。また、その範囲を超える、地震時に大きな被害が想定される道路盛土について、地震時の安定性の照査方法を説明せよ。

【R1-1-4】 道路土工構造物の点検において、切土のり面の崩壊に繋がる変状事例を1つ挙げて、点検時の着目ポイントを2つ述べよ。また、当該変状が切土のり面の崩壊に至るメカニズムについて述べよ。

【R2-1-4】 落石対策の1つに、施設による対策である落石対策工がある。この落石対策工は大きく2種類に分類されるが、それらの名称を記し、それぞれについて説明せよ。また、落石対策工を具体的に選定する際の調査・検討手順を説明せよ。

【H28-1-4】 地すべり対策工には大別して抑制工と抑止工がある。抑制工と抑止工について対策工法を各々1つずつ挙げ、それぞれの概要及び計画・設計上の留意点を述べよ。

【R5-1-4】 地すべり対策工には抑制工と抑止工があるが、対策工の選定の考え方について述べよ。また、地すべり対策工としてグラウンドアンカー工を用いる場合の具体的な地すべり抑止機構について説明せよ。

【H26-1-4】 植物によるのり面保護工と構造物によるのり面保護工について、各々の概要を述べよ。また、のり面保護工の選定に当たって考慮すべき事項を述べよ。

【H30-1-4】 平成27年に道路土工構造物技術基準が制定された背景を説明せよ。また、この技術基準のポイントを2つ挙げ、具体的に説明せよ。

⑥ 盛土、軟弱地盤対策

【R3-1-4】 土工工事において施工プロセスの各段階でICTを全面的に活用する工事をICT土工というが、ICT土工の効果を2つ説明せよ。またICT土工における出来形管理の手法を具体的に2つ挙げ、それぞれ概要を説明せよ。

【H27-1-4】盛土部の排水処理を設計する上で、地下排水工の設置が必要となる盛土の部位を列挙し、そのうち2つの部位について具体的な対策工と留意点を述べよ。

【H25-1-4】軟弱地盤対策工における振動締固め工法のうち、主な工法を2つ挙げ、各々の概要及び特徴を述べよ。また、そのうち1つの工法について、施工上の留意点を述べよ。

【H29-1-4】軟弱地盤対策工には圧密・排水工法、締固め工法、固結工法などがあるが、このうち圧密・排水工法に分類される具体的な工法を2つ挙げ、それぞれの原理及び設計の考え方を説明せよ。

選択科目Ⅱ－1：鉄道

　令和元年度以前の1枚論文は、平成25～30年度の問題と特に違いはありません。つまり、令和6年度に向けた対策としては、過去に出題された範囲から幅広く勉強してください。具体的には、新交通システム、LRT、連続立体化事業、駅前商店街の活性化、相互直通運転、他のモードとの連携強化、線路上空を横断する構造物、線路下を横断する構造物、ターミナル駅の改良工事、各種鉄道工事、営業線への近接工事、既設構造物の耐震設計、駅の安全設備、構造物検査、維持管理、軌道、レール削正、脱線防止、ロングレール、分岐器、などが挙げられます。

　出題数は4題ですが、問題を見ただけで完全にお手上げとなる分野をなるべく少なくしておき、本番では4題中最低1題は、技術士レベル以上の論文が書ける分野という状態にしておくことが大切です。

　1枚論文では、技術者として積み重ねた経験に裏付けられた知識をアピールすることが大切です。土木工学専攻の優秀な大学生が書き上げる論文と技術士を目指す技術者が書き上げる論文は違うということは、くれぐれも念頭においてください。留意点では、単なる知識だけでなく、自らの業務で培った専門知識をアピールしていくことが大切です。

年度	Ⅱ－1－1	Ⅱ－1－2	Ⅱ－1－3	Ⅱ－1－4
H25	新幹線と在来線の乗継の課題と改善策	鉄道構造物設計標準	建築限界	緩和曲線の役割
H26	地平駅の橋上駅舎化とバリアフリー適合	性能照査型設計	維持管理の検査の区分と手順	ロングレールの長所と管理上の留意点
H27	ホームドアの新たな方式	耐震設計	既設盛土の補強工	脱線に至るメカニズムと脱線防止対策
H28	踏切事故の防止策	大規模地震時の損傷と耐震対策	騒音の発生原因と対策	ロングレールの管理
H29	転落防止の取組	コンクリートの品質確保のための管理	連続立体交差事業の整備効果、課題、対策	レール損傷とレール削正の考え方
H30	可動式ホーム柵	近接基礎杭工事の工法選定	盛土・杭土圧構造物の耐震性向上	ロングレール化
R1	性能照査型設計	橋脚の洗堀災害の危険性の評価	営業線直下の非開削工法	軌道変位の管理項目
R2	高齢者・障害者等の安全確保	普通鉄道の分岐器	維持管理の基本である構造物の検査	改良すべき踏切道
R3	ロングレール化のためのレール溶接法	盛土の不安定性に関する調査	コンクリート構造物の材料劣化	ターミナル駅の改良計画
R4	カントの必要性	構造物の性能確認の判定区分	新駅設置の技術基準	鉄道騒音における主要な音源
R5	省力化軌道	ホームドア整備の技術的課題	連続立体交差化事業での施工方式	曲線部での留意点

① ユニバーサルデザイン、ターミナル駅の改良（安全対策etc）

【R2-1-1】在来線の旅客用プラットホームにおいて、高齢者・障害者等の安全確保及び移動円滑化の観点から求められる措置を3つ以上挙げ、それぞれの内容についてその必要性を含め簡潔に述べよ。

【R3-1-4】都市部における鉄道線間の乗り換えが可能なターミナル駅の改良計画を策定するに当たり、検討すべき事項を3つ以上挙げ、それぞれの内容について簡潔に述べよ。

【H29-1-1】視覚障害者の線路内への転落を防止する鉄道駅のプラットホームにおける安全性向上への取組について、ハード、ソフトの両面から対策を挙げ、その内容を述べよ。

【H26-1-1】既存の地平駅を橋上駅舎化するに当たり、バリアフリーの観点から基準に適合することが求められている設備を3つ挙げ、その内容を簡潔に述べよ。

【R5-1-2】既設鉄道駅へのホームドア整備に関する技術的課題を3つ挙げ、その対策を述べよ。

【H27-1-1】既設の鉄道駅ホームにホームドア（可動式ホーム柵を含む。）を整備するに当たって、「高齢者、障害者等の移動等の円滑化の促進に関する法律」に基づく「移動等円滑化の推進に関する基本方針」等で課題とされている事項を3つ挙げ、その内容を簡潔に述べよ。また、課題に対応するため技術開発が進められているホームドアの新たな方式を1つ挙げ、その特徴を述べよ。

【H30-1-1】可動式ホーム柵の整備に関する課題として、扉位置の統一化や停止位置の精度向上など列車に関するもの、プラットホームへの据付工事など施工に関するものなどが挙げられる。このうち、可動式ホーム柵の在来線プラットホームへの据付工事の実施に当たり、検討が必要となる技術的な事項を3つ挙げ、その内容を述べよ。

② 鉄道整備事業

【H25-1-1】広域的な幹線鉄道ネットワークにおける、新幹線と在来線との乗継ぎの課題を述べよ。また、既に実施された、或いは計画されている乗継ぎ解消や改善の方策を3つ挙げ、それぞれについて効果、最近の情勢及び課題を述べよ。

【H29-1-3】連続立体交差事業の整備効果を述べるとともに、主な課題を2つ挙げ、その対策について述べよ。

【R5-1-3】連続立体交差化事業にて、線路を高架化する際の施工方式を３つ挙げ、それぞれの内容と特徴について簡潔に述べよ。

③ 鉄道工学

【R5-1-1】バラスト軌道に比べて保守作業量の低減が可能とされる省力化軌道について、代表的な構造を３つ挙げ、それぞれの概要、特徴を述べよ。

【R4-1-1】カントの必要性、普通鉄道におけるカントの算出方法及びカントの逓減について述べよ。

【R2-1-2】普通鉄道の分岐器において、軌道の分岐のために構成される部分を３つ以上挙げ、その各部分の機能について説明せよ。また、あなたが挙げた各部分の保守上の留意点を簡潔に述べよ。

【R5-1-4】普通鉄道における建築限界の概要及び曲線部における留意点を述べよ。

【H25-1-3】建築限界について、基本的な考え方、車両限界との関係及び曲線部における拡幅等に関する留意事項について述べよ。

【H25-1-4】普通鉄道の線路において、緩和曲線の基本的な役割を述べた上で、この長さを決める考え方を説明せよ。

【H27-1-4】旅客輸送を行っている普通鉄道の急曲線部における低速走行時の乗り上がり脱線に関し、脱線にいたるメカニズムについて説明するとともに脱線防止対策を３点挙げ、その内容について述べよ。

【H28-1-1】踏切事故の現状と課題を簡潔に述べるとともに、事故防止のための方策を３つ挙げ、その内容を述べよ。

【R4-1-4】鉄道騒音における主要な音源を３つ以上挙げ、それぞれの内容について簡潔に説明せよ。併せて、鉄道において有効と考えられる複数の騒音対策について簡潔に説明せよ。

【H28-1-3】列車走行に伴う騒音の発生原因を３つ挙げ簡潔に述べよ。また、それぞれの発生原因に対する対策について述べよ。

【R3-1-1】ロングレール化のための「レール溶接法」を３つ挙げ、それぞれの溶接方法と特徴について説明せよ。

【H26-1-4】一般の定尺レールと比べた、ロングレールの優れた点を挙げた上で、ロングレール区間を管理する際の留意点を述べよ。

【H28-1-4】ロングレールの管理に当たり、軌道の座屈を発生させないための管理上の要件を３つ挙げ、その内容を簡潔に述べよ。また、そのうち１つについて、具体的な留意点を述べよ。

【H30-1-4】ロングレール化のための溶接方法を２つ挙げ、それぞれの概要、長所及び短所、その溶接方法を用いるのに適したロングレール化のための溶接の段階及びその理由を述べよ。

④ 性能設計

【R4-1-2】構造物の性能の確認における健全度の判定区分を４つ挙げ、それぞれの構造物の状態、変状の程度及び措置について述べよ。

【R1-1-1】鉄道構造物の設計に導入が進んでいる性能照査型設計について、性能照査の基本的な考え方とその具体的手法及び利点を述べよ。

【H25-1-2】鉄道構造物等設計標準について、その技術基準上の位置づけ及び最近の設計法の特徴について述べよ。

【H26-1-2】鉄道構造物等設計標準における性能照査型設計について、移行した背景とその利点を挙げた上で説明せよ。また、要求性能を２つ挙げ、その内容について具体的に述べよ。

【H27-1-2】鉄道構造物の耐震設計を行う場合の設計地震動、構造物の要求性能及び性能照査の方法について述べよ。

⑤ 鉄道構造物の設計・施工

【R4-1-3】新駅設置を計画するに当たり、線路、配線及びプラットホームに関して、考慮すべき技術基準を３つ挙げ、それぞれの内容について簡潔に述べよ。

【R2-1-4】踏切道改良基準に定める「改良すべき踏切道」の条件を３つ以上挙げ、その概要を記せ。また改良の方法や対策を３つ以上挙げ、その内容について簡潔に述べよ。

【R1-1-2】河川内の橋梁において、橋脚の洗掘災害の危険性を評価するための条件を３つ挙げ、それぞれの評価方法について説明せよ。

【R3-1-2】盛土の不安定性に関する調査において、立地条件・周辺環境に関する不安定要因のうち、構造物又は他の土構造物との接続部に関する不安定要因を３つ以上挙げ、その不安定性の概要と予想される崩壊や変状について説明せよ。

【R1-1-3】営業線直下に土被りの小さい交差構造物を構築する場合、非開削工法を２つ挙げ、それぞれの概要及び施工時の線路への影響を考慮した施工上の留意点を述べよ。

【H29-1-2】鉄筋コンクリートラーメン高架橋において、高密度配筋となる柱と梁の接合部の施工を行うに当たり、コンクリートの品質を確保するために必要な管理について３つ挙げ、それぞれの内容と留意点を述べよ。

【H30-1-2】鉄道営業線に近接して橋脚の基礎杭を施工する場合、工法選定のための技術的留意点を２つ挙げ、その内容を述べよ。また、施工中の影響を把握するため、鉄道営業線施設に対する計測管理に関し、管理値の設定の考え方及び段階的な管理値区分について述べよ。

⑥ 維持管理・耐震補強

【R3-1-3】コンクリート構造物の材料劣化に伴う耐久性を確保するための設計における考え方と検討手法について述べよ。

【R2-1-3】鉄道構造物の維持管理の基本である「構造物の検査」について、実施時期並びに目的等から４つに区分し、それぞれについて概説せよ。

【R1-1-4】軌道変位の管理項目を５つ以上挙げて個々の管理の目的を述べ、管理値の考え方を複数挙げて論述するとともに、軌道変位の測定方法について概説せよ。

【H26-1-3】鉄道構造物等維持管理標準に関して、構造物編又は軌道編のいずれかを選択し、それを明記した上で、以下について述べよ。
（1）検査の区分とそれぞれの概要
（2）維持管理の標準的な手順

【H28-1-2】鉄道高架橋構造物において、大規模地震時に安全性に影響を与える構造物の損傷について、発生箇所を２つ挙げ簡潔に述べよ。また、それぞれの箇所における耐震対策について述べよ。

【H30-1-3】耐震診断により所要の耐震性能を有さないとされた盛土・抗土圧構造物に対して、対策工法を選定する上での留意点を述べよ。また、盛土又は抗土圧構造物のどちらかを選択し、支持層が良好な場合に用いられる対策工法を１つ挙げ、どのような考え方で耐震性を高めるのか、並びに、その工法の長所及び短所を簡潔に述べよ。

【H27-1-3】植生のみが施されている既設盛土において、降雨によるのり面の崩壊防止を目的とした補強の検討に際し、技術的な留意点について述べよ。また、補強工として有効なのり面工を2つ挙げ、それぞれ概要、長所及び短所を簡潔に述べよ。

【H29-1-4】列車の走行によりレールの頭頂面部周辺で発生するレール傷のうち、レール管理上特に留意すべきものを2つ挙げ、その特徴を述べよ。また、傷を成長させない対策としてのレール削正の考え方を述べよ。

選択科目Ⅱ－1：トンネル

　トンネルの1枚論文は、山岳から2題、シールドから1題、開削から1題出題されています。つまり1枚論文対策としては、山岳だけ、シールドだけ、開削だけ、といった集中的な対策をとることはリスクが大きいと言わざるをえません。技術士会としてもトンネルの技術士を名乗る以上は、山岳だけ、シールドだけ、開削だけの専門ではなくて、トンネルの専門であるべきという考えがあるのかもしれません。

　1枚論文のポイントは、土木工学の大学生が教科書を丸写して作成出来るような論文ではなくて、業務を行うことによって知り得た＋αの専門知識をアピールすることです。専門分野にとらわれず、幅広く知識を広げていくことが必要です。

年度	Ⅱ－1－1	Ⅱ－1－2	Ⅱ－1－3	Ⅱ－1－4
H25	山岳：切羽観察項目	山岳：インバートコンクリートの施工	シールド：裏込め注入工の施工管理	開削：耐震設計
H26	山岳：坑口部の問題	山岳：シート防水工	開削：トンネルに作用する荷重、構造解析	シールド：セグメントの構造計算
H27	山岳：鋼製支保工の効果	山岳：周辺構造物への影響	開削：盤ぶくれの原因と対策	シールド：土圧式と泥水式の切羽の安定

H28	山岳： 周辺環境に及ぼす 影響	山岳： ずりの運搬方式	開削：軟弱層での 土留め壁の 変形抑制	シールド： シールド工法での 急曲線施工
H29	山岳： 5種類の掘削工法	山岳： 覆工の ひび割れ低減策	開削：海岸近くの 開削トンネルの 性能照査	シールド： シールド工法の 地盤変位
H30	山岳：ロックボルト	山岳：インバート	都市：地中の 支障物件に関する 調査方法	都市： 都市トンネルの 耐震安全性
R1	山岳： 吹付コンクリート	山岳： 覆工の力学的な 性能付加	開削：設計時及び 施工時の 漏水防止策	シールド： 一次覆工の種類
R2	山岳：早期併合が 適用される目的	山岳： 計測工Aの項目	開削：地下埋設物 の保安措置	シールド：シール ドの耐久性向上
R3	山岳：設計条件	山岳： ロックボルトの 性能と内容	開削：遮水性に 優れた土留め壁	シールド： 発進防護工等に おける留意点
R4	山岳：鋼製支保工	山岳： 切羽観測項目	開削：地下連続壁 の本体利用	シールド： セグメント製作時 の品質管理
R5	山岳： 地表面沈下対策の ための補助工法	山岳： 計測Bの項目	開削：アンダーピ ニング工法	シールド：はりーば ねモデルによる 計算法

巻末資料 1 枚論文過去問

① 山岳トンネル

【R5-1-1】山岳トンネル掘削時の地表面沈下対策のための補助工法を3つ以上挙げ、それぞれの工法についてその概要を説明せよ。

【R3-1-1】山岳トンネルの設計を行う際に考慮すべき設計条件を2つ以上示したうえで、設計に適用される手法をその内容とともに2つ以上述べよ。

【R2-1-1】山岳トンネルにおいて早期閉合が適用される目的と地山を含む条件を2つ以上挙げ、採用する場合の留意点をそれぞれ記述せよ。

【H29-1-1】山岳トンネルの掘削工法を5つ挙げ、それぞれについて適用条件、長所及び短所を説明せよ。

【H28-1-2】山岳トンネルのずり運搬方式を3つ挙げるとともに、各方式の特徴について説明せよ。

【H27-1-2】周辺構造物に近接する山岳工法トンネルを設計する際に留意すべき、山岳工法トンネルが周辺構造物に与える影響を3つ挙げ、対策について述べよ。

【H28-1-1】山岳トンネルを建設する際に、計画段階において検討すべき周辺環境に及ぼす影響を4つ挙げるとともに、それらに対する対策について述べよ。

【H26-1-1】山岳工法によりトンネルを建設する際に坑口部で予想される問題点を5つ挙げ、それぞれについて設計上の留意点を述べよ。

【H26-1-2】山岳工法により建設される排水型トンネルのシート防水工について、施工上の留意点を述べよ。

② 山岳トンネル：観測

【R2-1-2】計測工Aの項目を2つ以上挙げて説明し、それぞれの活用方法を述べよ。

【R5-1-2】計測Bの項目を3つ以上挙げ、それぞれの計測の目的を説明せよ。

【H25-1-1】山岳トンネルの切羽観察項目を列挙し、それぞれの項目の評価区分について記述せよ。

【R4-1-1】山岳トンネル掘削時の切羽観察項目を4つ以上挙げ、それぞれの項目についてその観察内容を説明せよ。

③ 山岳トンネル：支保工

【R4-1-1】山岳工法における鋼製支保工の効果を3つ以上挙げ、それぞれについてその効果の概要を説明せよ。

【R1-1-1】山岳工法トンネルでの吹付けコンクリートの使用目的は地山条件により異なる。地山条件を岩の硬軟、亀裂の有無、特殊地山等から分類し3つ以上挙げ、それぞれの地山条件に応じた吹付けコンクリートのおもな使用目的について述べよ。

【R1-1-2】山岳工法トンネルの覆工において、力学的な性能を付加させる場合はどのような場合か4つ以上挙げ、それぞれについて述べよ。

【H29-1-2】山岳工法トンネルの覆工には、材料、環境、施工に起因するひび割れが発生しやすいが、ひび割れを低減するための対策を4つに分類し、それぞれについて説明せよ。

【H27-1-1】山岳工法トンネルの鋼製支保工の効果を5つ挙げ、それぞれについて説明せよ。

【R3-1-2】ロックボルトの性能をその内容とともに示したうえで、その効果について、それが期待される地山条件を明示したうえで3つ以上述べよ。

【H30-1-1】山岳工法トンネルのロックボルトについて、次の問いに答えよ。
（1）ロックボルトの性能を2つ説明せよ。
（2）ロックボルトの効果を4つ挙げて、それぞれについて説明せよ。

【H25-1-2】山岳トンネルのインバートコンクリートの施工上の留意点について述べよ。

【H30-1-2】山岳工法トンネルのインバート（本インバート及び一次インバート）について、次の問いに答えよ。
（1）インバートに求められる力学的な性能を2項目挙げて説明せよ。
（2）インバートが必要な条件について説明せよ。
（3）インバートの設置時期について説明せよ。

④ シールドトンネル

【R5-1-4】シールド工法におけるセグメントの横断面方向の構造計算方法である「はり―ばねモデルによる計算法」について、構造計算も出ると構造計算の特徴を説明せよ。

【R2-1-4】シールド工法にて長距離施工を行う場合に、シールドの耐久性を向上させるために検討すべき事項を2つ以上挙げるとともに、その具体的内容を複数述べよ。

【R3-1-4】立坑からのシールドの発進について、仮壁を事前撤去する場合の発進防護工、発進坑口工事、鏡切り工における留意点を4つ以上、及び仮壁を直接切削する場合の留意点を2つ以上述べよ。

【R1-1-4】シールドトンネルの覆工の役割について簡潔に述べるとともに、一次覆工の種類を2つ挙げ、その構造上の特徴と留意点について説明せよ。

【H27-1-4】土圧式（土圧又は泥土圧）シールドと泥水式シールドについて、以下の問いに答えよ。
（1）各工法について、切羽の安定機構の観点から説明せよ。
（2）各工法について、掘進・切羽の安定にかかる施工上の留意点を述べよ。

【H29-1-4】軟弱粘性土層（Ｎ値１から２）の小土被り区間（1.5D）において、シールド掘進に伴う地盤変位が下図に示すように発生した。これを踏まえて、以下の問いに答えよ。
（1）計画段階で行う地盤変位の予測及び施工中の計測管理について述べよ。
（2）シールド通過前の①隆起、②通過時の沈下及び③通過後の隆起それぞれについて、発生原因と対策について述べよ。

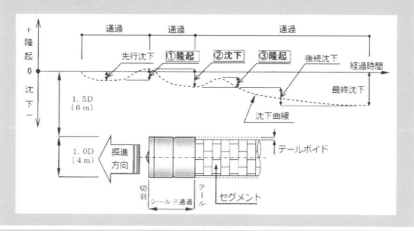

【H25-1-3】シールド工事における裏込め注入について以下の問いに答えよ。
（1）注入材に必要な性質を挙げよ。
（2）裏込め注入工の施工管理方法を２つ挙げて、その概要と留意点について説明せよ。

【H28-1-4】地下30mにトンネル内径5m、曲率半径20mのシールド工法による急曲線施工を計画している。当該箇所の覆工には鋼製セグメントを用いるものとして、以下の問いに答えよ。
（1）シールド機及びセグメントの計画に当たり、あなたが最も重要と考える検討項目を１つずつ挙げるとともに、その概要について述べよ。
（2）この急曲線を確実に施工するための留意点を１つ挙げるとともに、その対応策について述べよ。

【R4-1-4】セグメント製作における品質管理のための検査を３つ以上挙げ、それぞれの検査の目的と内容について説明せよ。

【H26-1-4】 シールドトンネルのセグメントの構造計算について、以下の問いに答えよ。
（1）横断方向の断面力の計算法のうち、①慣用計算法、②はりーばねモデルによる計算法についてそれぞれの特徴を述べよ。
（2）縦断方向の断面力は必要に応じて計算するものとしているが、どのような場合があるか3つ挙げよ。

⑤ 開削トンネル

【H26-1-3】 開削トンネルの設計について、以下の問いに答えよ。
（1）トンネル本体の設計に当たり施工時荷重を考慮する必要があるのはどのような場合か3つ挙げよ。
（2）トンネルに作用する荷重条件に大きな変化をもたらすため、その荷重を考慮する必要がある地盤変位の事象を3つ挙げよ。
（3）トンネル縦断方向の構造解析が必要となる場合がある。その理由について述べよ。

【H29-1-3】 海岸線に近く地下水位が高い軟弱な沖積層において土被りが少ない開削トンネルの建設を計画している。この開削トンネルの設計耐用期間中の性能照査を行うに当たり、以下の問いに答えよ。
（1）あなたが最も重要と考える外力あるいは環境等の作用を2つ挙げ、それぞれの留意点を述べよ。
（2）上記の2つの留意点に対する対応策を挙げて内容を説明せよ。

【R1-1-3】 開削工法で築造される地下構造物の供用中に生じる漏水の問題点について述べ、設計時及び施工時における漏水防止策の概要と留意点を説明せよ。

【R4-1-3】 地下連続壁を本体利用する場合に設計段階で考慮しなければならない事項を2つ以上挙げ、それぞれの内容について説明せよ。

【R5-1-3】 開削トンネルの施工に際して、既設構造物をアンダーピーニングしなければならない理由を説明せよ。次に、アンダーピーニング工法における、掘削時の既設構造物の支持方法、完成後の既設構造物の支持方式について、それぞれ2種類挙げ説明せよ。

【R3-1-3】 開削工法により地下構造物を築造する場合に用いる土留め壁のうち、遮水性に優れた土留め壁の構造を3つ以上挙げ、それぞれについて構造概要と特徴を述べよ。

【H28-1-3】市街地の道路部直下に掘削幅20m、深さ25mの開削工法による地下トンネルを計画している。対象地盤が全てN値1〜2程度の極めて軟弱な不透水性の粘性土層であると仮定して、トンネルの掘削に伴う土留め壁の変形を抑制するための設計及び施工上の対策をそれぞれ2つずつ挙げ、その概要について説明せよ。

【R2-1-3】開削工法において、地下埋設物の保安措置を行う時期を2つ以上挙げ、各時期における代表的な実施事項と具体的措置を述べよ。

【H27-1-3】開削工事において掘削底面で発生する盤ぶくれについて、以下の問いに答えよ。
（1）盤ぶくれ現象とその原因について説明せよ。
（2）盤ぶくれを防止する対策を2つ挙げて、その概要と留意点について説明せよ。

【H25-1-4】図1に示す開削トンネルの耐震設計の一般的な手順のうち（イ）〜（ハ）に入る手順を挙げ、それぞれの内容について述べよ。

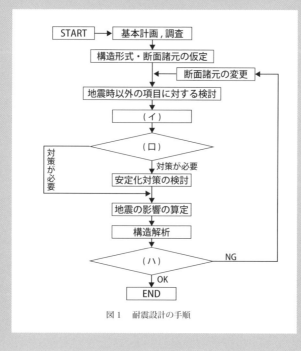

図1　耐震設計の手順

⑥ 都市トンネル

【H30-1-3】都市トンネル工事ではルートの選定に先立ち、工事に直接支障となる地中の諸物件について十分に調査しなければならない。本問で地中の支障物件を下記の４項目に分類した。これより３項目を選定し、それぞれの調査すべき内容とその手段及び留意点について述べよ。
- 地下構造物（地下街、地下駐車場、鉄道、道路等）
- 地下埋設物（ガス管、上下水道管、電力ケーブル、通信ケーブル等）
- 構造物や仮設工事の跡と残置物件（建物等の撤去跡、地下構造物や埋設物の仮設工事跡等）
- 将来計画（構造物や地下埋設物等）

【H30-1-4】耐震性に配慮した都市トンネルの計画に当たって以下の問いに答えよ。
（1）トンネル横断方向と縦断方向に分けた上で、耐震安全性に影響を及ぼす地盤あるいは構造条件の特徴を挙げて影響の内容を説明し、対応策について述べよ。
（2）トンネル周辺地盤の液状化に伴ってトンネルの安定性に大きな影響を及ぼす事象を２つ以上挙げて説明せよ。

選択科目Ⅱ－１：施工計画、施工設備及び積算

　令和元年以降の１枚論文は、平成25～30年度の問題と特に違いはありません。つまり、令和６年度に向けた対策としては、これまで通り、コンクリート、安全管理、施工計画、工程管理、市街地での掘削工事、軟弱地盤、入札・契約、原価管理などの比較的馴染み深いところを、しっかり理解した上で、勉強しておくことが大切です。出題数は４題ですが、問題を見ただけで完全にお手上げとなる分野をなるべく少なくしておき、本番では４題中最低１題は、技術士レベル以上の論文が書ける分野という状態にしておくことが大切です。過去問を参考にして、幅広く専門知識を勉強してください。

　また、令和元年度以降、出題者側もネタ切れとなっており、過去問の繰り返しのような問題が出題されはじめています。このため過去問を徹底的に勉強することは合格のため、極めて大切なことです。

　１枚論文では、技術者として積み重ねた経験に裏付けられた知識をアピールすることが大切です。土木工学専攻の優秀な大学生が書き上げる論文と技術士を目

指す技術者が書き上げる論文は違うということは、くれぐれも念頭においてください。留意点では、単なる知識だけでなく、自らの業務で培った専門知識をアピールしていくことが大切です。

年度	Ⅱ-1-1	Ⅱ-1-2	Ⅱ-1-3	Ⅱ-1-4
H25	工程管理手法の具体例	暑中コンクリートの施工	市街地の掘削工事の計測管理事項	PFI導入の効果
H26	軟弱地盤上の盛土の動態観測の計測項目	鉄筋コンクリートの耐久性阻害要因	埋設物に関して公衆災害防止の方策	二極化した総合評価落札方式の概説
H27	大規模土留め工事に伴う沈下原因と対策	設計・施工一括発注方式のメリット・デメリット	墜落・転落災害防止	寒中コンクリートの施工
H28	軟弱地盤対策工の目的と留意点	発注者の予定価格と受注者の実行予算	施工計画策定に当たっての安全管理	コンクリートの劣化機構と劣化現象
H29	掘削底面の安定	共同企業体の形態甲型と乙型の区分	COHSMSの目的と実施すべき事項	コンクリートの基本的品質
H30	橋台背面の道路盛土の対策工	担い手三法	橋梁新設工事での公衆災害防止	マスコンクリートの施工
R1	液状化の仕組みと発生抑制原理	多様な入札契約方式	三大災害と労働災害防止対策	コンクリートの非破壊検査
R2	地すべり対策の抑止工と抑制工	公共工事標準請負契約約款	市街地における橋梁下部工の安全確保	鉄筋コンクリート構造物の劣化機構
R3	軟弱地盤上での盛土構築	建設キャリアアップシステム	足場の倒壊防止	高流動コンクリートの特徴
R4	切土のり面保護工	ECI方式の概説と留意点	墜落による労働災害の防止	コンクリートの中性化による劣化機構
R5	軟弱地盤上のカルバートボックス	監理技術者の職務	施工段階におけるBIM/CIMの活用事例	高強度コンクリートの特徴

①－1 軟弱地盤上の盛土、液状化

【R5-1-1】粘性土層で構成される軟弱地盤上の道路盛土工事で、特に対策を講じることなく道路下を横断するカルバートボックスを設ける場合に想定される変状について説明せよ。また、想定される変状への対策方法について２つ挙げて説明せよ。

【R1-1-1】地震動によって生じる地盤の液状化の仕組みを説明せよ。また、液状化の発生を抑制する原理を３つ挙げ、それぞれに関して対策工法を述べよ。

【R3-1-1】粘性土層で構成される軟弱地盤上において特に対策することなく盛土を構築した場合に、周辺地盤に生じる可能性がある地盤変状の発生の仕組みについて説明せよ。また、周辺地盤の変状を抑制するための対策工法を２つ挙げ、それぞれについて工法の概要を説明せよ。

【H28-1-1】軟弱地盤に盛土する場合の軟弱地盤対策工を２つ挙げ、それぞれについて目的と施工上の留意点を述べよ。

【H30-1-1】軟弱地盤上において、橋台の背面に盛土を計画する場合に留意すべき点を２つ挙げ、それぞれの対策工について概説せよ。

【H26-1-1】軟弱地盤上の盛土の施工において、施工管理上必要な動態観測の計測項目を２つ挙げ、それぞれについて動態観測結果の利用方法を述べよ。

①－2 土留め工事

【H25-1-3】市街地における掘削土留め工事において、施工計画上重要と思われる計測管理事項を３つ挙げ、それぞれについて述べよ。

【H27-1-1】地下水位の高い地盤において掘削深さが10mを超える大規模な土留め工事を施工する場合、土留め掘削に伴う周辺地盤の沈下・変位発生の原因を２つ挙げ、それぞれについて設計・施工上考慮すべき対策を述べよ。

【H29-1-1】土留め壁を設置する開削工事において、掘削底面の安定に影響を与える現象名を３つ挙げ、そのうちの２つについて、現象の概要と対策をそれぞれ述べよ。

①－3 切土のり面、地すべり

【R4-1-1】切土のり面保護工を選定するうえでの基本的な考え方を説明せよ。また、切土のり面保護工において、植物によるのり面保護工と構造物によるのり面保護工の中から、工法の名称をそれぞれ１つずつ挙げて工法の概要を説明せよ。

【R2-1-1】地すべり対策における抑制工、抑止工の目的と適用の考え方を述べよ。また、抑制工、抑止工の中から工法の名称をそれぞれ1つずつ挙げ、工法の概要を説明せよ。

②-1 多様な入札

【R4-1-2】公共事業における契約方式として、最近用いられているECI方式について概説せよ。また、その実施に当たっての留意点を説明せよ。

【R1-1-2】国土交通省が進める「多様な入札契約方式」について、以下の①～④の各方式の中から2つ選び、それぞれの方式の概要、特徴・効果、並びに実施上の留意点を述べよ。
　　① CM方式　　　　　　　② 事業促進PPP方式
　　③ 設計・施工一括発注方式　④ ECI方式

【H27-1-2】公共工事における設計・施工一括発注方式の導入の背景について説明せよ。また、この方式のメリット及びデメリットを挙げ、それぞれについて述べよ。

【H26-1-4】国土交通省においては、総合評価落札方式を「施工能力評価型」と「技術提案評価型」に二極化することとしている。この二極化に基づく総合評価落札方式について概説せよ。

【H25-1-4】公共事業にPFI（Private Finance Initiative）を導入することによって期待される効果について述べよ。

②-2 入札その他

【R5-1-2】公共工事における監理技術者の職務について説明せよ。また、令和2年10月から施行された建設業法改正に伴う監理技術者の配置要件の変更点と、変更となった背景について説明せよ。

【R3-1-2】「建設キャリアアップシステム」について、導入の目的とシステムの概要を説明せよ。また、技能者と事業者の各々にとってのメリットを説明せよ。

【R2-1-2】「公共工事標準請負契約約款」において定められている発注者及び受注者の義務の中から、工事遂行に影響する主な義務をそれぞれ2項目ずつ挙げ、説明せよ。

【H30-1-2】平成26年6月に改正された、いわゆる「担い手三法」について、法律の名称（略称可）を全て挙げ、これらが改正に至った背景を簡潔に説明せよ。また、このうち1つの法律について、主な改正点を2つ述べよ。

【H29-1-2】建設工事における共同企業体（JV、ジョイントベンチャー）は、工事の規模や性格、結成目的などによって形態が分かれ、さらに甲型と乙型に区分される。共同企業体の形態について2つ挙げ、それぞれの名称（略称可）と概要を示せ。また、甲型と乙型について、それぞれ説明せよ。

②－3 積算

【H28-1-2】公共工事において、発注者が予定価格を算出する積算と、受注者が契約後に作成する実行予算の違いを3つ挙げ、それぞれについて述べよ。

③－1 労働安全衛生管理

【H29-1-3】建設業労働安全衛生マネジメントシステム（COHSMS）に関して、その目的と導入のメリットを記述した上で、具体的に実施すべき事項について4つ述べよ。

③－2 安全管理（三大災害：「墜落・転落」「建設機械・クレーン」「崩壊・倒壊」）

【R1-1-3】建設現場における三大災害を挙げ、それぞれについて、その原因を含めて概説するとともに、具体的な労働災害防止対策を述べよ。

【R3-1-3】建設工事において使用される足場（つり足場を除く）の倒壊を防止するため、施工計画及び工事現場管理それぞれにおいて留意すべき事項を説明せよ。

【H27-1-3】建設工事において足場を使用して高所作業を行う場合に、墜落・転落災害を防止するため、足場の設置計画、足場の組立て・解体作業、足場上での作業の各段階において留意すべき事項を挙げ、それぞれについて述べよ。

③－3 施工計画（安全管理）

【R4-1-3】労働安全衛生法施行令等の改正（2022年1月完全施行）において、墜落による労働災害の防止に関する規定等が改正された背景を説明せよ。また、その改正された内容について具体的に説明せよ。

【R2-1-3】市街地における橋梁下部工の施工計画に当たり、施工の安全を確保するために必要な検討事項を3つ挙げ、それぞれについて技術上の留意点及び施工上必要な措置等を具体的に述べよ。

【H30-1-3】供用中の道路上空における橋梁新設工事において、考慮すべき公衆災害防止対策を3つ挙げ、それぞれについて概説せよ。

【H28-1-3】建設工事の施工計画を策定するに当たり、安全管理として留意すべき事項を３つ挙げ、それぞれについて述べよ。

③－４ 施工計画（工程管理）

【H25-1-1】建設工事における工程管理の重要性について概説するとともに、工程管理手法の具体例を２つ挙げ、それぞれについて述べよ。

④－１ コンクリートの劣化機構

【R4-1-4】コンクリートの中性化の劣化機構について説明せよ。また、コンクリートの中性化と水の浸透に伴う鉄筋腐食が併せて進展する構造物の維持管理方法について説明せよ。

【R2-1-4】鉄筋コンクリート構造物の劣化機構について次のうちから２つを選び、それぞれについて、劣化現象を概説せよ。また、選んだ劣化機構について、劣化を生じさせないよう事前に取るべき対策を各２つ以上述べよ。
① 中性化　　② 塩害　　③ 凍害　　④ 化学的侵食　　⑤ アルカリシリカ反応

【H28-1-4】コンクリート構造物において、所定の耐久性能を損なうコンクリートの劣化機構の名称を４つ挙げよ。また、そのうちの２つについて、劣化現象を概説するとともに、耐久性能の回復若しくは向上を目的とした補修に当たり考慮すべき点について述べよ。

【H26-1-2】鉄筋コンクリート構造物の耐久性を阻害する要因を３つ挙げ、それぞれについて使用材料又はコンクリート配合設計での対策を述べよ。

④－２ コンクリートの点検

【R1-1-4】コンクリート構造物の検査・点検で用いる非破壊検査について、次のうちから３つを選び、それぞれについて、目的（得られる情報）、測定上の留意点を概説せよ。
① 反発度法　　　　② 超音波法　　　　　③ 電磁波レーダ法
④ 自然電位法　　　⑤ 赤外線サーモグラフィ法
⑥ 電磁誘導法（鋼材の導電性及び磁性を利用する方法）

④－3 コンクリートの品質、高流動コンクリート

【R5-1-4】設計基準強度50～100N/mm²の高強度コンクリートの特徴を説明せよ。また、高強度コンクリートの打込み時、養生時の各段階における品質確保のための留意点について説明せよ。

【R3-1-4】高流動コンクリートの特徴を説明せよ。また、高流動コンクリートを採用する目的と施工上の留意点をそれぞれ説明せよ。

【H29-1-4】コンクリートに要求される基本的品質を4つ挙げ、そのうちの2つについて、基本的品質を確保するために留意すべき事項を概説せよ。

④－4 暑中コンクリート、寒中コンクリート

【H30-1-4】マスコンクリートの施工に当たって、特に留意すべき事項を述べよ。また、その留意事項について、製造・運搬、打設・養生等の各段階において講じなければならない対策について概説せよ。

【H25-1-2】日平均気温25℃を超える時期にコンクリートを施工する場合において、懸念されるコンクリートの品質低下について概説し、この施工環境下での施工計画上の留意点を3つ挙げ、それぞれについて述べよ。

【H27-1-4】日平均気温が4℃以下となることが予想される時期にコンクリートを施工する場合において、この施工環境下でのコンクリートの品質低下の要因について概説し、さらに施工計画上の留意点を3つ挙げ、それぞれについて述べよ。

⑤ ICT

【R5-1-3】BIM／CIM (Building/Construction Information Modeling, Management) の概念について簡潔に説明せよ。また、建設工事の施工段階におけるBIM／CIMの活用事例を2つ挙げ、それぞれに関して期待される効果を具体的に述べよ。

選択科目Ⅱ－1：建設環境

　建設環境の1枚論文は、専門知識を問うと同時に、留意点や具体的対応策を記述させる問題となっており、たった600字という条件の中では非常に忙しい問題となっています。

　問題文をよく読んで、問われたことすべてに解答することを、第一に心がけて

ください。その上で、留意点や具体的対応策の部分では、自らの経験などを踏まえた一歩踏み込んだ知識をアピールすることができれば、加点要素となります。

　建設環境は、環境影響評価、建設リサイクル、生物多様性、沿道環境、大気汚染、騒音、振動、ヒートアイランド、脱炭素社会、河川、港湾、電力、都市緑化 etc 非常に幅広い分野からなっています。勉強範囲を絞った対策を行っていると、すべてが不得意分野という可能性も考えられます。幅広く専門知識を習得するような対策が必要です。頑張ってください。

年度	Ⅱ-1-1	Ⅱ-1-2	Ⅱ-1-3	Ⅱ-1-4
H25	環境再生における順応的管理	環境影響評価法の改正事項	建設リサイクルを取り巻く課題	生態系ネットワーク
H26	生物多様性の4つの危機	ヒートアイランド現象の原因と緩和策	循環型社会形成推進基本法	下層溶存酸素量（下層DO）
H27	生態系サービスの向上	再生可能エネルギーの得失	景観法の景観重要公共施設制度	廃棄物最終処分場跡地の建設計画
H28	富栄養化のメカニズムと対策	建設発生土のリサイクル	騒音の評価方法と騒音対策	民間企業が果たす生物多様性
H29	外来種対策	豊かな海を目指しての目標と施策	気候変動を考慮したインフラ整備	土壌汚染対策法
H30	低周波音に対する騒音対策	底層溶存酸素量改善のための対策手法	再生可能エネルギー	外来種対策
R1	建設リサイクルの取組状況	騒音発生源の対策	多自然川づくり基本指針	環境影響評価準備書の作成
R2	再生可能エネルギー源を利用した事業	建設リサイクル法	土壌汚染対策法	国土のストック価値向上
R3	富栄養化への対策	カーボンニュートラルに伴うグリーン成長戦略	生物多様性を含む自然資本の保全	再生可能エネルギーに関する環境影響評価

R4	騒音対策	風力発電の前倒環境調査	生態系を活用した防災・減災の考え方	「建設発生土」と「建設汚泥」の違い
R5	水循環基本法	廃棄段階の使用済み太陽光パネル	道路緑化の機能	景観地区制度

① 環境政策等

【R2-1-4】「第五次環境基本計画（平成30年4月17日閣議決定）」では、「国土のストックとしての価値向上」が重点戦略の１つとして位置づけられている。「国土のストックとしての価値向上」では、「自然との共生を軸とした国土の多様性の維持」として、「自然資本の維持・充実・活用」、「生態系ネットワークの構築」、「海洋環境の保全」、「健全な水循環の維持又は回復」、「外来生物対策」を含む７項目が示されている。そこで、ここに示した５項目の中から２つ挙げ、それぞれについて、建設部門としての具体的な取組を説明せよ。

【R3-1-3】多くの企業がSDGs（持続可能な開発目標）で示された社会課題をビジネスチャンスと捉えている中、生物多様性を含む自然資本の保全がSDGsの目標を下支えしているとされている。そこで、「環境教育」、「環境配慮」、「資材等の調達」、「研究・技術開発」、「コミュニケーション／社会貢献活動」の分野の中から２つの分野を選び、建設部門における生物多様性保全に向けた取組を１分野につき１例挙げ、それぞれについて、目的と実施内容を説明せよ。

【R4-1-3】生態系を活用した防災・減災（Ecosystem based Disaster Risk Reduction：Eco－DRR）の考え方について説明せよ。そのうえで、導入が可能と考えられるケースを１つ取り上げ、その概要について説明し、導入に当たり留意すべき事項を２つ挙げ説明せよ。

【H25-1-1】環境再生等における順応的管理の基本的な考え方及びそのプロセスについて述べよ。また、順応的管理を実際の事業で適用する上での留意点を３つ挙げよ。

② 脱炭素化、ヒートアイランド

【H29-1-3】気候変動を考慮したインフラ整備の将来計画を立案するに当たり、「比較的発生頻度が高い外力※に対する防災対策」及び「施設の能力を大幅に上回る外力に対する減災対策」について対策立案の基本的考え方をそれぞれ説明した上で、それらに応じた具体的取組について示せ。
※外力：災害の原因となる豪雨、高潮等の自然現象

【R3-1-2】「2050年カーボンニュートラルに伴うグリーン成長戦略」(令和2年12月)では、14の重要分野の「実行計画」が策定されている。その中には、建設分野と係わりが深いと考えられる取組事項として、

『物流・人流・土木インフラ産業』分野の
「カーボンニュートラルポートの形成」、「インフラ・都市空間等でのゼロエミッション化」及び「建設施工におけるカーボンニュートラルの実現」、
『食料・農林水産業』分野の「ブルーカーボン」、
『カーボンリサイクル産業』分野の「コンクリート」、
『資源循環関連産業』分野の「リニューアブル (バイオマス化・再生材利用)」が挙げられている。

そこで、これらの取組事項から2つ挙げ、それぞれについて、「現状と課題」と「今後の取組」を説明せよ。

【H26-1-2】ヒートアイランド現象の原因と考えられるものを3つに大別して、それらについて概説せよ。また、それぞれの原因を緩和するための建設分野における具体的対策を述べよ。

③ 再生可能エネルギー

【R5-1-2】将来にわたり太陽光発電設備が健全に普及していくためには、導入段階から廃棄段階までの様々な課題に対して具体的な対策を進めていくことが重要である。このうち同設備の廃棄段階における使用済み太陽光パネルの処理に関する環境上の課題を複数挙げ、それぞれに関して対策を述べよ。

【R2-1-1】再生可能エネルギー源を利用した一般的な事業内容を有する発電設備の設置計画がある。この発電設備が存在すること、又は供用されることにより、環境の自然的構成要素の良好な状態の保持の点から調査、予測及び評価されるべき環境要素がある。環境影響評価法に基づく手続を進めることを前提としたとき、計画している「再生可能エネルギー源を利用した発電設備」、「調査、予測及び評価されるべき環境要素」、及びその「対策」の組合せを2つ挙げ、それぞれその内容を説明せよ。

【H27-1-2】平成23年に「電気事業者による再生可能エネルギー電気の調達に関する特別措置法」が公布される等、国内における再生可能エネルギーの利用が促進されているところである。再生可能エネルギーの導入が推進されている背景を概説するとともに、現在、国内で利用されている再生可能エネルギーを2つ挙げ、各々の環境面における得失を述べよ。

【H30-1-3】近年の我が国の再生可能エネルギーの導入状況について、我が国のエネルギー政策を踏まえて述べよ。また、再生可能エネルギーのうち、太陽光発電事業において留意すべき環境面における課題を 2 つ挙げ説明せよ。

④ 環境影響評価

【R4-1-2】再生可能エネルギーの早期導入が求められている中、環境影響評価法に基づき風力発電所の環境影響評価を進めていくうえで、現況調査等の作業を配慮書手続や方法書手続に先行してあるいは同時並行で進める「前倒環境調査」がある。そこで、「前倒環境調査」として配慮書手続の開始以前の着手が推奨される調査項目の猛禽類について、「前倒環境調査」にて把握すべき内容、実施により期待される複数の効果を説明せよ。そのうえで、猛禽類について「前倒環境調査」を実施する場合の留意事項とその対策を説明せよ。

【R1-1-4】環境影響評価法に基づく第一種事業の環境アセスメント手続きにおいて、計画立案段階から環境影響評価準備書の作成までの間に事業者が行うべき環境影響評価法上の主要な手続きについて、時系列順に説明せよ。

【R3-1-4】再生可能エネルギーに関する環境影響評価について、環境影響評価法施行令の一部を改正する政令が令和 2 年 4 月に施行され「太陽電池発電所」の設置又は変更の工事の事業が環境影響評価法の対象事業に追加された。「太陽電池発電所」について環境影響評価法に基づき「土地又は工作物の存在及び供用」に関して評価する項目のうち、「騒音」「水の濁り」「土地の安定性」「反射光」「景観」から 2 つの項目を選択し、それぞれ生じる環境影響及びその対策について概説せよ。

【H25-1-2】平成 25 年 4 月 1 日から施行された環境影響評価法の主な改正事項を 2 点挙げ、それぞれの改正の背景と内容を述べよ。

⑤ 生物多様性、緑化

【R1-1-3】平成 18 年に国土交通省によって定められた「多自然川づくり基本指針」における「多自然川づくり」の定義を説明せよ。また、「多自然川づくり基本指針」から約 10 年を経た現状における多自然川づくりの技術的な課題を 2 つ挙げ、それぞれ概要を説明せよ。

【H30-1-4】建設事業（維持管理を含む）実施に当たり、外来種対策を行う場合に、対象種の定着段階に応じた対策を行う必要性について述べよ。また、未定着、定着後のそれぞれの段階において対策を行う際の留意点を述べよ。

【H26-1-1】「生物多様性国家戦略2012-2020」において示されている生物多様性の４つの危機について、それぞれの危機を引き起こす要因と生物多様性への影響を説明せよ。また、４つの危機のうち建設分野に関係の深いものを１つ選び、先に示した危機を引き起こす要因を対象に、必要と思われる対策の概要を述べよ。

【H29-1-1】我が国では、生物多様性条約第10回締結国会議で採択された愛知目標の達成に向けて行動計画を策定し、各主体がさまざまな施策や事業、行動等に外来種対策の観点を盛り込み、計画的に実施しているところである。この行動計画において、外来種対策を進めるに当たっての基本的な対策の考え方を２つ述べよ。また、１つの主体を挙げ、求められる役割を述べよ。

【H27-1-1】自然環境に係わる施策の評価や企業の環境への取組において近年、重要性を増している生態系サービスについて概説せよ。生態系サービスの向上に寄与する建設事業を１つ挙げ、その事業が向上に寄与する具体的な生態系サービス及びその寄与する理由を述べよ。

【H28-1-4】2006年以降、特に、生物多様性に果たす民間部門の役割が求められ、我が国における生物多様性に配慮した民間企業の取組が着実に進展している。この背景となっていることについて説明せよ。また、生物多様性の観点から民間企業に期待される取組について、建設分野における原材料調達の場面、及び保有地管理における場面で、それぞれ述べよ。

【H25-1-4】「生態系ネットワーク」の考え方を説明し、ネットワーク形成のための具体的対策を建設環境の技術士の立場から２つ挙げて留意点を述べよ。

【R5-1-3】道路緑化の機能のうち、「景観向上機能」、「環境保全機能」について、それぞれ説明せよ。

⑥ 建設リサイクル、循環型社会

【R4-1-4】我が国における建設リサイクルの取組に関し、「建設発生土」と「建設汚泥」の違いを説明せよ。そのうえで「建設発生土」と「建設汚泥」のどちらかを選び、建設リサイクルにおける課題と、有効利用及び適正処理の方策について説明せよ。

【R2-1-2】「建設工事に係る資材の再資源化等に関する法律」（建設リサイクル法）における特定建設資材廃棄物について説明せよ。また、特定建設資材廃棄物の種類を２つ挙げ、再資源化促進のための具体的な方策を述べよ。

【R1-1-1】我が国の建設リサイクルの取組状況について説明し、さらに建設発生土について有効利用及び適正処理の促進の方策について述べよ。

【H26-1-3】平成 12 年に「循環型社会形成推進基本法」が公布され、社会資本整備の面からも循環型社会の構築が進められているところである。本法制定の背景を 2 つ述べよ。また、建設分野において、循環型社会の構築に重要と思われる施策とその概要を 2 つ述べよ。

【H25-1-3】建設リサイクルを取り巻く課題を 3 つに大別して、それぞれ、概要を説明せよ。また、課題を 1 つ取り上げ、課題解決に資する具体的な対応方法について述べよ。

【H28-1-2】建設発生土のリサイクルに関する課題について、幅広い視点から 2 つ挙げ、それぞれ概説するとともに、これらを踏まえてリサイクル推進のための対応策を 2 つ述べよ。

【H27-1-4】平成 16 年に「廃棄物の処理及び清掃に関する法律」が改正され、廃棄物最終処分場跡地等廃棄物が地中にある土地で行われる形質変更に関する制度が導入された。この制度が導入された目的及び制度の概要について述べよ。また、廃棄物最終処分場跡地における建設事業の施工計画を立案する際に本制度に基づいて検討が必要な項目を 4 つ挙げよ。

⑦ 騒音・振動

【R4-1-1】道路や鉄道の建設に伴う供用後の騒音への対応としては、道路では道路構造対策や交通流対策、鉄道では車両対策や地上設備対策が挙げられる。そこで、道路か鉄道のいずれか 1 つを選び、文中に示した 2 つの対策について具体例とその具体例によって騒音が低減する理由を説明せよ。

【R1-1-2】道路・鉄道その他の建設事業の施工時又は供用時における騒音発生源とその対策を 2 つ挙げ、概説せよ。また、それぞれの対策の実施における技術的留意点について述べよ。

【H28-1-3】建設作業騒音又は自動車交通騒音のいずれか一方について、当該騒音が法令に基づく基準に適合・達成するか否かの評価方法について述べよ。また、当該騒音の発生源対策及び伝搬対策それぞれについて概説せよ。

【H30-1-1】周波数 100Hz 以下の低周波音（周波数 20Hz 以下の超低周波音を含む）について、一般的な騒音対策との違いについて説明せよ。また、建設事業に係る低周波音の発生源を 1 つ挙げ、その発生原因と対策について述べよ。

⑧ 水質改善

【R5-1-1】平成26年に「水循環基本法」が制定され、健全な水循環の維持又は回復に向けて、その関連する施策が総合的かつ一体的に推進されている。健全な水循環の維持又は回復に向けた取組を進めるに当たっての課題を複数挙げ、それぞれの対応策を述べよ。

【H29-1-2】平成27年の「瀬戸内海環境保全特別措置法」の改正に当たっては、瀬戸内海を「豊かな海」とするための取組を推進することが定められた。このように閉鎖性水域における環境保全に係る施策を「豊かな海」を目指して推進する際の目標として考えられることを、幅広い観点から3つ示し概説せよ。また、それぞれの目標ごとに、目標達成のための具体的な施策を1つずつ挙げよ。

【H26-1-4】湖沼や閉鎖性内湾の環境を表す指標として、下層溶存酸素量(以下、「下層DO」という。)が重要であるとの認識が高まってきている。下層DOが環境を表す指標として重要となってきた理由について述べよ。対策の原理が異なる下層DO改善に係わる対策を2つ挙げ、それぞれの対策の原理を説明せよ。

【R3-1-1】湖沼や海域等の水域において、魚類の生息環境の悪化の要因の1つとして富栄養化がある。富栄養化がもたらす魚類の生息環境の悪化に対する対策を2つ挙げ、それぞれの内容と魚類の生息環境の改善に対する効果を述べよ。

【H28-1-1】湖沼やダム貯水池等の淡水域における水質の課題として富栄養化があるが、富栄養化が進行するメカニズムについて述べよ。また、近年、国内で採用されている富栄養化対策事例を2つ挙げ、各々の内容を概説せよ。

【H30-1-2】水質汚濁に係る環境基準のうち、平成27年度に底層溶存酸素量が生活環境項目環境基準に追加された。この改正が行われた背景・目的について述べよ。また、底層溶存酸素量を改善するための対策手法のうち、内湾や湖沼等の水域内(岸辺や底質対策を含む)で実施される複数の対策手法と、それぞれの期待される改善メカニズムについて述べよ。

⑨ 景観法、土壌汚染対策法

【H27-1-3】「景観法」に規定されている、景観重要公共施設制度について説明せよ。また景観重要公共施設制度によって期待される効果について、制度の説明を踏まえて述べよ。

【R5-1-4】「景観法」に規定されている景観地区制度について説明せよ。

（平成 25 年度～令和 5 年度）

【R2-1-3】直接摂取の観点からの土壌汚染の除去等の措置が必要な場合において、「土壌汚染対策法に基づく調査及び措置に関するガイドライン（改訂第3版）（平成31年3月環境省水・大気環境局土壌環境課）」に位置付けられている汚染の除去等の措置の種類を3つ挙げ、そのうちの1つの措置についてその概要を説明せよ。

【H29-1-4】土壌汚染対策法が想定している土壌汚染による特定有害汚染物質の摂取経路を2つ挙げ、土壌汚染対策法により指定される有害汚染物質に係る基準について摂取経路と関連づけて経路ごとに説明せよ。また、土壌汚染状況調査の結果、汚染状態が基準に適合しない場合における区域指定について、汚染除去等の措置の必要性と関連づけて説明せよ。

必須科目Ⅰ 過去問

●令和元年度過去問

次の２問題のうち１問題を選び解答せよ。（問題番号を明記し、答案用紙３枚以内
にまとめよ）

I -1 （生産性向上）
我が国の人口は2010年頃をピークに減少に転じており、今後もそ
の傾向の継続により働き手の減少が続くことが予想される中で、そ
の減少を上回る生産性の向上等により、我が国の成長力を高めると
ともに、新たな需要を掘り起こし、経済成長を続けていくことが求
められている。
こうした状況下で、社会資本整備における一連のプロセスを担う建
設分野においても生産性の向上が必要不可欠となっていることを踏
まえて、以下の問いに答えよ。

（１）建設分野における生産性の向上に関して、技術者としての立場で多面的な
観点から課題を抽出し分析せよ。
（２）（１）で抽出した課題のうち最も重要と考える課題を１つ挙げ、その課題に
対する複数の解決策を示せ。
（３）（２）で提示した解決策に共通して新たに生じうるリスクとそれへの対策
について述べよ。
（４）（１）〜（３）を業務として遂行するに当たり必要となる要件を、技術者と
しての倫理、社会の持続可能性の観点から述べよ。

Ⅰ-2

（国土強靱化）

我が国は、暴風、豪雨、豪雪、洪水、高潮、地震、津波、噴火その他の異常な自然現象に起因する自然災害に繰り返しさいなまれてきた。自然災害への対策については、南海トラフ地震、首都直下地震等が遠くない将来に発生する可能性が高まっていることや、気候変動の影響等により水災害、土砂災害が多発していることから、その重要性がますます高まっている。

こうした状況下で、「強さ」と「しなやかさ」を持った安全・安心な国土・地域・経済社会の構築に向けた「国土強靱化」（ナショナル・レジリエンス）を推進していく必要があることを踏まえて、以下の問いに答えよ。

（1）ハード整備の想定を超える大規模な自然災害に対して安全・安心な国土・地域・経済社会を構築するために、技術者としての立場で多面的な観点から課題を抽出し分析せよ。

（2）（1）で抽出した課題のうち最も重要と考える課題を1つ挙げ、その課題に対する複数の解決策を示せ。

（3）（2）で提示した解決策に共通して新たに生じうるリスクとそれへの対策について述べよ。

（4）（1）〜（3）を業務として遂行するに当たり必要となる要件を、技術者としての倫理、社会の持続可能性の観点から述べよ。

次の２問題のうち１問題を選び解答せよ。（問題番号を明記し、答案用紙３枚以内にまとめよ）

Ⅰ-1 （担い手確保）
我が国の総人口は、戦後増加を続けていたが、2010年頃をピークに減少に転じ、国立社会保障・人口問題研究所の将来推計（出生中位・死亡中位推計）によると、2065年には8,808万人に減少することが予測されている。私たちの暮らしと経済を支えるインフラ整備の担い手であり、地域の安全・安心を支える地域の守り手でもある建設産業においても、課題の１つとしてその担い手確保が挙げられる。

（1）それぞれの地域において、地域の中小建設業が今後もその使命を果たすべく担い手を確保していく上で、技術者としての立場で多面的な観点から課題を抽出し、その内容を観点とともに示せ。

（2）抽出した課題のうち最も重要と考える課題を１つ挙げ、その課題に対する複数の解決策を示せ。

（3）すべての解決策を実行した上で生じる波及効果と、新たな懸案事項への対応策を示せ。

（4）上記事項を業務として遂行するに当たり、技術者としての倫理、社会の持続性の観点から必要となる要件・留意点を述べよ。

I -2 （維持管理・更新）

我が国の社会インフラは高度経済成長期に集中的に整備され、建設後50年以上経過する施設の割合が今後加速度的に高くなる見込みであり、急速な老朽化に伴う不具合の顕在化が懸念されている。また、高度経済成長期と比べて、我が国の社会・経済情勢も大きく変化している。

こうした状況下で、社会インフラの整備によってもたらされる恩恵を次世代へも確実に継承するためには、戦略的なメンテナンスが必要不可欠であることを踏まえ、以下の問いに答えよ。

（1）社会・経済情勢が変化する中、老朽化する社会インフラの戦略的なメンテナンスを推進するに当たり、技術者としての立場で多面的な観点から課題を抽出し、その内容を観点とともに示せ。

（2）（1）で抽出した課題のうち最も重要と考える課題を1つ挙げ、その課題に対する複数の解決策を示せ。

（3）（2）で示した解決策に共通して新たに生じうるリスクとそれへの対策について述べよ。

（4）（1）〜（3）を業務として遂行するに当たり必要となる要件を、技術者としての倫理、社会の持続可能性の観点から述べよ。

次の２問題のうち１問題を選び解答せよ。（問題番号を明記し、答案用紙３枚以内にまとめよ）

I-1 （循環型社会構築）

近年、地球環境問題がより深刻化してきており、社会の持続可能性を実現するために「低炭素社会」、「循環型社会」、「自然共生社会」の構築はすべての分野で重要な課題となっている。社会資本の整備や次世代への継承を担う建設分野においても、インフラ・設備・建築物のライフサイクルの中で、廃棄物に関する問題解決に向けた取組をより一層進め、「循環型社会」を構築していくことは、地球環境問題の克服と持続可能な社会基盤整備を実現するために必要不可欠なことである。このような状況を踏まえて以下の問いに答えよ。

（1）建設分野において廃棄物に関する問題に対して循環型社会の構築を実現するために、技術者としての立場で多面的な観点から３つ課題を抽出し、それぞれの観点を明記したうえで、課題の内容を示せ。

（2）前問（1）で抽出した課題のうち最も重要と考える課題を１つ挙げ、その課題に対する複数の解決策を示せ。

（3）前問（2）で示したすべての解決策を実行して生じる波及効果と専門技術を踏まえた懸念事項への対応策を示せ。

（4）前問（1）～（3）の業務遂行に当たり、技術者としての倫理、社会の持続可能性の観点から必要となる要件、留意点を述べよ。

Ⅰ-2

（風水害対策）

近年、災害が激甚化・頻発化し、特に、梅雨や台風時期の風水害（降雨、強風、高潮・波浪による災害）が毎年のように発生しており、全国各地の陸海域で、土木施設、交通施設や住民の生活基盤に甚大な被害をもたらしている。こうした状況の下、国民の命と暮らし、経済活動を守るためには、これまで以上に、新たな取組を加えた幅広い対策を行うことが急務となっている。

（１）災害が激甚化・頻発化する中で、風水害による被害を、新たな取組を加えた幅広い対策により防止又は軽減するために、技術者としての立場で多面的な観点から３つ課題を抽出し、それぞれの観点を明記したうえで、課題の内容を示せ。

（２）前問（１）で抽出した課題のうち最も重要と考える課題を１つ挙げ、その課題に対する複数の解決策を示せ。

（３）前問（２）で示したすべての解決策を実行しても新たに生じるリスクとそれへの対応策について、専門技術を踏まえた考えを示せ。

（４）前問（１）～（３）を業務として遂行するに当たり、技術者としての倫理、社会の持続性の観点から必要となる要件・留意点を述べよ。

次の２問題のうち１問題を選び解答せよ。（問題番号を明記し、答案用紙３枚以内にまとめよ）

I-1 （ＤＸの推進）

我が国では、技術革新や「新たな日常」の実現など社会経済情勢の激しい変化に対応し、業務そのものや組織、プロセス、組織文化・風土を変革し、競争上の優位性を確立するデジタル・トランスフォーメーション（DX）の推進を図ることが焦眉の急を要する問題となっており、これはインフラ分野においても当てはまるものである。

加えて、インフラ分野ではデジタル社会到来以前に形成された既存の制度・運用が存在する中で、デジタル社会の新たなニーズに的確に対応した施策を一層進めていくことが求められている。

このような状況下、インフラへの国民理解を促進しつつ安全・安心で豊かな生活を実現するため、以下の問いに答えよ。

（１）社会資本の効率的な整備、維持管理及び利活用に向けてデジタル・トランスフォーメーション（DX）を推進するに当たり、技術者としての立場で多面的な観点から３つ課題を抽出し、それぞれの観点を明記したうえで、課題の内容を示せ。

（２）前問（１）で抽出した課題のうち、最も重要と考える課題を１つ挙げ、その課題に対する複数の解決策を示せ。

（３）前問（２）で示したすべての解決策を実行して生じうる波及効果と専門技術を踏まえた懸念事項への対応策を示せ。

（４）前問（１）〜（３）を業務として遂行するに当たり、技術者としての倫理、社会の持続性の観点から必要となる要点・留意点を述べよ。

Ⅰ-2（地球温暖化対策）

世界の地球温暖化対策目標であるパリ協定の目標を達成するため、日本政府は令和2年10月に、2050年カーボンニュートラルを目指すことを宣言し、新たな削減目標を達成する道筋として、令和3年10月に地球温暖化対策計画を改訂した。また、国土交通省においては、グリーン社会の実現に向けた「国土交通グリーンチャレンジ」を公表するとともに、「国土交通省環境行動計画」を令和3年12月に改定した。

このように、2050年カーボンニュートラル実現のための取組が加速化している状況を踏まえ、以下の問いに答えよ。

（1）建設分野におけるCO_2排出量削減及びCO_2吸収量増加のための取組を実施するに当たり、技術者としての立場で多面的な観点から3つ課題を抽出し、それぞれの観点を明記したうえで、課題の内容を示せ。

（2）前問（1）で抽出した課題のうち、最も重要と考える課題を1つ挙げ、その課題に対する複数の解決策を示せ。

（3）前問（2）で示したすべての解決策を実行しても新たに生じるリスクとそれへの対策について述べよ。

（4）前問（1）～（3）を業務として遂行するに当たり、技術者としての倫理、社会の持続性の観点から必要となる要点・留意点を述べよ。

次の2問題のうち1問題を選び解答せよ。（問題番号を明記し、答案用紙3枚以内にまとめよ）

I-1 （巨大地震）

今年は1923（大正12）年の関東大震災から100年が経ち、我が国では、その間にも兵庫県南部地震、東北地方太平洋沖地震、熊本地震など巨大地震を多く経験している。これらの災害時には地震による揺れや津波等により、人的被害のみでなく、建築物や社会資本にも大きな被害が生じ復興に多くの時間と費用を要している。そのため、将来発生が想定されている南海トラフ巨大地震、首都直下地震及び日本海溝・千島海溝周辺海溝型地震の被害を最小化するために、国、地方公共団体等ではそれらへの対策計画を立てている。一方で、我が国では少子高齢化が進展する中で限りある建設技術者や対策に要することができる資金の制約があるのが現状である。

このような状況において、これらの巨大地震に対して地震災害に屈しない強靭な社会の構築を実現するための方策について、以下の問いに答えよ。

（1）将来発生しうる巨大地震を想定して建築物、社会資本の整備事業及び都市の防災対策を進めるに当たり、技術者としての立場で多面的な観点から3つ課題を抽出し、それぞれの観点を明記したうえで、課題の内容を示せ。

（2）前問（1）で抽出した課題のうち、最も重要と考える課題を1つ挙げ、その課題に対する複数の解決策を示せ。

（3）前問（2）で示したすべての解決策を実行しても新たに生じうるリスクとそれへの対策について、専門技術を踏まえた考えを示せ。

（4）前問（1）～（3）を業務として遂行するに当たり、技術者としての倫理、社会の持続性の観点から必要となる要点・留意点を述べよ。

Ⅰ-2

（第2フェーズ）

我が国の社会資本は多くが高度経済成長期以降に整備され、今後建設から50年以上経過する施設の割合は加速度的に増加する。このような状況を踏まえ、2013（平成25）年に「社会資本の維持管理・更新に関する当面講ずべき措置」が国土交通省から示され、同年が「社会資本メンテナンス元年」と位置づけられた。これ以降これまでの10年間に安心・安全のための社会資本の適正な管理に関する様々な取組が行われ、施設の現況把握や予防保全の重要性が明らかになるなどの成果が得られている。しかし、現状は直ちに措置が必要な施設や事後保全段階の施設が多数存在するものの、人員や予算の不足をはじめとした様々な背景から修繕に着手できていないものがあるなど、予防保全の観点も踏まえた社会資本の管理は未だ道半ばの状態にある。

（1）これからの社会資本を支える施設のメンテナンスを、上記のようなこれまで10年の取組を踏まえて「第2フェーズ」として位置づけ取組・推進するに当たり、技術者としての立場で多面的な観点から3つ課題を抽出し、それぞれの観点を明記したうえで、課題の内容を示せ。

（2）前問（1）で抽出した課題のうち、最も重要と考える課題を1つ挙げ、その課題に対する複数の解決策を示せ。

（3）前問（2）で示したすべての解決策を実行しても新たに生じうるリスクとそれへの対策について、専門技術を踏まえた考えを示せ。

（4）前問（1）〜（3）を業務として遂行するに当たり、技術者としての倫理、社会の持続性の観点から必要となる要点・留意点を述べよ。

ガチンコ技術士学園模範論文例　令和元年度過去問（建設：必須科目Ⅰ）

氏　　名	ガチンコ技術士学園	試験科目	必須科目Ⅰ
選択科目		問題テーマ	生産性向上
コース		問題番号	Ｒ１過去問　Ⅰ－１

（１）生産性の向上に関する課題

① 新たな生産システムの活用による生産性向上

建設工事の場所、規模及び仕様などは発注者が決定し、一品毎に異なる。受注者は製造業とは異なり、都度、実施設計、積算、施工計画、施工管理を行う。完成までには多くの技術者や技能労働者を必要とする典型的な労働集約型産業である。これを解消すべく、新たな生産システムを活用して生産性を向上させることが課題である。

② インフラの適切な維持管理による生産性向上

既存の社会インフラは、高度経済成長期に建設されたものが多く、今後一斉に老朽化を迎える。現在、建設投資額の約３割を占める維持管理のウエートは、今後は急激に増加していく。既存インフラを適切に維持管理することで生産性を向上させることが課題である。

③ 提出書類及び仕様の統一化による生産性向上

公共工事における提出書類の種類及び書式は各発注機関により異なる。受注者はその都度、発注者の規定を調べ、それに適合するように書類を作り直す手間をかけている。また、仕様書に関しても発注者独自の上乗せ規定があり、改めて内容を理解する必要がある。提出書類及び仕様を国や地方自治体で統一することにより生産性を向上させることが課題である。

（２）最も重要と考える課題及び解決策

新たな生産システムの活用による生産性向上を最も

1

ガチンコ技術士学園模範論文例　令和元年度過去問（建設：必須科目Ⅰ）

氏　　名	ガチンコ技術士学園	試験科目	必須科目Ⅰ
選択科目		問題テーマ	生産性向上
コース		問題番号	Ｒ１過去問　Ⅰ－１

重要な課題と考え、以下に解決策を示す。

① 三次元ＣＡＤ、ＣＩＭ・ＢＩＭの活用

　設計及び施工計画の段階で、三次元ＣＡＤ及びＣＩＭ・ＢＩＭを活用する。特にＣＩＭ・ＢＩＭは従来の３次元ＣＡＤに部材ごとの属性を持たせたものであり、設計で作成したデータを用いて積算が可能となる。また設計から施工へとデータを引き継ぐことにより、施工計画の精度を高めることができる。

② 無人化機械及びロボットの活用

　無人化機械及びロボットの活用を推進する。土木工事では無人化重機の活用がすでに始まっているが、今後は鉄筋加工ロボットや建築仕上げロボットなどの開発を進め、建築工事でも活用を拡大していく。

③ 自動点検システムの導入

　維持管理において、自動点検システムを導入する。目視点検に代わり、ドローンにてインフラを撮影し、自動にて写真編集を行う。また、構造物にひずみゲージや内部センサーを取付け変状時に警報を発信させる。

（３）解決策に共通して生じるリスク及び対策

① ＩＣＴなどに精通した建設技術者の不足

　建設技術に加え、ロボット工学や情報工学にも精通した建設技術者が必要となる。しかし現状では、該当する技術者は少なく、システムが機能しないリスクの発生が考えられる。リスク低減策としては、マニュアルの整備、使いやすい技術の開発を進めていくことが

2

ガチンコ技術士学園模範論文例　令和元年度過去問（建設：必須科目Ｉ）

氏　　名	ガチンコ技術士学園	試験科目	必須科目Ｉ
選択科目		問題テーマ	生産性向上
コース		問題番号	Ｒ１過去問　Ｉ－１

有効である。また、対象者を絞って講習会の開催を増やし、当該技術に精通した技術者の育成、建設業とは無縁な業種からのＩＴ技術者を積極的に活用することもリスク低減策として有効である。

②初期コスト及びメンテナンスコストの増加

　ＩＣＴ機械の導入コストやメンテナンスコストが増大することによる中小建設事業者の経営を圧迫するリスクが新たに発生する。リスク低減策として、地域ごと、業種ごとの団体などにて、ＩＣＴ機械のレンタルやシステムを共同運用し経費を分担する方法がある。

（４）業務を遂行するにあたり必要な要件

①技術者としての倫理の観点

　情報をデータ化する、他社とデータを情報交換するケースが増え、自社の情報を流出させ個人的対価を得たり、他社の情報を盗用することが容易となる。ゆえに情報の不正流出、不正取得を行わない高い倫理観を持つことが必要な要件となる。また、他社の知的財産を活用する際は必要な対価を支払うことも要件となる。

②社会の持続可能性の観点

　検討途中の過程がブラックボックス化され、内容を理解できる技術者が減る可能性がある。社会を持続させるには建設技術を後世へと引き継ぐことが不可欠である。業務遂行の過程で後進に対して基礎理論及び経験を伝承することが必要な要件となる。

－以上－

3

ガチンコ技術士学園模範論文例　令和元年度過去問（建設：必須科目Ⅰ）

氏　　名	ガチンコ技術士学園	試験科目	必須科目Ⅰ
選択科目		問題テーマ	国土強靭化
コース		問題番号	Ｒ１過去問 Ⅰ－２

（	１	）	国	土	強	靭	化	推	進	に	関	す	る	課	題			

①警戒避難体制の強化

　近年の豪雨災害では、事前にハザードマップの整備などが行われていたにも係わらず、避難の遅れにより多くの犠牲者が発生している。警戒避難体制を強化し、確実な避難を行う事が重要である。

②重要インフラの機能強化

　大規模地震では、防災拠点や医療施設等の被災・不足、上下水道の長期間供給停止等により、被災者の日常生活や、早期の復旧・再建に重大な支障をきたす事例が発生している。また、大規模停電や土砂災害等により道路が被災するなど、サプライチェーンが寸断され、社会経済活動に甚大な被害を及ぼした。そのため、重要インフラの強化が課題である。

③災害に強い街づくり

　阪神淡路大震災では密集する市街地に消防車が入ることができず被害が拡大した。都市部ではこうした密集市街地が現存しており、今後いかに道路を広げ、既存不適格建物を整備していくかが課題となっている。

④災害時の早期復旧

　想定を超える災害発生時には、建物、インフラは壊滅的被害を被ることが想定される。早期復旧、早期復興を可能とするためのハード面及びソフト面の事前準備や周辺自治体との連絡体制強化が課題である。

（２）最も重要と考える課題及び解決策

ガチンコ技術士学園模範論文例　令和元年度過去問（建設：必須科目Ⅰ）

氏　　名	ガチンコ技術士学園	試験科目	必須科目Ⅰ
選択科目		問題テーマ	国土強靭化
コース		問題番号	Ｒ１過去問Ⅰ－２

　今発生してもおかしくない大規模災害に対して、前述②～④は時間がかかることが問題である。人的被害を最小化するためには前述①が最も効果的であると考え、以下に解決策を示す。

①災害リスク情報の理解促進

　住民の中には、自分に影響する災害リスクについて、理解していない人も多い。そのため、住民の災害リスク情報の理解促進のため、地区毎、家庭毎にマイ・ハザードマップ、マイ・タイムラインの取組を推進し、防災意識の向上を図る。さらに、子どもの頃から防災意識の向上を図るため、小中学生を対象に防災教育を推進する。その際にＩＣＴやＶＲ（仮想現実）等を活用することにより、理解促進に繋がる。

②切迫感を感じる防災情報

　住民の中には、避難情報が出されても、自分のこととして考えず、逃げ遅れてしまう人も多い。そのため、住民に対して、切迫感を感じさせるリアルタイムな情報提供として、水位計や河川監視カメラを設置し、文字情報に加えて、リアルタイムな画像情報の発信、緊急避難メールなどのプッシュ通知が有効である。

（3）解決策に共通して生じるリスク及び対策

　各自治体は、多くの情報を発信し住民の避難に資する取組を行っているが、逆に情報過多となり、住民が適切に判断できないリスクが考えられる。リスク低減策としては、情報はできる限り同じサイト内にまとめ

2

ガチンコ技術士学園模範論文例　令和元年度過去問（建設：必須科目Ⅰ）

氏　　名	ガチンコ技術士学園	試験科目	必須科目Ⅰ
選択科目		問題テーマ	国土強靱化
コース		問題番号	Ｒ１過去問Ⅰ－２

　例えば、情報を大きく考えるのは水位計の情報に危機管理型水位計の情報を組み込む等の工夫が考えられる。また、避難者の増大が考えられる。避難者の規模を考慮して避難所の設置をすることはもちろんのこと、住民が各家庭の災害リスクを適切に把握できるような取組を推進する。

てワンストップで表示するなどの工夫を行う。川の防災情報の水位情報に危機管理型水位計の情報を組み込む等の工夫が考えられる。また、避難者の増大が考えられる。避難者の規模を考慮して避難所の設置をすることはもちろんのこと、住民が各家庭の災害リスクを適切に把握できるような取組を推進する。

（４）業務を遂行するにあたり必要な要件

①技術者としての倫理の観点

　国土強靱化推進のためには、災害時・平時の双方において地域住民の理解促進が必要となるが、業務は行政から発注されるものであり、技術者は行政側の意向を聞く傾向にある。災害時においても平時においても、住民第一の精神で住民の意見に耳を傾けることが技術者倫理に叶うものであると考える。

②社会の持続可能性の観点

　今後、人口減少が本格化することは避けられない事実である。さらに財政難や担い手不足を鑑みると、現在の行政サービス維持のためにはコンパクトシティの実現以外に方法はない。情報伝達については、常にＰＤＣＡを回し、よりよいものに変化し続けると同時に災害危険度の比較的低い中心市街地へ居住を促すことで、災害時の被害抑制と行政サービスの維持を実現させる。それが人口減少時代に突入しても社会を持続させる有効な施策であると考える。

－以上－

ガチンコ技術士学園模範論文例　令和２年度過去問（建設：必須科目Ⅰ）

氏　　名	ガチンコ技術士学園	試験科目	必須科目Ⅰ
選択科目		問題テーマ	担い手確保
コース		問題番号	Ｒ２過去問Ⅰ－１

（1）担い手確保に関する課題

①企業経営の健全化

　近年の建設投資額はピーク時の4割減となっており、少ないパイを多くの業者で取り合う利益の出ない構造となっている。また、公共事業には、繁忙期と閑散期の波があるため、閑散期には企業は技術者や技能者を抱えられず、正規雇用を行わない現実がある。安定的な企業経営を行える環境作りが課題である。

②休日の確保

　労働条件に関する課題として、休日の確保が挙げられる。技能労働者は日雇い労働者が多く、休みを取得すると収入が減少するため、休暇が取りづらい状況である。また、現地屋外生産、労働集約型生産という建設業の特性から、休むと他の工程に影響を与えるため、休暇が取りづらい状況である。

③安全の確保

　建設現場では施工機械と人が近接して作業を行うため、接触事故が起きやすく、墜落事故等も多く発生している。さらに災害時においては、無理なシフトを組むため安全管理の不足から墜落等の労働災害が起きやすい状況にある。こうしたイメージは国民が広く知るところであり、担い手確保のためには、安全な職場環境構築が課題となっている。

（2）最も重要と考える課題と解決策

　最も重要な課題は、企業経営の健全化である。その

1

ガチンコ技術士学園模範論文例　令和２年度過去問（建設：必須科目Ⅰ）

氏　　名	ガチンコ技術士学園	試験科目	必須科目Ⅰ
選択科目		問題テーマ	担い手確保
コース		問題番号	Ｒ２過去問　Ⅰ－１

　理由は、企業の経営を健全化することで労働環境を改善し、正規雇用や雇用者数の増加が可能になり、休日の確保や無理のないシフトによる安全の確保を実現することができるためである。

①地域維持型契約方式の導入

　担い手不足のおそれがある地域において、社会資本の維持管理、除雪、災害復旧対策などの業務を行うため、複数年受注、一括受注、共同受注とする地域維持型契約方式を導入する。このことにより企業の経営における将来的な不安を解消し、企業経営を健全化することができる。

②建設キャリアアップシステムの活用

　労働者の処遇改善や育成を目的とする建設キャリアアップシステムを活用する。建設キャリアアップシステムは、技能労働者の就業履歴、保有資格、社会保険加入状況などを蓄積するデータベースであり、技能労働者の経験や能力を見える化するとともに、雇用する技能労働者の数や能力に応じて専門工事会社の施工力を見える化することができる。施工力の高い専門工事会社は、元請会社からの受注機会を拡大することで企業経営を健全化することができる。

（3）波及効果と新たな懸念事項への対応策

①波及効果

　担い手確保により、直接的な雇用や地域の社会資本整備やインフラの維持管理、雪かき、自然災害時の対

ガチンコ技術士学園模範論文例　令和２年度過去問（建設：必須科目Ⅰ）

氏　　名	ガチンコ技術士学園	試験科目	必須科目Ⅰ
選択科目		問題テーマ	担い手確保
コース		問題番号	Ｒ２過去問Ⅰ－１

応といった直接的な効果だけでなく、地域活性化や住民の安全安心な生活といった波及効果が期待できる。

②新たな懸念事項への対応策

　地域優先型の契約方式とした場合、地域企業と発注者の癒着や地域企業の甘えが生じることが考えられる。逆にキャリアアップ制度を導入すると優秀な技術者が都会などに流出することが十分に考えられる。

　対応策としては発注者の協力も得ることで、魅力的な地元企業の育成を行っていくことが大切である。技術力、労働環境の双方の底上げを行っていく。

（４）必要となる要件・留意点

①技術者倫理の観点

　担い手確保の入り口を広くすると技術力や倫理感に問題のある人物が入ってくることも想定する必要がある。このため、新しい担い手の倫理教育や資質向上への取組だけでなく、後進に対して技術及び経験を伝承する役割を担う現役の技術者たちの資質向上の取組も合わせて必要な要件として挙げられる。

②社会持続可能性の観点

　地域の守り手である建設産業の担い手確保は重要ではあるが、人口減少の進む我が国においてはすべての地域で担い手確保を実現することは現実的ではない。このため、社会持続可能性の観点からは、コンパクトプラスネットワークの国の方針に基づき、地域そのものの集約が必要である。　　　　　　　　　　－以上－

3

ガチンコ技術士学園模範論文例　令和２年度過去問（建設：必須科目Ⅰ）

氏　　名	ガチンコ技術士学園	試験科目	必須科目Ⅰ
選択科目		問題テーマ	維持管理・更新
コース		問題番号	Ｒ２過去問　Ⅰ－２

（１）戦略的なメンテナンス推進に関する課題

①アセットマネジメントの導入

　我が国の社会資本は、高度経済成長期に集中的に整備されたため、今後20年以内に一斉に更新期を迎えることが想定されている。一方で財源や担い手には限りがあるため、更新期を平準化する取組が必要である。このためには施設を予防的に保全し、長寿命化するためのアセットマネジメントの導入が課題となる。

②地方自治体の組織力の支援・強化

　社会資本の維持管理の多くを担当する地方自治体の中には技術職員が不在、もしくは不足している団体が存在する。外部委託のための予算や能力も不足しているため、点検の省略につながっている事例もある。地方自治体の維持管理・更新体制を支援し、強化する取組が課題となる。

③知の体系化の推進

　我が国では社会インフラの維持管理・更新の取組の歴史が浅く、維持管理・更新の知識と技術が成熟していない上に体系化されていない。また、構造・設計・建設手法や整備履歴・環境条件などの個別性に通じていることはもちろんのこと、分野を超えた幅広い知見・関心が求められるが、この幅広い知見・関心を有する技術者・研究者が不足している。維持管理・更新の研究者や技術者を育て、マニュアル作りなどの知の体系化への取組が課題である。

ガチンコ技術士学園模範論文例　令和２年度過去問（建設：必須科目Ⅰ）

氏　　　名	ガチンコ技術士学園	試験科目	必須科目Ⅰ
選択科目		問題テーマ	維持管理・更新
コース		問題番号	Ｒ２過去問Ⅰ－２

（２）最も重要と考える課題とその解決策

　社会インフラの老朽化は笹子トンネルの天井板落下事故のような人命に係わる大問題である。人命を守るという観点から、アセットマネジメントの導入を最も重要な課題と考え、以下に解決策を示す。

①インフラデータプラットフォームの構築

　アセットマネジメントの導入にあたっては、データ不足、技術力不足、人材不足が問題となっている。このため、社会資本に関連する情報の共有化を図る地理空間情報プラットフォームの迅速な構築や通信基盤の高度化等を進め、これまでに蓄積されてきた社会資本ストックの機能を最大限に引き出す。

②点検・診断技術の高度化

　事後補修に比べると点検や診断技術が重要となってくる。このため、非破壊検査、ロボット、ドローンなどのICTを積極的に活用していくことで、点検の効率化、高度化、高精度化を図る。さらに、ICタグ、センサーを活用することで、構造物等の損傷、変状の計測、健全度評価システムの整備を進め、劣化曲線の精度を向上させる。

③発注者支援型CM方式の積極的採用

　地方自治体によっては、アセットマネジメントを担当できるだけの技術力や組織力のない自治体も多く存在している。このため、CMRが発注者の補助者として、マネジメント業務の全部または一部を行う発注者

2

ガチンコ技術士学園模範論文例　令和２年度過去問（建設：必須科目Ⅰ）

氏　　名	ガチンコ技術士学園	試験科目	必須科目Ⅰ
選択科目		問題テーマ	維持管理・更新
コース		問題番号	Ｒ２過去問　Ⅰ－２

支援型ＣＭ方式を積極的に導入するべきである。

（３）解決策に共通して生じるリスクとリスク低減策

①リスク：プラットフォームの活用やＣＭＲ方式においても、従来とは異なるＩＣＴに精通した技術者が必要となることが想定される。しかしながら、土木業界においては、こうした技術者が圧倒的に不足する可能性が懸念される。せっかく導入したドローンやロボットなどを活用できないリスク、故障に対応できないなどのリスクが考えられる。

②リスク低減策：リスク低減策としては、研修会などによる土木技術者のＩＣＴへの知識向上やＩＴ業界などからの人材獲得が挙げられる。

（４）業務を遂行するに当たり必要となる要件

①技術者としての倫理：笹子トンネル崩落事故では杜撰な点検などにより天井板の老朽化が見逃され、９名が死亡する事故が発生した。維持管理業務では、データ間違い・偽装を未然に防止し、その信頼性を向上させるため、継続した倫理教育と各データ処理段階でのチェック機能強化が必要な要件として挙げられる。

②社会の持続可能性：膨大な量の社会資本の維持管理を行うに当たっては、人口減少社会を想定した廃止・除却等も含めた既存施設の集約・再編の視点が求められる。また、更新期に大量に発生する建設廃棄物のリサイクルシステムや減量化システムの構築が持続可能性の観点からは必要となってくる。

－以上－

ガチンコ技術士学園模範論文例　令和３年度過去問（建設：必須科目Ⅰ）

氏　　名	ガチンコ技術士学園	試験科目	必須科目Ⅰ
選択科目		問題テーマ	循環型社会構築
コース		問題番号	Ｒ３過去問Ⅰ－１

（１）循環型社会実現のための課題

①廃棄物発生の抑制

　高度成長期に建設された社会インフラは今後20年間でその半数が建設後50年を経過すると見込まれている。大量に発生する老朽化インフラに対し、リデュースの観点から、廃棄物の発生抑制が課題である。

②廃棄物の有効利用のための技術開発

　建設の主要材料であるコンクリートの再資源化率は9割を超えるほど十分高い水準にある。しかしながら、その殆どが再生砕石として利用され、今後その需要は縮減していくことが見込まれるため、再生骨材としての再生利用が望まれている。一方で、再生骨材はその品質の不安定さから一部の製品しか構造物に利用できないため、リサイクルの観点からは、今後新たな技術開発により、再生骨材の品質向上を図ることで利用を拡大していくことが課題である。

③需給バランスの調整

　建設搬出土や構造物の更新に伴う建設廃棄物などの生産は一部の都市圏に限定されており、また運搬費にコストがかかるため、その生産と地方における需要とのバランスにミスマッチが生じている。建設廃棄物のリユースの観点からは、廃棄物再利用の需要と供給の適正なバランスを保持していくための調整を図ることが循環型社会を構築していく上での課題である。

（２）最も重要と考える課題とその解決策

ガチンコ技術士学園模範論文例　令和３年度過去問（建設：必須科目Ⅰ）

氏　　名	ガチンコ技術士学園	試験科目	必須科目Ⅰ
選択科目		問題テーマ	循環型社会構築
コース		問題番号	Ｒ３過去問　Ⅰ－１

　高度成長期に建設された構造物が大量に老朽化し、また一方で人口減少社会に直面する状況で、建設投資額の減少が見込まれる中、循環型社会の構築の為には、まずは「廃棄物発生の抑制」が最重要課題と考える。

①社会インフラの長寿命化

　老朽化が進むインフラに対し、構造物に深刻な損傷が発生する前に、予防保全型のアセットマネジメントを導入することで、長寿命化を実現する。また、維持管理における補修・補強において、高耐久化材などを使用することで、インフラ構造物の長寿命化を図ることが、廃棄物発生の抑制につながる解決策である。

②既存インフラの有効利用

　老朽化した社会インフラを、今までのスクラップ＆ビルド式に更新するのではなく、ＰＦＩやコンセッション方式など民間の資金とノウハウを活用することで、需要が減少した集合住宅などを医療、福祉施設などに活用することにより、既存施設を有効利用することが、廃棄物を発生させない解決策である。

③新設インフラの高耐久化の義務付け

　既存インフラの長寿命化や有効利用だけでなく、新設構造物に対しても、サスティナビリティー設計の概念を導入し、発注時に経済性だけでなく環境性まで含めたライフサイクルコストを算出させ、これを点数化することで高耐久化を義務付ける発注形式とすることが、廃棄物発生の抑制につながる解決策である。

2

ガチンコ技術士学園模範論文例　令和３年度過去問（建設：必須科目Ⅰ）

氏　　名	ガチンコ技術士学園	試験科目	必須科目Ⅰ
選択科目		問題テーマ	循環型社会構築
コース		問題番号	Ｒ３過去問　Ⅰ－１

（３）波及効果と懸念事項への対応策

①波及効果：廃棄物発生の抑制を図る解決策を施すことにより、建設産業からのCO_2削減効果へとつながり、国が目指す2050年までのCO_2発生ゼロを目指す方針とも合致し、脱炭素社会実現と循環型社会実現に結びつく波及効果となる。

②懸念事項と対応策：既存インフラの長寿命化や有効利用、また新設構造物の高耐久化は、その対策が初期コストの負担増となる。このため、発注形式に性能規定や品質保証を取り入れたり、また複数年契約とすることで、初期コスト負担分を低減させるなどの対策が有効である。

（４）業務遂行の必要な要件と留意点

①技術者倫理の観点：技術者は、技術面のみを考慮した提案や、会社の利益を優先させた対策を行うのではなく、真に建設リサイクルを推進させて循環型社会の実現を図ることに留意し、公共の利益を優先させる技術的提案を行う必要がある。このため、技術者の倫理教育をＣＰＤ義務付けするなどの対策が有効である。

②社会の持続性の観点：人口減少社会において、持続的な建設リサイクルシステムを構築していくためには、現在の拡散した都市構造では非効率的である。このため、コンパクト＋ネットワークの概念を導入し、集約型の都市を実現することで、コンパクト化した社会でリサイクルを推進していくことが必要である。　　　　以上

3

ガチンコ技術士学園模範論文例　令和３年度過去問（建設：必須科目Ⅰ）

氏　　名	ガチンコ技術士学園	試験科目	必須科目Ⅰ
選択科目		問題テーマ	風水害対策
コース		問題番号	Ｒ３過去問Ⅰ－２

（1）風水害による被害を防止・軽減するための課題

①広域化する激甚災害への対応

　近年の気候変動に伴う自然災害の激甚化・頻発化によって、防災施設の能力を上回る規模の災害が発生している。例えば、令和元年東日本台風では、バックウォーター現象による河川合流部での氾濫や、川幅の狭い区間・堤防未整備区間での越水氾濫等、多様な災害が同時に発生した。よって、体制面での観点から、広域的に発生する自然災害への対応が課題である。

②防災インフラの維持管理の高度化、効率化

　建設後50年以上経過し老朽化が進行したインフラが、道路橋では2029年には約52％を占める見込みである。今後インフラの老朽化が進行すると、激甚化していく短時間強雨や大規模地震等に対して相対的に機能が低下していくことが予想される。このため、継続的なインフラの維持管理の観点から、効率的・効果的な維持管理が課題である。

③担い手の確保・育成

　少子高齢化の中、建設業界は長時間労働や危険作業が多いこと、対労働賃金が低いなど就労環境が悪いため、技術者不足となっている。また、今後継続的にインフラ整備、維持管理を推進していく上で、膨大なインフラに対応できる土木技術者が必要となる。技術者不足の観点から、就労環境を改善し、担い手を確保・育成していくことが課題である。

1

ガチンコ技術士学園模範論文例　令和３年度過去問（建設：必須科目Ⅰ）

氏　　名	ガチンコ技術士学園	試験科目	必須科目Ⅰ
選択科目		問題テーマ	風水害対策
コース		問題番号	Ｒ３過去問Ⅰ－２

（２）最も重要な課題とその解決策

　最も重要な課題として、「①広域化する激甚災害への課題」を挙げる。行政や住民、民間企業等の多様な主体が連携・協働し、ハード・ソフト対策を組合せ、流域全体で治水対策を行う「流域治水」への転換を推進することが必要であると考える。具体的な解決策を以下に述べる。

①外力の抑制（ハザードへの対応）

　治水対策として、川幅が狭く流下能力が不足している区間等での河道掘削や堤防嵩上げ等を行う。また、河川への雨水の流入抑制対策として、遊水池・霞堤等の雨水貯留施設等の整備を行う。洪水時に下流域の氾濫を防止するため、利水ダムの事前放流を行い、利水容量を洪水調節機能として活用する。

②被害対象の減少（暴露への対応）

　災害の発生リスクが高い地域を減らしていくことが必要である。具体的には、高規格堤防や高台まちづくりの整備や、浸水被害の著しい河川沿い小集落の集団移転、土砂災害警戒区域等の指定による開発規制が挙げられる。

③脆弱性への対応（被害の軽減・回復力向上）

　逃げ遅れによる被害をなくすため、Ｘ－ＲＡＩＮの活用や、緊急速報メールやＳＮＳ等のプッシュ型の情報発信により、オンタイムでの情報提供を行う。住宅等の水害に対する安全性を確保するため、宅地の嵩上

2

ガチンコ技術士学園模範論文例　令和３年度過去問（建設：必須科目Ⅰ）

氏　　名	ガチンコ技術士学園	試験科目	必須科目Ⅰ
選択科目		問題テーマ	風水害対策
コース		問題番号	Ｒ３過去問 Ⅰ－２

げや浸水深以上の居住空間を確保する。また、重要インフラの機能を確保するため、自治体や民間企業でのＢＣＰやタイムラインの作成等を行う。

（３）解決策に共通して生じるリスクとその対応策

　防災インフラの整備が進むほど、住民は安心しきってしまい、防災意識の低下を招くリスクがある。よって、地域での自主防災組織の設立やＶＲ・ＡＲアプリを活用した防災訓練による疑似体験でのリスクの見える化や意識啓発、まるごとまちごとハザードマップの作成等、平時からの防災意識の向上を図る。

（４）業務として遂行していく上での必要要件

①技術者倫理の観点

　防災対策を検討する上で、国民の命や財産を守るための安全確保と事業費の縮小化は相反する関係にあるが、常に公衆の安全確保を最優先とし、対策を立案する必要がある。

②社会の持続可能性の観点

　防災インフラは、自然環境と密接な関係があり、グリーンインフラを導入することや、施工の際にCO_2の排出や騒音・振動などの環境負荷を最小にとどめる重機を用いることで、脱炭素社会へ向けて自然環境への影響の最小化を図ることが重要である。

－以上－

ガチンコ技術士学園模範論文例　令和4年度過去問（建設：必須科目Ⅰ）

氏　　名	ガチンコ技術士学園	試験科目	必須科目Ⅰ
選択科目		問題テーマ	DXの推進
コース		問題番号	R4過去問Ⅰ-1

（1）DXを推進する上での課題

①デジタル社会に対応した基準、制度の整備

　近年、社会資本整備の分野では無人化施工技術、高性能ドローン等が発達してきている。また、人流データやリアルタイムの気象データ等も収集可能となっている。しかし、基準類や制度は従来のアナログ方式を基本としている場合が多いため、デジタル化が制限されている。

　よって、ソフト面の観点から、デジタル社会に対応した基準類や制度を整備することが課題である。

②デジタル技術に対応できる人材の育成・確保

　インフラ分野は、これまで建設需要の落ち込みによる余剰人員の発生を背景に、長年アナログ方式により業務を行ってきた。施工は2次元の紙図面で進め、維持管理は現地で目視点検を行ってきた。そのため、デジタル技術に対応できる人材が不足している。

　よって、人材の観点から、デジタル技術に対応できる人材を育成・確保することが課題である。

③ビッグデータの有効利用

　近年、ICT施工の普及や維持管理記録の蓄積により、社会資本整備に資するデータが蓄積されてきている。また、スマートフォンからの人流データも蓄積されてきている。しかし、これらのビッグデータを社会資本の整備、維持管理、利活用に有効利用できていない。

1

ガチンコ技術士学園模範論文例　令和４年度過去問（建設：必須科目Ⅰ）

氏　　　名	ガチンコ技術士学園	試験科目	必須科目Ⅰ
選択科目		問題テーマ	ＤＸの推進
コース		問題番号	Ｒ４過去問Ⅰ－１

　よって、情報の観点から、ＤＸを推進するため、ビッグデータを有効利用することが課題である。

（２）最も重要と考える課題とその解決策

　私は、③ビッグデータの有効利用を最も重要な課題として挙げる。以下にその解決策を示す。

①ビッグデータを利用した都市計画

　国が公表しているプラトーの人流データ、３次元地形データ等を基に効率的な都市計画を立案する。ビッグデータを基にスマートプランニングを行い、最適な施設立地計画を立てる。また、気象データを基に地域の防災計画を立案する。加えて、デジタルツインによるサイバー空間で公共交通の再編等の実証実験を行い、その結果をフィジカル空間へフィードバックする。

②ＡＩによる社会資本整備、維持管理の効率化

　蓄積されたビッグデータを基にＡＩ技術を開発し、それを社会資本整備、維持管理に活用する。例えば、トンネル工事で切羽の監視をＡＩで行い安全性確保を効率化する。また、維持管理おいて劣化の診断等をＡＩで行い維持管理を効率化する。将来的には、インフラの劣化予測をＡＩで行い、維持管理業務をさらに効率化する。

③リアルタイムデータの公表

　公共交通機関の利用状況、道路交通状況等のアクティブデータを国民に公表し、社会資本の利便性を向上させる。公共交通機関の混雑状況を公表することで、

ガチンコ技術士学園模範論文例　令和４年度過去問（建設：必須科目Ⅰ）

氏　　名	ガチンコ技術士学園	試験科目	必須科目Ⅰ
選択科目		問題テーマ	ＤＸの推進
コース		問題番号	Ｒ４過去問　Ⅰ－１

人の集中を避けることができる。今後は、施設の点検や診断結果等を公表し、国民に安心な生活を提供していく。

（3）解決策を実行して生じる波及効果と懸念事項

① 波及効果：ビッグデータを有効利用することで、波及効果としてCO_2削減が期待できる。例えば、都市の立地適正化やリアルタイムデータの公表により公共交通の利用が促進され、自動車からのCO_2を削減できる。また、道路構造の再編等による渋滞緩和も期待できる。

② 懸念事項と対応策：懸念事項としてビッグデータがハッキング等により改ざんされ、そのデータを基に社会資本整備を計画した場合、国民からの信用が低下する可能性がある。

その対応策として、セキュリティを厳密化する。また、セキュリティ対策についての研修会を開催する。

（4）業務遂行に必要となる要点

① 技術者倫理の観点：業務を推進するに当たっては公衆の利益、安全を最優先することが必要である。デジタル技術はブラックボックス化しやすいため、チェック体制を構築する。

② 社会の持続可能性の観点：将来世代のために環境の保全に努めることが必要である。CO_2排出量等のデータもビッグデータとして蓄積し、それを社会資本整備の計画等に活用する。

－以上－

ガチンコ技術士学園模範論文例　令和４年度過去問（建設：必須科目Ⅰ）

氏　　名	ガチンコ技術士学園	試験科目	必須科目Ⅰ
選択科目		問題テーマ	地球温暖化対策
コース		問題番号	Ｒ４過去問 Ⅰ−２

（１）建設分野におけるCO₂排出量削減等の課題

①交通流の円滑化

　我が国のCO₂排出量のうち、運輸部門が２割を占めており、このうち９割が自動車によるものである。大半を自家用車が占めているため、自家用車による取組が効果的である。このため、交通の観点から、渋滞解消やICTによる最適ルートの誘導等、ハード・ソフト面から交通流の円滑化に取り組むことが課題となる。

②集約連携型都市構造への転換

　我が国は高度経済成長期の人口増加に対応するため、拡散型の都市構造となった経緯がある。一方、現在の人口減少社会においては、低密度に分散する都市構造では都市機能にアクセスするのに移動距離が長く、車中心の生活となりCO₂排出量が増えることになる。

　このため、まちづくりの観点から、徒歩や自転車でアクセスできる範囲に都市機能を集約する集約連携型都市構造へ転換することが課題となる。

③都市及び都市近郊緑地の維持管理

　CO₂吸収源となる木は成長期に多くのCO₂を吸収する。このため、間伐や植栽等、木の維持管理が欠かせない。しかしながら、緑地の所有者の高齢化に伴い、維持管理できない緑地が問題となっている。また、都市及び都市近郊の緑地の保全が重要となる。このため、維持管理の観点から、NPOや企業等の民間活力を得て、緑地の維持管理を行うことが課題となる。

ガチンコ技術士学園模範論文例　令和４年度過去問（建設：必須科目Ⅰ）

氏　　名	ガチンコ技術士学園	試験科目	必須科目Ⅰ
選択科目		問題テーマ	地球温暖化対策
コース		問題番号	Ｒ４過去問Ⅰ－２

（２）最も重要と考える課題と解決策

　人口減少社会において都市の持続性と環境保全を両立する（１）②集約連携型都市構造への転換を図る、歩いて暮らせるコンパクトシティの実現が最も重要と考え、解決策を以下に示す。

①立地適正化計画の策定

　コンパクトシティの実現に向けては、都市の拠点となるエリアに医療や福祉、商業等の都市機能を集約する必要がある。このため、立地適正化計画を策定し、駅等の公共交通拠点を含むエリアを誘導区域として定め、誘導施策によって都市施設の立地を促進する。また、都市計画による郊外への土地利用規制を両輪として進める。

②地域公共交通計画の策定

　集約された拠点間を基幹交通でネットワークすると共に、拠点内の生活交通手段を確保するため、地域公共交通計画を策定する。コロナ禍の影響もあり、利用者数が減少しているものの、交通手段を持たない高齢者や学生等にとって真に必要である路線においては、公的補助も含めて確保していく。加えて、ラストワンマイルがつながらないことにより、自動車を選ぶことのないよう、自転車や低速ＥＶ車等、新しいモビリティサービスの充実を図る。

③中心市街地の魅力向上

　徒歩中心のライフスタイルを築くためには、歩きた

ガチンコ技術士学園模範論文例　令和４年度過去問（建設：必須科目Ⅰ）

氏　　　名	ガチンコ技術士学園	試験科目	必須科目Ⅰ
選択科目		問題テーマ	地球温暖化対策
コース		問題番号	Ｒ４過去問　Ⅰ－２

いと思える都市の魅力や快適性が重要である。このため、滞在快適性等向上区域と歩行者利便増進道路の制度活用により、オープンカフェやベンチ等を配置し、民有地を公的空間として活用するウォーカブルな空間を創出する。

（３）新たに生じうるリスクと対応策

①郊外の生活機能の衰退

　リスクとして、コンパクトシティの推進により、誘導区域外の郊外の生活機能の衰退が懸念される。対応策として、ICTを活用したオンライン診療や教育等都市機能を補完することにより、生活機能を維持する。

②郊外の土地需要の低下

　リスクとして、郊外の人口密度の低下に伴い、土地需要が低下する。これにより空き家・空き地が増加し、治安や居住環境の悪化による外部不経済が懸念される。

　対応策として、自治体や都市再生法人との跡地等管理等協定を地権者合意の上で締結し、空き地等を広場や市民農園等のコミュニティ活動の場として活用する。

（４）技術者倫理と社会持続性

①技術者倫理：低炭素社会への取組は住民や事業者等の社会全体での取組が重要である。公衆の理解促進にあたって、客観的なデータに基づく丁寧な説明を行う。

②社会持続性：コンパクトシティの取組は人口減少社会において都市の持続性と環境保全を両立する取組である。この取組を推進することが重要である。　　　　　以上

3

ガチンコ技術士学園模範論文例　令和５年度過去問（建設：必須科目Ⅰ）

氏　　名	ガチンコ技術士学園	試験科目	必須科目Ⅰ
選択科目		問題テーマ	巨大地震
コース		問題番号	Ｒ５過去問 Ⅰ－１

（１）巨大地震対策を推進する上での課題

①ハード・ソフトベストミックスによる対策

　南海トラフ巨大地震では、最大震度7、関東地方から九州地方の広範囲で10m以上の津波が予測されている。このような巨大災害では、既存施設が外力に耐えられないため、その機能を発揮できず、結果、甚大な被害へとつながることとなる。よって、巨大災害に対し、ハード施設のみで対応することは困難であることから、人命確保の観点より、ハード・ソフトベストミックスを推進していくことが課題である。

②インフラの機能確保

　南海トラフ巨大地震が発生すると道路施設の３万～４万箇所が被災すると想定され、住民の避難や救護活動、物流に多大な支障を与える。さらに、老朽化したインフラでは、外力に耐えられず、機能不全や事故のリスクもある。よって、防災・減災の観点から、災害時においてインフラが必要な機能を発揮するため、いかにして機能を維持していくかが課題である。

③新技術を生かした防災対策の高度化

　生産人口が減少し、建設分野においても働き手が減少しており、インフラの耐震補強、防災施設の新規建設あるいはインフラメンテナンス等に関して担い手不足が顕在化している。このため、それを補うための作業の効率化、高度化等による生産性向上が求められている。担い手確保の観点から、防災対策においても新

ガチンコ技術士学園模範論文例　令和５年度過去問（建設：必須科目Ⅰ）

氏　　名	ガチンコ技術士学園	試験科目	必須科目Ⅰ
選択科目		問題テーマ	巨大地震
コース		問題番号	Ｒ５過去問 Ⅰ－１

技術を導入した予測技術の高度化・データベース構築、ドローンや災害ロボットの活用が課題である。

（２）最も重要と考える課題

　私が最も重要と考える課題は、ハード・ソフトベストミックスの推進である。なぜなら、最低限人命を確保するべきだからである。以下、対策について述べる。

①ハード・ソフト両輪による対策

　ハード対策として、想定外の外力に対し直ちに全壊せず、避難の時間を稼げる粘り強い構造の採用や、高速道路を避難路や避難場所として利用できるよう階段を整備するなどインフラの多面的活用を推進する。

　一方、ソフト対策として、マイタイムラインの作成ハザードマップの周知徹底、「自助・共助・公助」による避難訓練を実施することによって、平時から住民の防災意識を高めていく。また、災害情報や地形情報をＡＩで解析し、これをプラトー（３Ｄ都市モデル）に反映することで、迅速かつ的確な避難行動の検討を行う。

②インフラ施設の機能強化

　大規模災害においてもインフラ施設が要求される性能を満足できるよう、老朽化したインフラの維持管理機能の強化を図る。具体的には、インフラの老朽化対策や長寿命化、橋梁や防災施設の耐震化、道路法面の構造物による強化などである。これらを実現するためには、コスト削減が必須であることから、予防保全へ

2

ガチンコ技術士学園模範論文例　令和５年度過去問（建設：必須科目Ⅰ）

氏　　名	ガチンコ技術士学園	試験科目	必須科目Ⅰ
選択科目		問題テーマ	巨大地震
コース		問題番号	Ｒ５過去問Ⅰ－１

の転換や、選択や集中による重要なインフラを優先した整備を考えなければならない。

（３）上記解決策を実行して生じうるリスクと対策

　上記取り組みは大きなコストがかかるため、全てを官の予算だけで行うことは難しい。よって上記事業が進まないことが新たに生じうるリスクである。

　対策としては、ＰＰＰ／ＰＦＩを活用して、民間の資金や優れた技術やノウハウを活用することである。結果、事業の効率化によるコスト削減とサービスの向上が期待できる。人材不足が懸念される場合は、ＣＭ方式で民間の専門家を取り込むことも視野に入れる。

（４）業務遂行に必要となる要点・留意点

①技術者倫理の観点

　厳しい財政のなか、巨大災害への対策を行わなければならないが、常に公衆の利益を最優先し、コストダウンのみを優先し安全性を損なうようなインフラ整備をしてはならない。

②社会の持続可能性の観点

　巨大災害に備えたハード対策により、緑地が減少し、CO_2の吸収量が減少していくリスクが考えられる。よって将来世代のために、防災インフラの整備においては、緑地を残すことや、代替の緑地整備、グリーンインフラによる防災・減災を考えなければならない。

－以上－

ガチンコ技術士学園模範論文例　令和５年度過去問（建設：必須科目Ⅰ）

氏　　名	ガチンコ技術士学園	試験科目	必須科目Ⅰ
選択科目		問題テーマ	第２フェーズ
コース		問題番号	R５過去問 Ⅰ－２

（１）維持管理第２フェーズにおける課題

①戦略的維持管理

　我が国では、インフラメンテナンス元年から10年がた経過し、事後保全から予防保全への転換を進めてきた。しかし、小規模な市区町村等では、人員、予算不足により、予防保全への転換が不十分、また、事後保全段階の施設が多数存在する等、単独での維持管理が困難になっている。したがって、持続性確保の観点から、いかに戦略的に維持管理するかが課題である。

②社会インフラの再編・集約の推進

　今後、多くの地域で急激な人口減少が見込まれており、第２フェーズでは社会資本の利用低下や非効率化が顕在化すると考えられる。したがって、維持管理対象数の減少や、コスト縮減、効率化の観点から、社会インフラの再編・集約が課題である。

③民間活力の導入

　公共事業費や国・地方公共団体の職員数の削減が進む中、特に小規模な市町村を中心に、必要な技術力やノウハウを有する担い手の確保が困難になっている。特に地方部は、これまでも技術者の技術教育を進めてきたが、整備や施設更新が必要な社会インフラは広範囲に存在しており、これらの処理を公的主体のみの取組みで行うことに限界がある。このため、担い手不足の観点から、民間活力の導入が課題である。

（２）最も重要な課題と解決策

ガチンコ技術士学園模範論文例　令和５年度過去問（建設：必須科目Ⅰ）

氏　　名	ガチンコ技術士学園	試験科目	必須科目Ⅰ
選択科目		問題テーマ	第２フェーズ
コース		問題番号	Ｒ５過去問　Ⅰ－２

　維持管理の継続自体が困難になると、インフラの重大事故や致命的損傷が生じるため、人命保護の観点から戦略的維持管理を最も重要な課題とする。

①地域インフラ群再生戦略マネジメントの展開

　小規模な市区町村等では、単独での維持管理が困難なため、地域インフラ群再生戦略マネジメントを展開する。行政区域を限定せず、都道府県等の広域に分布するインフラを群として一体的に管理する。その際、地域の将来像を踏まえて、①維持すべき機能、②新たに加えるべき機能、③役割を果たした機能に分別し、分野横断的に集約・再編等に取組む。これにより、広範囲で安全性が向上し、地域間格差の解消につながる。

②新技術、ＩＣＴ等の活用

　熟練技術者であっても、打音調査等の手作業が生じており、調査、点検に時間を要している。このため、新技術、ＩＣＴ等を活用する。例えば、①無人航空機や非破壊検査技術による点検、診断、②センシング技術を用いた損傷状況の把握、③写真データを用いたＡＩ、ビッグデータ分析による劣化予測、損傷判断等が考えられる。これにより、各作業の効率性向上や将来予算の推定精度の向上につながる。

③ＣＩＭの標準化の推進

　計画から施工、維持管理にかけて多数のデータが作成される一方、作成されたデータの連携や利活用環境は整備されていない。このため、ＣＩＭの標準化を推

2

ガチンコ技術士学園模範論文例　令和５年度過去問（建設：必須科目Ⅰ）

氏　　名	ガチンコ技術士学園	試験科目	必須科目Ⅰ
選択科目		問題テーマ	第２フェーズ
コース		問題番号	Ｒ５過去問 Ⅰ－２

進する。地方公共団体やデジタル庁等が連携し、入力情報（①構造形状、②物性値、③属性等）を統一し、受託業者等が図面の３次元化、見える化に取組む。これにより設計段階のミス低減、施工との連携が図れ、データベースへの保存、蓄積により利活用環境が整う。

（３）新たに生じうるリスクとそれへの対応策

　地域によっては、一体的管理に伴う維持管理範囲の拡大により、さらなる人員不足が生じるリスクがある。このため、ＰＰＰ／ＰＦＩを導入し、民間技術者、民間資金を活用する。しかし、対象範囲のインフラ全てを一企業に負担させることは困難なため、①軽微な維持管理、②一定水準の技術力を要する維持管理、③高度な技術力を要する維持管理、と技術レベルに応じた人員配置、包括的民間委託等が有効である。

（４）業務遂行にあたり、必要となる要点・留意点

①技術者倫理の観点：維持管理更新には、多額の費用がかかるものであり、国民や地域住民の理解が必要不可欠である。技術者として必要な要件は、公益確保を最優先し、説明責任を果たした上で、業務を遂行することである。

②持続可能性の観点：維持管理更新に伴い、インフラに作り替えが生じる場合は、環境破壊につながる側面があるため、環境負荷の低減に留意する。また、循環型社会の構築、低炭素まちづくり、ＧＸ、選択と集中を意識し、ストック効果の最大化に取組む。　　以上

● 著者紹介

浜口　智洋 (はまぐち　ともひろ)

　昭和47年11月1日生。京都大学工学部土木工学科中退。
　インターネット上の技術士受験塾「ガチンコ技術士学園」の代表。
(略歴)
　平成8年8月に建設コンサルタント入社。
　平成15年度技術士第一次試験合格。
　平成16年度技術士第二次試験 (建設部門：土質及び基礎) 合格。
　平成17年、建設コンサルタント退社。
　インターネット上で受験ノートを公開したところ、大好評を博し、自らの受験体験及び受験ノートをもとにガチンコ技術士学園を立ち上げ、技術士受験指導開始。
　平成20年度技術士第二次試験 (総合技術監理部門) 合格。
　その他、環境計量士 (濃度)、公害防止管理者 (水質1種) などを保有。

本年度予想模試付き
技術士第二次試験建設部門対策
'24年版

発行日　2024年 1月 1日　　　　第1版第1刷

著　　者　ガチンコ技術士学園　浜口　智洋

発行者　斉藤　和邦
発行所　株式会社　秀和システム
　　　　〒135-0016
　　　　東京都江東区東陽2-4-2　新宮ビル2F
　　　　Tel 03-6264-3105 (販売) Fax 03-6264-3094
印刷所　三松堂印刷株式会社　　　Printed in Japan

ISBN978-4-7980-7148-0 C3052